Read for Your Life

출판사 도서목록

달나무의 고양이방 : 운명의 빨간실로 묶여진 미소녀와 고양이 두 마리 미유! 초코봉! 밤거리를 떠돌던 길고양이 두 녀석은 이젠 누구도 떼어놓을 수 없는 그녀의 소중한 친구이자 가족이 되었다. 이 책에는 그들의 만남과 서로에게 길들여져 가는 일상의 이야기들이, 흐뭇한 웃음을 자아내는 재미와 감동을 담고서 그려지고 있다.   -만화가 이희재-

개에 대해 알고 싶은 모든 것 : 수의학 박사이며 동물센터 병원장인 현직 수의사가 쓴 책으로 코믹하면서도 의학적인 신뢰도가 대단히 높다. 동물을 싫어하던 사람조차도 이 책을 읽고 인생의 새로운 즐거움과 처음 접하게 된다. 당신의 건강과 행복을 위해 가장 필요한 것은 강아지 한마리!

엄마~ 이게 뭐야? : 경향신문에 연재된 남문희의 글과 그림으로, 아이를 기른다는 것이 얼마나 큰 기쁨과 사랑을 느끼게 해주는지를 감동적으로 묘사하고 있다. 자신의 가족과 인생을 사랑할 수 있게 해주는 책으로, 결혼생활과 육아에 자신감을 갖게 한다. 귀여운 하늘색 표지. 6000원.

지구를 입양하다 : 세상을 바꾸는 대안 아이디어 : 개인의 삶을 획기적으로 개선시킬 사소한 아이템에서부터 세계의 운명을 바꿔 놓을 전지구 차원의 프로젝트에 이르기까지 변혁을 위한 창조적 대안들을 모아 놓은 책이다. 이 책이 여러분들에게 선사하는 아이디어와 팁은 실질적으로 개인문제를 해결하고 삶의 질을 높일 수 있는 전략적인 솔루션들이다.

릴리에게 좋아하는 사람이 생겼어요 : 이 책은 누군가에게 관심을 갖게 되는 과정을 섬세하고 농밀하게 그리면서, 좋아하는 감정, 달콤한 설레임부터 벅찬 사랑의 열정까지, 이성에 대한 호감이 결실을 맺는 과정을 알려준다. 연애이론서라기 보다는 '소나기' 같은 아름다운 소설에 가깝다

막스는 친구가 필요해요 : 이성친구, 연상친구, 외국인친구, 오해로 소원해진 친구, 이별 후에도 그리운 그 사람 등 누구라도 당신의 '친구로서' 당신 곁에 영원히 남게 해주는 방법을 담은 책.

제정신으로는 못하는 결혼과 이혼이야기 : 이 책은 결혼에서 별거, 이혼, 더 나아가 재혼이나, '기타 독특하고 새로운 방식의 인생'을 찾기까지의 여정을, 드라마틱하면서도 실무적으로 해설 해주고 있다. 초혼이든, 재혼이든, 만혼이든 언젠가는 결혼할 사람들을 위한 필독서. 12000원

격리 : 의대생 및 의사들의 필독서. 이 책은 의학 다큐멘터리의 일종으로 100% 실화이며, [월스트리트 저널]의 의학전문 기자 '마릴린 체이스'가, 인류에게 더 건강하고 안락한 미래를 위해 보건, 의료 분야에서 의사 및 일반인들이 어떤 노력을 해야 할 것인가가 제시되어 있다. 8000원.

뤼시앵은 왕따 : 지금 현재 당신에게 진정한 친구가 많지 않아도 걱정할 필요 없다. 이 책에 외로움을 극복하고 좋은 친구들과 어울리는 다양한 방법들이 자세히 소개되어 있다. 쓸쓸하게 무작정 기다리기만 하지 말고, 이 책 속에서 길을 찾자. 먼저 다가서는 방법을 알려준다. 4900원

백악관 상황실 : 미국의 국무부와 재무부, 국가안보국(NSA), 국방부, 중앙정보국(CIA)에 의해 각각 운영되던 정보망들을 통합해야 한다는 논의가 제기됐고 오늘날 세계에서 가장 강력한 정보기관인 Nerve Center(백악관 상황실)가 탄생한다. 미래와 세계에 대한 통찰력을 준다. 12000원

릴리는 자기 외모에 불만이에요 : 외모지상주의에 상처받는 이들의 모습을 통해, 남성과 여성이 행복하게 공존할 수 있는 방안에 대해 성찰하며, 외모에 핸디캡을 가진 사람들을 위한 필승 솔루션도 포함되어 있다. 성형외과를 찾기 전에 이 책을 먼저 읽어보아야 후회하지 않는다. 4900원

무자녀 혁명 : 최근 무자녀 여성이 급증하고 있다. 저자는 무자녀 여성을 다음 세 부류로 나눈다. 1아이를 가지려 했지만 가질 수 없었던 여성. 2결혼의 실패 등의 이유로 아이 없이 살게 된 여성. 3아이를 원하지 않았던 여성. 이들의 삶을 따스하게 어루만지며 길을 제시하고 있다. 9800원

리스크 없이 바람피우기 : 이 책은 불륜의 옳고 그름을 따지는 것에는 관심이 없다. 그것은 윤리나 도덕책의 몫이다. 대신 바람 피우는 사람들의 최대 관건인 들키지 않는 모든 방법이 망라되어 있다. 이 책은 역으로 바람남, 바람녀를 적발하는데도 최강의 비밀병기가 될 것이다. 10,000원

으랏차차 차돌이네 : 영화 [마이키 이야기]를 기억하는가? 한국판 [마이키 이야기]가 에세이툰으로 나왔다. 아기자기하게 알콩달콩 살아가는 젊은 커플과 그들 사이에서 태어난 아이 차돌이에 관한 따뜻하고 유머러스한 책. 칼라로 채색된 그림과 감각적인 대사가 돋보인다. 8000원

Read for Your Life

영문원제 | Read for Your Life

등록번호 | 제22-2190호
등록일자 | 2002.08.07

전화 | 362-3932
팩스 | 6008-6108
무선 | 010-5575-0308
메일 | bookian@paran.com
Web | www.booko.kr
주소 | 우)120-818 서울 서대문구 북아현동 3-68 부코빌딩 5층

재판 서문

나는 1990년에 처음 책을 냈을 때나 지금이나 언어가 인간됨의 근본이라는 신념에 흔들림이 없다. 언어는 스토리(이야기), 시, 에세이 등 무수히 반복해서 사용되는 모델 속에 저장되어 있다. 나는 앞날을 이렇게 내다보고 있다. 교육받은 사람들은 앞으로도 읽기와 쓰기를 중단하지 않을 것이고, 또 그렇게 하는 사람들은 정치적 권력과 읽기에서 나오는 사상, 아이디어, 설득력에 대한 통제권을 계속 유지하게 될 것이다. 그러나 일부만이 읽기와 쓰기를 하는 현상이 벌어진다면 민주주의는 시들어버리고 말 것이다.

나는 독서치료사가 되기 위해 훈련을 받았고 가정, 부부, 개인들과 상담작업을 하면서 '인간은 곧 그의 스토리'라는 것을 알게 되었다. 나는 언어가 개인의 현실을 구성한다는 것을 알게 되었다. 사람들은 일상생활의 매순간마다, 심지어 꿈을 꾸는 동안에도 자서전을 쓰고 있다. 부부는 함께 그들의 스토리를 쓰고, 가정은 식구들이 자라나는 동안 그들 고유의 역사를 창조하고, 그 스토리로 후손의 정체성identity을 형성한다.

사람들은 그들의 생활을 조직하고 통제하고 관리하는 데서 스토리를 구성하지 않을 수 없다. 그리고 문학은 그런 스토리 구성 과정에 도움을 줄 수 있고 또 실제로 도움을 준다. 다르게 말해서 문학은 그것을 읽을 수 있는 사람에게 일정한 역할을 한다. 말하자면 문학은 치료제가 된다.

독자가 책을 읽는 동안 독서와 자기자신과의 관계를 의식적으로 신경 쓰면 치료효과는 더욱 높아진다. 새로운 이해가 생기면 독자는 당연히 자기치료와 개발과정에 도움을 줄 수 있는 문학작품을 자발적으로 찾아 나서게 된다. 이 책의 초판에 대한 독자들의 반응이 그것을 증명했다.

나는 지금 또다시 독서와 리터러시(literacy, 읽고 쓰는 문자해득능력, 교양을 갖춤. | 옮긴이)가 위협을 받고 있다고 느낀다. 우리의 아이들은 가정과 학교, 미디어를 통해 컴퓨터와 컴퓨터적 사고방식에 복종해야 한다는 압력을 받고 있다. 아이들의 시간은 텔레비전, 컴퓨터 게임, 인터넷 서핑 등으로 소비되고 있으며 또 그들의 시간은 서로 단절된 정보의 조각으로 분열되고 있다. 이러한 단절은 아이덴티티의 형성에 커다란 지장을 준다. 도시와 마을에 사람이 점점 많아지고 자연세계가 저 잃어버린 시절의 판타지 또는 안개 속으로 빠져드는 동안, 사람들의 공동체는 붕괴하고 있다. 우리의 숲에서는 동식물의 종이 자꾸만 사라지고 있다. 세계는 점점 좁아지고 있지만 동시에 회색의 상동성 속으로 빠져 들어가고 있다.

우리는 지금 수상한 전제사항으로 기름칠 된 바퀴 위에 실려서 맹

목적으로 달려가고 있다. 이제 바퀴를 멈춰 세우고 심호흡을 하면서 우리가 어떤 생활, 어떤 세상을 원하는지 물어보아야 할 때이다. 밀레니엄의 초입에 들어선 이 시점에서 우리 개인은 더욱 더 독립된 마음을 지녀야 하게 되었다. 우리는 독서에 대한 자각을 드높임으로써 이런 마음 살찌우기 과정을 시작할 수 있다.

이 책은 독서치료의 사례 모음집도 아니고 치료법에 대한 결정적 방법을 제시한 것도 아니다. 그보다 나는 문학작품을 이용하여 독자에게 자신의 삶을 관리해나가는 방식과 원칙의 모델을 제공하는 것에 집중했다. 독자는 이 책을 가이드로 이용할 수 있을 것이다.

가장 확실한 사실은 독서가 그 어떤 행위보다 두뇌의 활동을 촉진한다는 것이다. 독서는 두뇌의 보건체조이면서 인생의 스토리를 써나가는 훈련 코스이다. 독서의 결과는 독자의 두뇌를 유익한 방향으로 바꾸어놓을 수 있다. 두뇌는 많은 정보를 소비하고 저장하고 있다. 두뇌 속의 정보는 우리의 신체와 생활에 좋은 것일 수도 있고 나쁜 것일 수도 있다. 다행스러운 것은 우리는 어떤 정보를 두뇌에 제공하여 어떤 가공과정을 요청할지를 스스로 선택할 수 있다는 점이다. 우리는 우리 자신의 행복을 위해 좀더 적극적으로 나서야 한다.

인생행로가 가로막힐 때에만 독서에 눈을 돌려서는 큰 효과를 기대하기 어렵다는 것도 명심해야 한다. 평생 독서를 안 해오다가 어려움에 직면해서야 허겁지겁 회복과 치유의 길을 찾으려고 하면 굉장히 많은 시간이 걸린다. 지속적인 독서는 우리의 적응능력을 높여주고 오랜 시간과 넓은 공간에 걸쳐서 우리의 공동체에 적극적으로 참여하게 만든다. 독서는 개인으로나 또 집단의 일원으로나 우리가 강한 사람이 되게 도와준다.

나는 밥 먹는 행위를 변명해야 할 필요가 없듯 독서의 행위 역시 변명해야 할 필요를 느끼지 않는다. 나는 독서에는 생물적 필요가 깃들여 있다고 생각한다. 독자 여러분의 생각도 이와 같기를 간절히 바란다. 조만간 우리는 독서를 인간의 성장에 꼭 필요한 행위로 회복시키게 될 것이다. 우리는 반드시 그렇게 해야 한다. 그래야 우리 자신과 우리의 세상을 더 이상 훼손시키지 않게 되고, 그리하여 치유의 길로 나아갈 수 있다.

초판 서문

나는 이 책에서 독서에 대한 증언과 찬양, 경배의 글을 썼다. 나는 내가 독서 중독증임을 숨기지 않고 드러냈다. 책, 특히 소설은 내 한평생을 통해 나에게 끊이지 않고 즐거움을 선사해왔다. 그리고 나이가 들어갈수록 독서에 대한 나의 사랑은 더욱 커져간다.

이 책은 독서에 대한 감사의 향연이다. 하지만 나는 물론 그것이 찬양 이상의 것이 되기를 희망한다. 나는 문학이 인간생활에 어떻게 도움이 되는지 설명하고자 한다. 문학에 그것에 마땅한 지위를 부여하려는 시도는, 필립 시드니Philip Sidney와 퍼시 셸리Percy Shelley 같은 유명한 사람이 함께 했던 소설과 시의 '옹호'라는 전통에서 생겨났다.

우리는 문학이 흥미롭고도 즐거운 것임을 안다. 또 예술적이면서 동시에 '문화적'이라는 것도 안다. 그러나 문학이 인간의 건강증진에 이바지한다는 사실은 그리 분명하게 알려져 있지 않다. 생활, 직업, 가정, 각종 개인적 문제를 다뤄나가는 데서 문학은 필요한 정보를 제공한다. 이제 독자들은 문학을 옹호하는 데서 그치는 것이 아니고, 한 걸음 더 나아가 문학작품으로 인생의 문제를 공격해야 한다.

나는 결코 환상에 사로잡혀 있지 않다. 나는 이 책에서 어쩌면 과격하고 파괴적이고 위험한 내용을 암시하고 있을 수도 있다. 읽기는 언제나 정치적인 행위였고 문자가 발명된 이래 권력당국은 그것을 알고 있었다. 성서는 고대 근동의 막강한 황제 아하수에루스가 밤에 잠이 오지 않을 때면 국정기록을 읽었음을 전해준다. 바로 이 독서행위가 고대의 워터게이트(성서의 이름을 빌면 에스터게이트)를 가져왔다. 사악한 하만의 음모는 발각되었고 그후 세계사의 흐름은 바뀌게 되었다.

이것은 물론 하나의 이야기에 지나지 않지만 역사상의 독재자들은 그 교훈을 가슴 깊이 새겨왔다. 독서는 현재 상태에 위협을 가하는 불온한 행위이다. 일반대중에게 독서능력을 부여한다는 것은 읽기에 대한 권력당국의 통제권에 흠집을 내는 것이다. 그것은 학교가 지닌 통제권의 상실을 의미하고, 시험대에 오르기를 피하던 사상과 감정, 태도가 노출된다는 것이다. 그것은 권위에 도전하게 한다. 요컨대 독서는 이 세상을 바꾸려는 행위이다.

플라톤은 문학의 힘이 정치권력의 통제권에 손상을 가한다는 것을 알고 있었다. 테크노크라트tachnocrat의 힘, 다국적 기업의 부, 교회와 국가의 군사적 힘과 사상적 힘은 모두 문학작품에게서 위협을 받았다. 상상력과 돌 같은 마음 사이의 싸움은 인간의 공동체만큼이나 오래된 것이다.

테크노크라트 과학적 지식이나 전문적 기술을 소유함으로써 사회 또는 조직의 의사결정에 중요한 영향력을 행사하는 사람.

간단히 말해서 훌륭한 소양을 쌓고 감응력이 뛰어나며 자유롭게 글을 읽는 독자층은 개인적, 사회적 변화의 가장 강력한 힘이 된다. 소설은 끝났고 읽기는 소명을 다했다는 생각은 한낱 환상에 지나지 않는다. 문학작품(허구의 이야기)은 일시적 유행이 아니다. 그것은 인간의 생존전략이다. 이 책은 그 전략이 어떻게 작용하는지를 알아보기 위해 그에 대한 통찰, 이론과 실천, 독서의 기억 등을 한데 뒤섞어 놓은 것이다. 리터러시는 행동을 요구하고 읽기는 그 자체로 하나의 행동이다. 태초에 말이 있었다. 우리는 그 태초로 되돌아가 다시 시작해야 한다.

목차

제1부

Read For Your Life

"우리 모두는 인생 스토리를 지닌다. 그것은 내면의
내러티브(이야기)로서 그것의 지속성과 감각은 곧 우리의 삶이다.
우리 모두는 '내러티브'를 구성하며 그 안에서 사는데,
이 내러티브야말로 우리 자신이며 우리의 아이덴티티이다."

올리버 색스 Oliver Sacks

1

읽고 싶은 것을 읽어라

이 책은 독서를 좋아하고 독서에 관심이 있는 사람들을 위한 책이다. 나는 픽션 읽기의 가치뿐 아니라, 개인적 생활, 대처능력, 정신건강, 대인관계에 스토리가 미치는 영향을 다루겠다. 오늘날 우리는 문맹이 점점 증대할지도 모르는 위험에 처해 있다. 나는 교육기관의 통제와 시장에서 당하는 곤란, 텔레비전과의 경쟁, 각종 형태의 검열에서 픽션 읽기를 독립시켜 그것의 진정한 즐거움과 힘을 회복시키고 싶다.

간단히 말해서 독서치료법bibliotherapy은 다음 같은 방식으로 진행된다. 당신은 소설이나 시를 읽을 때 생각과 이미지는 물론이고 느낌과 정서를 체험하게 된다. 당신은 마음속에서 그림을 보게 되고 그 그림과 관련된 느낌을 품는다. 일단 당신이 그런 느낌을 의식하고 확인하기 시작하면, 당신은 그것으로 자신과 자신의 인간관계, 직업에 대한 태도, 섹스, 자녀와 부모 문제, 나이 들어가는 것, 죽음과 종교 등의 문제를 탐구할 수 있게 된다. 당신이 픽션의 스토리를 읽으면서 느끼는 감정과 당신을 둘러싸고 있는 모든 것, '특히 당신 자신'에 관한 감정 사이에는 직접적으로 연관성이 있다.

픽션의 도움으로 당신은 자신의 느낌, 불안감, 분노, 애증의 원인을 이해하고 진단할 수 있다. 픽션은 베일에 가린 당신 자신의 생활과 진정한 자아를 마법의 거울처럼 비출 수 있다. 스토리가 지닌 또 하나의 멋진 기능은 독자의 사고방식과 지각방식을 바꾸어놓는다는 것이다. 픽션은 사고방식을 재조직하고 문제를 해결해주고 기억 속의 과거를 새롭게 바라보게 해준다. 말하자면 픽션은 창조적이고 건전한 변화를 유도하는 데 강력한 매개가 될 수 있다.

픽션은 당신이 금방 알아볼 만한 자료(과거의 어떤 경험이나 사건)를 제공해줄 뿐 아니라, 그 자료의 조금씩 변형된 형태를 제시해서 엄청나게 다양한 관계의 가능성을 생산한다. 픽션은 당신 자신의 스토리를 다시 짜주는 계기가 된다. 올리버 색스Oliver Sacks는 두뇌의 기능부전을 다룬 그의 최근 서서에서 이렇게 말했다.

우리 모두는 인생 스토리를 지닌다. 그것은 내면의 내러티브(이야기)로서 그것의 지속성과 감각은 곧 우리의 삶이다. 우리 모두는 '내러티브'를 구성하며 그 안에서 사는데, 이 내러티브야말로 우리 자신이며 우리의 아이덴티티이다.

만약 우리가 어떤 사람에 대해서 알고 싶다면 "그의 마음 가장 깊숙한 곳에 있는 진짜 스토리는 무엇인가?"라고 물어보면 된다. 우리

인간은 결국 하나의 스토리, 곧 하나의 전기傳記이기 때문이다. 우리 각자는 모두 지각, 느낌, 생각, 행동, 담론 등을 통해 지속적으로, 또 무의식적으로 구축되는 자신만의 고유한 내러티브이다. 생물적으로 또 생리적으로 우리는 서로 별반 다르지 않다. 그러나 하나의 내러티브로서 역사적으로 보자면 모든 사람은 저마다 독특하다. [11]

픽션은 우리가 우리의 스토리를 다시 쓰는 것을 도와준다. 스토리를 검토하고 수정하고 추가하여 창조적인 방식으로 우리의 내러티브를 살아나가게 해준다.

어쩌다가 우리는 스토리의 저 원초적 힘을 잃어버리게 되었을까. 대학을 중심으로 벌어지는 '문학평론'이라는 전문적 산업분야가 있다. 잘 팔릴 만한 책을 미리 알아내고 그것을 출판하기에 바쁜 출판산업이 있다. 이에 나는 스토리에 관한 스토리를 시작하려고 한다. 나는 허구에서 감동이 만들어지는 '과정'을 추적한다. 그리하여 독서의 즐거움이 스트레스, 인생의 위기, 성장의 문제를 해결하는 데 큰 도움이 됨을 자세히 밝히려고 한다.

오늘날 시와 소설을 대하는 태도에는 두 극단이 있다. 하나는 '문학'을 읽는 행위가 전문가, 교수, 대학원생의 전유물이라고 보는 태도이다. 이 경우 독서는 아주 진지한 사업으로서 '학문'이 된다. 다른 하나는 실용적인 사업가의 관점으로서 독서가 '실제생활'과는 무관한 사소한 오락이라고 보는 태도이다. 픽션은 아무리 읽어도 재무제표나 GNP, 이사회의 분위기를 바꾸지는 못한다. 스토리는 아이들에게 읽어주는 것, 또는 하루의 중요한 일과와 차 닦기, 설거지, 잔디 깎기를 마치고 나서 '시간을 죽이'고 싶을 때 읽는 것이라고 그들은 말한다. 시간 죽이기 독서는 공항, 버스 안, 병원의 대기실에서, 몰라도 전혀 상관이 없는 사소한 정보를 알려주는 잡지를 읽는 것을 통해 이루어진다.

많은 사람이 "나는 문학 수업이 힘겨워"라고 말한다. 이 말이 무슨 뜻인가 하면, 학교 다닐 때 선생이 가르쳐준 문학의 게임(대학의 교수들이 그 선생에게 가르쳐준 게임)을 잘 따라하지 못했다는 것이다. 간단히 말해서, 독서가 전문가의 것이라고 말하는 신화는 다음 같은 생각을 주입한다. 전문가들이 문학이라고 승인한 것만이 가치가 있으며, 나머지는 시간 때우기용 허섭스레기에 지나지 않는다. 그러다 보니 그들은 학교에서 배운 것과 자신의 실제 체험 사이에 괴리감을 느끼게 되어, 독서를 자신만의 은밀한 행위로 감추게 된다. 하지만 진지한 픽션 독자들은 픽션 읽기가 얼마나 의미 있는 행위인지 경험적으로 안다. '고전'에 속하지 않은 픽션도 그들의 삶에서 얼마든지 중요한 자리를 차지할 수 있음을 안다.

사실 도피란 그리 좋은 말이 아니다. 우리는 독서기 현실의 도피라는 고정관념을 품고 있다. 그러니까 생활비 벌기, 각종 잔일, 다이어트 등에서 도피하기 위한 방책이 독서라는 것이다. 독서를 실제생활과 동떨어진 것으로 치부하는 태도는 느낌, 상상, 정신적 즐거움, 언어 등을 가볍게 보는 사회문화에서 나오는 것이다. 가만히 앉아서 생각을 하거나 느낌에 빠져 있거나 즐거움을 얻기 위해 책을 읽을라치면, 아무것도 안 하면서 빈둥거리기나 한다고 질책 받기가 십상이다. 워즈워드는 이런 질책에 대해 다음같이 경고한다.

> 무엇인가 얻어내고 소비하느라 우리는 우리의 힘을 탕진하고 있네.
> 우리는 우리의 것인 자연 안에서 보지 못하네. [12]

우리는 우리 자신을 보살펴주는 이야기, 복잡한 경험의 미로를 자신 있게 걸어가게 해주는 이야기, 대안적 인생을 꿈꾸게 해주는 이야기를 읽음으로써 인생에서 부딪치는 문제에 대한 대응능력을 회복한다. 우리는 한결 새롭고 활기찬 기분, 또 자신만의 결말을 꾸릴 수 있다는 에너지를 느끼며 책을 내려놓게 된다. 우리는 남들의 정돈된 경험을 살펴봄으로써 우리가 빠진 갈등의 구렁텅이에서 벗어날 수 있다. 그리하여 우리는 우리의 세계를 한층 넓힐 수 있다. 문학은 심리적, 정신적 건강의 수단이다.

우리의 교육제도는 독서와 관련하여 특정한 방식을 정해놓고 그것에 따라야 한다고 가르친다. 수백만의 성인이 《맥베스》나 《올리버 트위스트》를 읽느라 몇 달간을 보내면서 말도 못하게 따분해했던 기억을 지니고 있다. 학생들은 이미지, 상징, 인물을 면밀히 살피고 단서를 샅샅이 찾아서 해석과 의미를 파악하기를 강요당한다. 다시 말해서 문학교사가 원하는 대답을 정확히 '꿰뚫어' 맞히기 위한 처절한 게임을 펼쳐야 한다. 학생이 텍스트에 대해 자신의 느낌을 솔직히 말하거나, 학생의 생각 또는 의견이 존중받거나 진지하게 받아들여지는 일은 매우 드물다. 교육제도가 일방적으로 '진실'을 주입하기 전부터 독서를 좋아했던 학생들은 독서는 그런 것이 아님을 안다. 그들은 제 느낌이 정말로 중요하다고 생각하고, 책 속에서 그들을 '사로잡은' 것이야말로 진짜라고 생각한다.

이 책은 바로 그런 독자들, 앞으로 그 같은 방향으로 나아갈 독자들을 위한 책이다. 나의 주장은 '당신 자신의 독서능력을 존중하라' 는 것이다. 픽션은 당신의 삶에서 가장 중요한 자산의 하나이기 때문이다.

1. Oliver Sacks, 《The Man Who Mistook His Wife for a Hat, and Other Clinical Tales》(New York: Summit, 1985), p105.

2. William Wordsworth, 〈The World is Too Much with Us〉,《노튼 영문학 개관 The Norton Anthology of English Literature》, Third Edition, vol.2, ed. M. H. Abrams, et al.(New York: Norton, 1974). 국내에는 도서출판 까치에서 번역하여 출간했다.

2

당신의 느낌을 믿어라

1950년대 영국의 버밍엄 대학을 다니던 시절, 나는 '영문학'을 전공했다. 학과공부 중에 튜터리얼(교수의 개별지도 | 옮긴이)에 참석하는 것이 있었다. 학생들은 한 시간 동안 교수 앞에서 자신이 읽어온 책을 토론해야 했다. 우리는 튜터리얼에 대비하여 헨리 필딩Henry Fielding의 《톰 존스Tom Jones》를 읽고 있었고, 동급생 중 한 명이 그날의 수업에 대비하여 《톰 존스》에 관한 에세이를 준비해왔다. 나는 동급생의 에세이 내용을 전혀 기억하지 못한다. 하지만 그가 에세이 발표를 끝냈을 때 이렇게 의아해했다는 건 기억한다.

이건 도대체 무엇인가? 무슨 목적으로 이렇게 하는가?

그 튜터리얼이 진행되는 모습 자체가 나에게는 하나의 미스터리였다. 저 자의식적인 십대 소년이 단조로운 목소리로 읽고 있는 무미건조하고 이해할 수 없는 에세이와, 흥분과 유혈로 생기가 흘러 넘치는

《톰 존스》라는 책이 도대체 무슨 상관이 있단 말인가?

나는 대학에 입학하기 전까지 늘 책을 읽어왔다. 다섯 살 때부터 책을 읽기 시작하여 중·고교를 거치는 동안 닥치는 대로 남독을 했다. 나는 작가들에 대해서 알게 되었고 그들이 서로 영향을 미친다는 것을 알게 되었다. 또 어떤 책들을 서로 참고해야 하고, 작중인물들이 서로 어떤 관계를 맺고 있고, 플롯이 어떻게 전개되는지 등을 설명하는 에세이 쓰는 법을 배웠다. 무엇보다도 나는 언어를 사랑했다.

대학 입학 전의 나는 문학과 스토리를 사랑하기 때문에, 책 읽는 것이 너무 좋았기 때문에 책을 읽었을 뿐이다. 그저 이 세상에 문학이 있다는 것이 인간적으로, 사회적으로, 정치적으로 너무나 중요한 현상인 것 같았다. 나는 대학에 들어가기 전에는 "문학의 목적은 무엇인가?" "문학과 인간행위의 상관관계는?" "소설은 시, 수필, 기타 인간의 행위와 어떻게 다른가" 같은 질문을 해본 적이 단 한 번도 없었다. 어떤 사람들은 그런 질문이라면 대학교수들이 대답하는 것이 제일 좋겠다고, 그게 바로 '문학' 연구가 아니겠느냐고 생각한다.

헨리 필딩 1707~1754. 영국의 극작가, 소설가, 영문학사상 가장 우수한 풍자소설이라는 《위대한 인물 조너던 와일드의 생애》와 《톰 존스》가 대표작이다.

◐ 《톰 존스》, 1749년 출간. '버려진 아이, 톰 존스의 이야기'가 원래의 제목이다. 18권 208장에 달하는 장편으로 18세기 영국의 소설을 대표하는 명작이다.

이렇게 생각하는 사람은 자기가 아닌 다른 사람이 자기의 일을 가장 잘 안다고 생각하며 성장한 사람이다. 이런 믿음으로 성장한 사람들은 심지어 생각하는 방법, 읽어야 할 책, 데이트 상대, 말해야 하는 시기, 물어볼 수 있는 질문도 어른이 더 잘 안다고 믿어버린다.

다시 튜터리얼 이야기로 돌아가자. 나는 지금은 단 한마디도 기억하지 못하는 에세이의 발표를 듣고 나서 멍하니 앉아 있었다. 교수는 에세이가 제시한 문제, 가령 인물의 특징, 동기, 플롯을 토론하기 시작했다. 수업 시간 내내 따뜻한 정감을 품은 사람은 방안에 단 한 명도 존재하지 않았다. 우리는 학문연구라는 목적 아래 영혼 없는 로봇의 역할을 떠맡았을 뿐이었다. 우리는 생생한 예술작품을 무미건조한 물건으로 만들면서 가장 피상적으로 토론하는 방법을 훈련받았다. 만약 대학 외부의 사람이 그 방안에 앉아 토론하는 우리를 살펴보았다면 어떻게 생각했을까. 그는 우리도 은밀한 개인적 생활을 갖고 있으며, 정감 있는 생활을 하며, 복잡한 인간관계 속에서 희망, 야망, 공포, 미해결의 열정 등으로 괴로워하는 사람들임을 전혀 눈치채지 못했을 것이다.

그 방안에는 자신의 성적 아이덴티티를 알아내기 위해 힘들게 애쓰는 젊은이 세 명이 앉아 있었다. 그들은 어떻게 해야 인생에서 좋은 경험을 얻을 수 있는지 알아내기 위해 괴로워하고 있었다. 1950년대의 영국에서 그런 경험을 얻는 것은 아주 어렵고 또 좌절을 안겨주는 과정이었다. 세 학생 중 한 명은 아마 동성애자였던 것 같다. 당시의 사회상황으로 보아 그것은 개인적으로 아주 감내하기 어려운 지옥을 안겨주는 일이었다. 그 방에 앉아 있던 학생들은 사회적 계급갈등, 경제적 스트레스와 불안, 가족 구성원들 사이의 긴장, 가족 중 자기만 대학에 진학했다는 자부심과 죄책감 등을 배경으로 안고 있었다. 그밖에 수천 가지의 다이너마이트 같은 요소가 내재하고 있었다.

만약 그런 것들을 적절히 동원하여 소설 해석에 연결시킨다면 헨리 필딩 소설 속의 열정, 힘과 느낌, 사회적 문제를 얼마든지 자기 문제처럼 이해할 수 있었을 텐데 막상 강의실에서는 그것이 이루어지지 않았다. 교수가 그런 연결시키기를 허용하거나 격려했다면, 우리는 텍스트에 대한 우리의 개인적 반응을 토론했을 것이다. 그리하여 텍스트를 읽을 때의 우리의 '느낌'을 시인하고, 서로 서로에 대해 뭔가를 알게 되고, 나아가 텍스트, 문학, 우리 자신에 대하여 더 잘 알게 되었을 것이다. 그렇게 했다면 얼마나 신났겠는가. 그것이야말로 진짜 교육이다.

《톰 존스》는 친부모 가정과 입양 가정에서의 개인적 아이덴티티를 둘러싸고 벌어지는 문제와 갈등, 고통과 결단을 다룬 소설이다. 이 소설은 근친상간, 낭만적 사랑, 결혼, 행복, 지위, 성적 결합 등의 문제를 제기한다. 또 사회정의와 계급갈등, 속물근성, 위선, 허세, 유혹과 정욕, 집 떠나기, 위험한 도시생활과 안정된 시골생활의 대비를 다룬다. 무엇보다도 《톰 존스》는 이야기를 만들어나가는 과정에 대해 깊은 생각을 하게 이끄는 메타 소설의 성격을 지녔다.

나는 모든 문학이 결국 인생과 연결되어 있다고 생각한다. 독자와 학생은 바로 그 연결관계에 대해서 이야기하고 싶어한다. 나는 순진하게도 튜터리얼에 제출할 에세이에서 이런 문제를 토로하기로 마음먹었다. 인생이란 무엇이며, 인생과 문학의 관계는 어떤 것인가 같은 기본적 질문을 제기하기로 한 것이었다. 나는 자신감에 가득 찬 상태로 "소설이란 무엇인가?"라는 질문을 먼저 던지고서 어떻게 소설이 독자의 흥미를 유발하며 필딩의 세계관은 어떤 것이었는가 등을 서술해나갔다. 나는 소설이 독자의 생활에 상호작용할 때 발생하는 실제적인 힘을 우리가 어떻게 이해해야 할 것인가 하는 문제에 관심이 많았다.

나는 에세이를 제출하고 나서 교수로부터 예기치 않았던 차가운 경멸의 말만 들었다. 교수는 나를 약 5분간 엄중하게 질책했다. '우리'는 이런 우둔한 질문을 던져서는 안 된다. '우리'는 주제에 집중해야 한다. 나는 너무나 충격을 받았고 창피해서 어쩔 줄 몰랐다.

다르게 말해서 나는 내가 이해하지 못한 어떤 규칙을 위반한 것이었다. 그것은 대충 이렇게 되어 있는 규칙이었다. 학생들은 교수를 절대적으로 믿어야 한다. 교수가 공부하라며 골라준 책은 언제나 최선의 책이다. 학생들은 위대한 문학의 주제에 의문을 표시해서도 안 된다. 학생은 위대한 작품을 토론할 때 개인적 관심사나 호기심을 제기해서는 안 된다. 학생들은 대학 입학 전에 개인적인 문제를 모두 해결한 것으로 간주된다. 만약 해결하지 못했다면 교수의 귀중한 튜터리얼 시간에 그것을 꺼내 들어서는 안 된다. 모르는 게 있다고 해도 모른다는 말을 하지 마라. 교수는 모든 것을 알지만 학생은 아무것도 모른다. 그리고 제일 중요한 규칙이 있다. 이 모든 규칙을 절대 발설해서는 안 된다는 것이다.

나는 이제 와서는 내 질문이 엄청난 위력을 지닌 것이었음을 안다.

사실 교수는 내 질문에 겁을 집어먹었던 것이다. 그는 내 질문에 대한 답변을 갖고 있지 않았다. 만약 우리가 과감히 침묵을 깨뜨리고 지금 하는 행동의 타당성에 대하여 질문을 던진다면, '문학평론'이라는 산업 자체가 의심스러운 것이 되어버린다.

사실 공부할 텍스트를 선정하는 것은 전적으로 임의적인 과정이고, 교수들의 일방적 합의사항에 지나지 않는다. 하지만 이런 임의성에 어느덧 신성한 광휘가 덧씌워지게 되었다. 그리하여 교사들은 본능적으로 밀턴, 필딩, 셰익스피어, 조지 엘리엇 등의 작품만이 의심할 나위 없이 공부하기에 알맞은 텍스트이고 이것을 의문시하는 사람은 아무도 없다고 말하게 되었다.

문학을 둘러싸고 벌어지는 지적 게임에서는 느낌에 대한 공포가 확고하게 자리잡고 있다. 우선 느낌을 시인하거나 인정하게 되면 그 느낌을 품은 개인과 대면해야 한다. 제도교육에서 개성은 비효율적이고 또 값비싼 것이다. 만약 정서를 타당한 것, 정당한 반응행위로 인정하게 되면 모든 느낌을 동등하게 대우해주어야 한다. 이것은 권력, 권위, 권한, 교사의 통제권 등을 침해하는 것이라고 그들은 생각한다. 설혹 느낌이라는 반응이 타당하다고 해도 그런 것은 가르치기가 곤란하다고 그들은 본다. 느낌이라는 것은 독자마다 다르기 때문이다. 개인적 느낌을 인정하다 보면 교사들은 직업을 잃게 될지도 모른다. 교사들이 '정답'의 소유자가 아닌것이 되고 정답을 텅 빈 그릇에 전달하는 사람이 아닐진대, 느낌을 인정한다면 그들에게는 할 일이 없어지는 게 아닌가.

대체로 보아, 학교제도 속으로 들어간 어린아이들은 처음에는 별 문제가 없이 지내다가 대학의 문학교육에서 커다란 영향을 받은 교사들을 만나면서 문제를 겪게 된다. 그전에 어린아이들은 대체로 효율적인 읽기를 배운다. 그들의 읽기는 학문적 프로그램이라는 족쇄에 채워지지 않고 자유롭게 이루어지는 것이다.

어린아이들이 엄격한 문학교육을 받은 교사들을 만나게 되면, 학문의 덩어리인 '진지한 일'에 흥미를 잃게 된다. 학생들은 두 갈래 길로 나아가기 시작한다. 언어영역을 잘해서 그것을 전공해볼까 하고 생각하는 학생 그룹과, 실력이 시원치 않아서 독서와는 아예 담쌓고 지내는 그룹으로 나뉘는 것이다.

소설과 시의 주된 특징, 독자에게 영향을 주고 즐겁게 하고 도움을 주며 인생의 길을 밝혀주는 문학의 힘은 독자에게서 사상과 느낌을 동시에 이끌어내는 능력에 깃들여 있다. 문학의 토론에서 정서적 정보를 다루지 않겠다는 것은 문학의 가치를 훼손하는 것이고 문학의 유용성을 축소시켜서 그 가치를 떨어뜨리는 것이고 또 독자로 하여금 문학을 충분히 이해하지 못하게 하는 것이다. 독서행위의 정서적 체험을 과소평가하는 것은 텍스트와 독자를 동시에 모독하는 것이다.

오래 전부터 타당한 독서방법으로 승인되어왔던 상징 찾기나 기타 문학 분석방법은 하나의 특수한 읽기 방법에 지나지 않는다. 그것은 말하자면 팬케이크를 뒤집는 것 같은 특수한 종류의 기술이다. 하지만 모든 사람이 그렇게 할 수 있는 것도 아니고 또 그렇게 할 필요도 없다. 하지만 그런 기술을 발휘하지 못하면 당신은 공식적인 독자의 대접을 받지 못한다. 그런데 보통 독자들의 경우, 재미있게 읽은 책에서 상징이나 숨겨진 기호를 발견했느냐 못했느냐는 전혀 문제가 되지 않는다. 독자들에게 정말 중요한 것은 그들의 삶과 관련된 책을 읽으면서 얼마나 많은 재미를 얻어냈는가 하는 것이다. 하지만 그 재미를 설명하는 것이 늘 쉽기만 한 일은 아니다.

어떤 독자가 어떤 책을 대단히 요긴하게 읽었다는 것, 또는 생애의 어떤 순간에 그 책이 아주 강한 의미를 주었음을 설명하기는 때때로 대단히 어려운 일이다. 그런데 독자가 어떤 책을 읽고 그것이 자신의 삶과 아주 긴밀한 관계를 맺고 있다고 깨닫는 것, 이것만으로는 학자들의 승인을 얻어낼 수 없는 것이 문제이다.

그러나 전문적 읽기 방법을 모르고서도 멋지게 책을 읽어낼 수 있다. 나는 교사들이 마음속 깊은 곳에서는 문학의 즐거움을 학생들과 함께 나누고 싶어한다고 생각한다. 그들은 무엇보다도 읽는 것을 사랑했기에 문학을 전공하게 되었을 것이다. 우리는 이제 더 이상 지체하고 있을 여유가 없다. 지금이야말로 문학을 삶의 원천으로 가르쳐야 할 때이다.

이제 메시지는 분명하다.

당신이 당신의 독서를 정당화하기 위하여 교수들의 허가장을 얻을 필요는 없다. 소설을 읽는 것은 당신에게 좋은 일이고 또 당신에게 중요하고 필요한 일이다. 그러니 지금 당장 읽어나가라. 그것은 사소한 행위도, 시간 때우기 오락행위도 아니다. 그것은 문명화한 공동체에서 정상적으로 성장하는 데 아주 유익한 행위이다. 이것을 시험해보려면 아예 독서를 하지 않으면서 사는 생활을 한번 상상해보라. 오늘날 일부 교사들은 학생들이 현 시점에서 절실해하는 것이 무엇인지 전혀 감안하지 않고 학생들에게 필요하다는 도서들을 권장한다. 이런 판단은 교사들이 지닌 모호하고 추상적인 도덕성에 바탕을 둔다.

예를 들어 나는 이런 실제 사례를 알고 있다.(나는 그 아이의 어머니와 상담을 한 적이 있다.) 최근에 부모의 이혼을 겪은 여자아이가 이혼을 다룬 주디 블룸Judy Blume의 소설을 읽고 싶어했다. 그녀는 학교 도서관에서 책을 빌리려 했으나 대출은커녕 블룸의 책이 그녀에게 적합하지 않다는 대답만 들었다. 너무 어려서 책 속의 일부 내용을 이해하지 못하리라는 설명이었다. 그것은 월경이나 성욕 등의 민감한 사항을 말하는 것이었다. 그런 내용은 교사에게는 혐오스러운 것이었지만 열한 살짜리 여자아이에게는 아주 궁금한 관심사였다.

여기서 우리가 목격하는 것은 그 교사의 뻔뻔스러움이다. 여자아이는 잘 쓰여진 소설에서 자신에게 정말로 필요한 정보를 얻겠다고 하는데, 교사는 자기에게 혐오스럽다는 이유를 들이대면서 안 된다고 한

주디 블룸 미국 뉴저지에서 태어났고 뉴욕대학교를 졸업했다. 어린이에서부터 성인을 대상으로한 책까지, 스물 한 권에 이르는 그의 작품은 20여 개국에서 출간되어 전세계적으로 7천만 부가 넘게 팔려 나갔다. 어린이와 청소년 문제에 깊은 관심을 두고 'The Kids Fund' 라는 장학재단을 직접 설립하는 등 왕성한 활동을 하고 있다. 국내에 《13살 토니의 비밀》《안녕하세요 하느님, 저 마거릿이에요》 《별볼일 없는 4학년》《엄마 다시는 그런 짓 안할 거야》《엄마처럼 난 결혼하지 않을래》 등이 소개되어 있다.

것이다. 하지만 다행스럽게도 여자아이의 어머니는 현명했고 교사의 조치에 분통을 터트렸다. 그녀는 즉시 서점에 달려가 책을 사서 아이에게 건네주었다.

우리는 상아탑의 편협한 엘리트주의와 맞서 싸워야 하는 것과 마찬가지로 도덕적 속물근성과도 맞서 싸워야 한다. 당신 자신이나 당신의 자녀들이 그것을 받아들여야 할 이유는 조금도 없다. 당신은 어떤 책도 당신 필요에 따라 당신 마음대로 읽을 수 있는 권리가 있다. 그러니 계속 읽어나가라.

3

삶과 연결된 책읽기

당신이 정말 재미있는 책을 읽고 있고 책 속의 체험에 몰입하고 있다면 먼저 당신 몸이 그것을 말해준다. 가령 두근거리는 가슴, 땀에 젖은 손바닥, 느긋하고 평온한 호흡 등의 신체적 표시는 당신이 책 속에 몰입하여 느끼는 감정을 말해주는 것이다. 이러한 정서는 공포, 분노, 흥미, 즐거움, 수치심, 슬픔 등 당신이 실제생활에서 체험하는 것과 똑같은 정서이다. 놀랍게도 당신은 책 위로 눈동자를 굴리는 동작만으로도 체험을 '실감' 하는 것이다.

재미있는 소설책에 몰두하다 보면 우리의 실제 세상은 소설 속의 세상보다 덜 리얼한 것처럼 보이기도 한다. 왜 그런가 하면 책이 우리의 '진정한' 느낌을 사로잡았기 때문이다. 마치 읽을 시간만 있다면 금방 돌아갈 수 있는 또 다른 생활, 또 다른 마법의 장소를 확보한 듯 느껴진다.

독서가 이런 힘을 발휘하기 때문에 소설은 종종 마법의 양탄자, 도피수단, 정신적 여행으로 불린다. 이 책의 뒷부분에서 나는 어떤 사람이 특정한 소설을 고르는 기준, 어떤 소설이 어떤 사람에게는 대단히 재미있는데 다른 사람에게는 그렇지 못한 이유, 독서체험에서 최대한 개인적 혜택을 얻는 방법을 살펴볼 것이다.

미하엘 엔데Michael Ende의 《끝없는 이야기The Neverending Story》는 가장 탁월한 읽기 과정(메타 스토리)의 설명을 포함하는 소설 중 하나이다. 주인공 바스티안은 책읽기를 좋아하는 소년이다. 다음 문장은 책읽기가 바스티안에게 어떤 것인가를 잘 설명한다.

바스티안 발타자르 부크스의 열정은 책이었다.

만약 당신이 배고픔과 추위도 잊어버리고 멍멍한 귀와 흘러내리는 머리도 신경 쓰지 않으면서 오후 내내 책을 읽은 경험이 없다면,

만약 이불 밑에서 손전등을 켜놓고 몰래 책을 읽은 경험이 없다면, 이를테면 아버지, 어머니가 내일 아침 일찍 일어나야지, 하고 말하면서 불을 꺼버렸기 때문에.

만약 책을 다 읽어버린 바람에 슬프게 흐느껴 울어본 적이 없다면, 말하자면 소설 속의 등장인물들을 사랑하고 존경했고 그들에 대해 큰 희망과 공포를 품고 있었으며, 그들과 함께 많은 모험을 함께 나누었는데 이제 그들과 헤어지게 되어 인생이 공허하고 무의미해 보이기 때문에.

만약 당신이 이런 일을 겪어보지 않았으면 당신은 바스티안의 행동을 이해하지 못할 것이다.

그는 책의 제목을 들여다보면서 온몸이 뜨거워졌다가 다시 차가워지는 과정을 무수히 반복했다. 책에 대한 열정이 그를 사로잡은 이래 그가 늘 꿈꾸어왔고 동경해왔던 바로 그 책이 여기에 있는 것이다. 결코 끝나지 않는 이야기! 책 중의 책! [11]

결코 끝나지 않는 스토리는 곧 인생의 스토리이다. 우리는 우리의 세상, 우리 자신, 우리 친구와 가족으로 스토리를 만든다. 소설을 읽을 때 우리는 창조주의 마음으로 다른 세상을 살펴보고 다른 사고방식을 품기로 합의한 것이다. 때때로 우리는 마음에 꼭 드는 세상과 사고방식이 있으면 우리 자신의 일부분으로 삼는다. 때때로 우리는 그것을 거부하면서 우리의 스토리가 아님을 너무나 다행스럽게 여긴다. 우리의 반응이 어떤 것이든 남의 마음을 빌려온다는 것은 우리의 경험을 넓히고 무한한 배움의 가능성과 흥분을 우리에게 제공한다.

미하일 엔데 1929~1995. 《끝없는 이야기》와 《모모》로 전 세계적으로 유명해졌으며, 오늘날에도 독일의 가장 이름난 작가에 든다.

◐ 《끝없는 이야기》, 2000.1 | 미하엘 엔데 저 | 허수경 역 | 비룡소 | 2001.

이미지가 사람들의 삶에서 아주 강력한 힘을 발휘한다는 것은 잘 알려져 있다. 사람들은 자나깨나 마음속에 아주 연속적인 상태로 이미지를 지닌다. 이미지를 떠올리는 방법은 정신치료에서 널리 유익하게 사용되는데 대체로 다음 두 이유에서 효율성을 지닌다.

첫째, 이미지는 세상을 보고 생각하는 방식과 세상에 관계하는 방식을 스스로 깨닫게 해준다.

둘째, 이미지는 사고방식을 바꾸는 힘을 가지고 있다.

소설은 이미지의 가장 생생한 원천이고 인간이 경험하는 것에 대한 모델이기도 하다. 정서장애, 우울증, 인생의 위기, 불안정한 가정생활 등 여러 문제를 해결해줄 수 있는 치유력을 지녔음에도, 소설은 아쉽게도 널리 활용되지 않고 있다. 만약 당신이 독서를 좋아하면, 자의식을 깨어 있게 하고 소설과 당신 자신과의 상관관계를 의식함으로써 독서를 치료의 한 방편으로 삼을 수 있다.

당신에게 가장 이상적인 독서환경은 어떤 것인가? 책읽기가 괴롭지는 않은가? 다른 식구들이 당신이 독서하는 것을 못마땅해하는가? 독서행위는 본질적으로 개인적 행위이다. 그러나 독서의 결과는 공유할 수 있는 경험으로서, 일차적으로 책의 저자와 나누고 이차적으로는 같은 책을 읽은 독자들과 공유하게 된다.

가령 아내의 자유시간이나 독립된 행위를 못마땅해하는 남편이 있다면, 그는 아내의 독서행위에 분개하고 그 의미를 과소평가할 것이다. 이러한 태도는 은밀한 독서, 죄책감을 느끼는 독서행위를 불러오게 되고 여러 방식으로 독서행위를 제한하거나 망쳐놓게 된다. 이럴 때 가장 좋은 대처방법은 자신 있게 독서의 유용성을 주장하거나 설명하는 것이다. 독서가 당신에게 개인적으로 얼마나 중요한지를 파악하라. 이 책의 뒷부분에 첨부되어 있는 〈질문지 1〉은 당신이 읽고 싶은 책을 발견하는 데 도움을 줄 것이다.

당신이 제일 좋아하는 책들을 생각해서 리스트를 만들라. 책들 중에서 제일 감동적이었던 부분, 유용했던 것 등을 함께 메모하라. 픽션 읽기가 당신의 삶에 기여한 측면을 살펴보고 픽션이 없는 생활은 어떨지 생각해보라. 그런 다음 당신의 배우자, 아이들, 부모, 기타 필요한 사람들에게 독서가 당신에게 어떤 식으로 중요한지 설명하라.

하루 일과 중에 독서하는 시간을 따로 지정해야 할지도 모른다. 이런 약속은 훌륭하고 제대로 된 가정생활의 한 부분이다. 당신이 읽은 내용을 가족과 함께 나누라. 당신이 재미있게 읽은 것을 큰 소리로 낭독하면 가족간에 친밀감을 높일 수 있다. 당신은 독서일기를 쓸 수도 있을 것이다. 독서가 당신 생활의 중요한 부분을 이룬다면 독서하면서 든 느낌은 기록해둘 만한 가치가 있다. 책을 읽으면서 느꼈던 반응을 기록함으로써 당신 자신에 대해 많은 것을 알게 될 것이다.

주위에 아무런 장애도 없고 독서를 통해 당신 자신의 내부로 들어가 마음대로 상상할 수 있다고 가정해보자. 당신은 다정하고 자그마한 불빛 아래 앉아 있다. 불빛은 중요하다. 당신이 독서를 좋아한다면 밝기를 조절할 수 있는 좋은 독서등은 필수도구이다. 등이 당신의 손과 책에 던지는 불빛은 프라이버시의 감각을 강화시킨다. 자그맣고

동그란 불빛과 당신 외에 방안에 있는 모든 것은 어둠 속으로 멀리 사라진다. 가장 편안한 자세를 취하라. 당신이 이제 시작하려는 내면여행에는 편안한 자세가 좋다. 또 앉은 자세를 마음대로 바꿀 수 있는 편안한 의자도 있어야 한다.

하나의 기술 또는 훈련으로서 독서를 실천할 때 우리는 시간낭비를 한다거나 무책임하다거나 경박해지는 일이 결코 없다. 오히려 우리를 사로잡는 픽션을 읽는 것은 심리적으로, 정신적으로 성장할 수 있는 중요하면서도 믿음직한 방법이다. 외부세계를 진정시키면서 내면에 있는 마음으로 들어갈 때, 우리는 상상력을 발휘하고 우리의 느낌과 손잡으며 우리의 정보량을 늘이게 된다. 그리고 궁극적으로 유사상황의 체험을 통해 세상에 대응하는 방법을 배운다.

독서를 통해 우리는 한결 기분이 상쾌해지고 회복되고 재충전된 상태로 돌아온다. 우리는 무작위적으로 돌아가는 혼란스러운 세상을 잠시 떠나 잘 조절되고 매혹적이고 멋진 코드를 지닌 세상으로 들어가게 된다. 새로운 세상의 코드를 해독하고 이해함으로써 우리는 우리가 잠시 두고 온 세상을 '더 잘' 이해하게 되는 것이다.

픽션이 우리의 사고방식과 세상 보는 눈을 바꾸어놓을 수 있는 것은 그것이 지닌 '대리 체험적' 특질 때문이다. 픽션은 '인식'과 '정감'을 종합함으로써 독자의 기억 속에 한층 오래 머물고 또 독자의 일상 속 체험(이것도 정서적 영향을 수반한다)과 상관관계를 맺게 된다. 또 주위의 사물을 보고 느끼는 방식을 바꾸어놓는다. 우리가 소설 읽기에서 얻게 되는 이해는 정신적, 심리적, 상상적 체험을 통한 것이다.

우리는 책상에 가만히 앉아 필요한 경험을 체험한다. 픽션은 이미지, 메타포(은유), 등장인물, 상황과 시간적인 순서를 표현하므로 의미와 정보를 두루 갖춘 복잡한 그물망이 된다. 독자는 자신이 읽은 것에 의미를 부여한다. 학생들에게 소설 속에서 보고 느끼고 좋아하고 평가하고 기억한 것을 말해보라고 하면 아주 다양한 대답이 나온다.

아무런 판단이나 생각 없이 다음의 문장을 읽어보라. 마치 현장에 있는 것처럼 장면을 생생히 느끼면서 당신의 몸이 어떻게 반응하는지 주목하라. 조는 쿠조라는 덩치 큰 개의 주인이다. 조의 아내 채리티와 아들은 친척집에 다니러 갔다. 조는 친구 게리와 함께 대도시 여행을 계획하고 있다.

심장이 조의 귀에서 쿵쾅대며 울려댔고, 그는 그 덩어리를 향해 달려 내려갔다. 덩어리 옆에 무릎을 꿇고 앉은 그의 목구멍에서 쥐처럼 찍찍거리는 소리가 흘러나왔다. 현관 마루의 공기가 갑자기 너무 덥고 갑갑하게 느껴졌다. 공기는 그의 목을 조르는 것 같았다. 그는 한 손으로 입을 가리면서 게리에게서 돌아섰다. 누군가가 게리를 살해했다. 누군가가 —

—그는 가까스로 뒤를 돌아보았다. 게리는 자신의 몸에서 나온 피 웅덩이 속에 누워 있었다. 눈은 현관 마루의 천장을 멍하니 올려다보고 있었다. 그의 목에는 구멍이 나 있었다. 그냥 구멍이 아니라, 세상에, 누군가가 '물어뜯어서' 난 구멍 같았다.

이윽고 조는 구토증을 견뎌낼 수 있었다. 조는 그저 헉헉거리는 소리만 내며 멍하니 쪼그려 앉아 있었다. 어처구니없게도, 그는 어린아

이처럼 분노하면서 채리티를 원망하는 자기자신을 발견했다. 채리티는 이미 여행을 떠났지만 그는 이제 여행을 가지 못할 것이다. 어떤 미친놈이 게리 퍼비어에게 잭 더 리퍼(영국의 흉악 연쇄살인범 | 옮긴이)나 할 법한 짓을 저질러놓았기 때문이다. 그리고—

—그리고 그는 경찰을 불러야 했다. 나머지 것은 신경 쓸 필요가 없었다. 퍼비어의 눈이 어둠에 잠긴 천장을 멍하니 바라보고 있는 것, 절단 난 구리 같은 피 냄새가 인동덩굴의 달콤한 향기와 뒤섞여 가고 있는 것도 신경 쓸 필요가 없었다.

그는 겨우 몸을 일으켜 비칠거리며 주방으로 걸어갔다. 그의 목구멍 깊숙한 곳에서 신음이 터져 나오고 있었으나 그는 의식조차 하지 못했다. 전화기는 주방 벽에 있었다. 그는 주 정부의 경찰, 배너먼 보안관, 기타 치안 관계자를 불러야 했다—

—그는 문턱에 멈춰 섰다. 그의 눈알은 마치 머리에서 튀어나올 기세로 벌어져 있었다. 주방 문턱에는 개의 똥이 한 무더기 쌓여 있었다. 그는 무더기의 크기로 미루어 그 개가 누구의 것인지 알아보았다.

"쿠조", 그가 속삭였다. "오, 이런, 쿠조가 미쳐버렸구나!" [12]

위의 인용문은 스티븐 킹의 《쿠조Cujo》에서 뽑아온 것이다.(대단히 매혹적이면서 무서운 소설이었다.) 뭔가 느껴지는 것이 있는가? 놀라움을 느끼는가? 흥미, 혐오, 공포, 불안, 분노, 궁금증, 경외감을 느끼지는 않는가? 당신은 머릿속에서 뭔가를 그릴 수 있는가?

이런 문장을 읽을 때 당신은 아주 미묘하고 순간적인 감각을 느낄 수 있다. 세밀하게 주의를 기울이지 않으면 그 느낌은 곧 날아가 버리고 만다. 조가 구역질을 하는 장면에 대한 묘사에 혐오감이나 구토증을 느꼈는가? 죽은 사람의 절개된 목구멍을 시각화하지 '않으려는' 당신 자신을 느꼈는가? 읽는 도중 공포나 불안을 느꼈는가? 신체의 어느 부분으로 느꼈는가? 그 느낌은 무엇을 의미하는가?

만약 여기서 아슬아슬한 느낌을 가졌다면, 그것은 무엇을 기대하느라 느끼게 된 아슬아슬함인가? 계속 읽어나가고 싶은가? 당신 자신의 삶에서 당신이 가장 두려워하는 것은 무엇인가? 당신은 개를 무서워해본 적이 있는가? 개는 '인간의 가장 친한 친구'이다. 개가 미쳐서 사람의 가장 무서운 적수로 등장했다는 사실에는 끔찍함이 느껴진다. 신뢰와 안정에 대해 당신은 어떤 생각을 지니고 있는가? 당신은 가정에서 끔찍한 일을 발견하는 것을 두려워하는가?

스티븐 킹의 소설은 이런 문제와 함께 부부 사이의 정절, 어린 시절의 공포, 인간사에 미치는 우연의 역할 안에서 믿음의 문제를 탐구한

스티븐 킹 1947~ . 《쇼생크 탈출》《미저리》《돌로레스 클레이본》《샤이닝》《내 영혼의 아틀란티스》 등을 써낸 미국의 대표적인 대중소설 작가. 미스터리 공포물이 그의 주요 활동 장르다. 인간의 마음속 깊은 곳에 감추어진 원초적이고 근원적인 공포를 탁월하게 묘사한다는 평을 듣는다. 1999년에 큰 교통사고를 당했으나 쉬지 않고 계속 작품을 발표하고 있다. 사고 후에 《총알차 타기》《블랙 하우스》《드림캐쳐》 등을 냈으며, 자신의 창작론을 담은 《유혹하는 글쓰기》도 펴냈다.

○ 《쿠조》, 1994년 출간.

다. 연필을 들고 질문에 대한 답변을 적어보라. 답을 적다 보면 당신의 느낌과 애착을 좀더 확실히 알게 된다. 당신 자신의 공포는 물론이거니와 당신의 읽기 방법에 대해서도 좀더 많은 것을 알게 된다.

스티븐 킹은 일상적이고 친숙한 것이 괴물이 되어 달려들 때 가장 공포스럽다는 것을 일러줌으로써 크게 성공을 거두었다. 우리가 가장 믿는 것이 우리를 가장 크게 괴롭힌다. 신뢰라는 문제에 대해서 아주 조심스럽게 접근해야 하는 이유가 바로 그 때문이다. 친숙하고 귀여운 애완동물, 우리의 집, 우리의 차, 친구, 배우자, 아이가 갑자기 사악하고 위험한 존재가 될 수 있다. 이것은 우리가 아무렇지 않은 듯 억압하고 있는 공포의 근원이다. 감춘다고 해서 불안이 영원히 사라지는 것은 아니다.

킹은 분위기, 장소, 막 벌어지려는 사건을 기막히게 창조하는 작가이다. 그는 장면을 묘사한다기보다 독자를 그 장면 속으로 집어넣어 준다. 그는 무서운 사람의 피부 속으로 우리를 들어가게 한다. 피부에는 소름이 돋고 머리카락은 느낌을 지닌 것처럼 움직이고 손에는 땀이 나고 마음은 불편함을 느끼게 된다. 우리는 책을 읽어나가면서 발견하는 것을 이용하여 좀더 강해지고 좀더 의식적이 되며 우리의 삶을 좀더 제대로 장악할 수 있다. 바로 이것이 소설이 지닌 전형적인 작용으로서, 이를 통해 우리는 삶에 유익한 정보를 얻는다.

20세기에 큰 인기를 누린 공포소설에는 주목할 만한 가치가 있다. '공손함'과 외양, 위신과 순수가 지배적 미덕이 되는 시대에, 법과 질서, 통제가 대다수 사람의 표어가 되는 시대에 대한 반작용으로 어두운 내면, 불합리하고 기괴한 측면을 보여주는 소설이 나오게 된 것이다. 이 시대는 어두움, 야만, 미지의 것에 대한 원초적 두려움을 열대 우림처럼 점점 사라지게 하려고 애썼다. 하지만 공포소설 작가는 실상은 그와 다르다고 말한다. 당신 자신의 내면을 들여다 보라. 아주 사소한 것에도 크게 놀라지는 않는가. 당신 자신의 분노, 탐욕, 좌절, 새디즘을 살펴보라. 그것이 당신 내부에 있음을 살펴보았거든, 그 힘을 존중하고 또 경계하라.

나는 문학박사 과정에 있는 내 제자 하나에게 윌리엄 포크너William Faulkner의 장편소설 《성단Sanctuary》을 읽어오라고 과제를 내주었다. 소설에는 정신병자가 옥수수 속대로 여주인공을 성폭행하는 장면이 나온다. 그 학생을 다시 만났을 때 나는 책이 어땠느냐고 물었다. "아직 읽지 못했습니다." 그 학생이 말했다. "바빴나? 아니면 감기라도 걸렸나?" 나는 무심코 물었다. "전 읽을 수가 없었습니다 그런 책은 정말 읽을 수가 없어요."

그의 대답은 앰뷸런스 운전사가 피 흘리는 사람을 태울 수 없다고

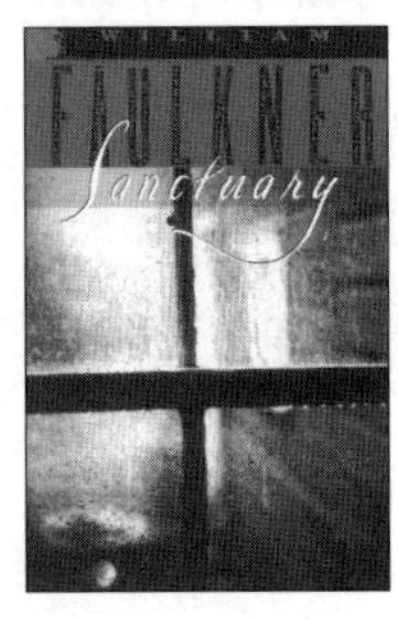

윌리엄 포크너 1897~1962. 미국의 소설가, 노벨문학상과 두 번의 퓰리처상 수상. 미국 남부사회의 변천 모습을 연대기적으로 묘사한 작품을 여럿 냈다. 《음향과 분노》가 대표작이다.

◐ 《성단》, 1931년 출간.

말하는 것처럼 비전문가적이었다. 전문가가 아닌 대부분의 독자는 자신의 책을 마음대로 선택할 수 있는 자유가 있다. 하지만 당신에게 혐오감을 주는 책도 당신에게 아름다운 느낌을 주는 책 못지않게 풍부한 정보를 줄 수 있다.

프레임을 다시 짜는 능력

'프레임 다시 짜기reframing'는 카운슬링과 정신의학에서 널리 통용되는 용어로서 대인관계, 상황, 문제에 대해 생각하는 방식을 바꾸었을 때 발생하는 결과를 말한다. 여기서는 문학이 어떻게 우리의 기분, 느낌, 생각을 그토록 강력하게 바꾸어놓을 수 있는지에 대해 살펴보겠다. 터놓고 말해보자. 그게 바로 문학의 본령인 것이다.

픽션은 두뇌 과정에 직접적으로 영향을 미친다. 독서를 할 때도 우리가 실제생활에서 동일한 상황을 만나는 것 같은 신호가 우리의 신경체계에 전달되는 것이다. 그렇기에 사람들은 에로물을 읽으면 성적 흥분을 느끼고, 탐정소설을 읽으면 아슬아슬해한다. 판타지는 인간의 내부에 새로운 체험이나 상황을 창조시키는 힘을 갖는다.

물론 이런 결과를 만들어내는 구체적 사건, 장소, 인물, 경험은 독자에 따라 다르다. 지금껏 살아오면서 우리는 저마다 고유한 체험을 기억 속에 간직하고 있다. 한편 우리는 '어떤' 이야기인가에 의해 마음이 열리고 감동을 받는다. 자궁에서 성장하여 이 세상에 나온 이래 우리는 우리의 유전자 속에 프로그램된 공포, 정욕, 웃음, 분노를 느끼는 능력을 지니고 있다.

무섭거나 우스꽝스럽거나 바람직한 자극, 우리의 바깥에서 벌어지는 사건이나 우리 주위를 둘러싼 사물은 우리에게 어떤 기억, 정신적 상흔, '체험'을 준다. 우리가 공포와 분노를 느끼고 위험을 피하며 쾌락을 추구하고 문제를 해결하는 것도 이처럼 경험에 대응하는 느낌이 있기 때문이다.

개인은 그 자신의 신경계와 경험치의 종합으로 이루어진 고유의 개성을 지닌다. 유사한 경험을 한 사람들(가령 함께 성장한 쌍둥이)이라 해도, 경험을 '인식'하는 것은 조금씩 다르다. 감각을 가공하는 내부장치가 서로 다르고 또 이 세상에 서로 다른 두 사람이 하는 경험이 완전히 똑같은 일은 없기 때문이다.

개성은 인간에게 좋은 것이다. 서로 다르기에 사람들은 서로에게 흥미를 느끼고 성장 시스템 속에서 상대방에게서 배울 수 있는 것이 생긴다. 차이와 통제는 서로 늘 갈등하는 두 힘이다. 전체주의적인 정부는 차이를 싫어하여 시민들의 다양성을 최소화하려고 한다. 하지만 생존, 즐거움, 창조를 위해서는 다양성과 차별화를 지지해야 한다.

그렇다고 해서 차이가 너무 크면 의사소통이나 상호작용을 할 수가 없다. 경험은 서로 다르지만 비슷한 점도 많아서 공유할 수 있는 것이기도 하다. 우리는 어떤 체험의 결과를 이용함으로써 다른 체험을 이해할 수 있다. 작가들은 독자들의 머릿속에 든 공유능력을 염두에 두고 글을 쓴다. 작가는 느낌을 창출한다는 것이 어떤 것인지 알고, 독자들이 그 느낌을 원한다는 것을 안다.

사람들은 살아남기에 소용되는 생각과 느낌을 자극하기 위해 책을 읽는다. 육체적 죽음과 치명적인 상황을 피하려고 애쓰는 것과 마찬가지로 사람들은 정신적 죽음이나 정서적 죽음도 되도록 피하려고 애쓴다. 생존을 지탱시키는 힘의 일부는 새로운 정보, 새로운 체험을 얻으려는 탐색에 있다. 우리는 그렇게 해서 얻은 체험을 말하고 싶어하고 후대에게 전달하고 싶어한다.

동일시

동일시는 가장 먼저 고려해보아야 할 독서반응의 하나이다. 다음은 수 코프먼Sue Kaufman의 《미친 주부의 일기Diary of a Mad House-wife》에서 인용한 문장이다. 티나는 사람을 미치게 만드는 판에 박힌 일, 잡일, 자질구레한 예측사항을 일기에 기록한다. 일기를 쓰는 것은 그녀가 정신이상이 되지 않기 위한 한 방법이다. 조나단은 티나의 남편이다.

> 올 것이 또 왔다. 이 추위. 지난번 이야기를 쓰고 사흘밖에 지나지 않았건만 너무 빨리, 너무 급작스럽게 찾아왔다. 인디언 써머에서 차디찬 날씨로 돌변한 것이다. 다행히 나는 조나단의 물건들을 재빨리 꺼내올 수 있었다. 그러나 추위가 시작된 지 이틀째인 월요일, 그는 얇은 목면 원피스에 스웨터를 걸치고 그 위에 비옷을 입고 학교에 가는 딸애들을 쳐다보다가 고함을 질렀다. "도대체 왜 애들이 입을 따뜻한 옷을 어제 오후에 미리 지하실에서 챙겨다놓지 않았지?" 왜냐고? 왜냐하면 어제는 일요일이었기 때문이다. 그가 딸애들과 외출한 동안 가져오는 것이 어려운 일은 아니었지만, 나는 지하실에 혼자 내려가기가 너무 무서웠다. 물론 지하실은 주중에도 여전히 어두컴컴

한 구석이 너무 많고 오싹한 곳이다. 물품 보관실, 고장난 기계들이 들어 있는 세탁실, 《털보 원숭이》(유진 오닐의 1921년작 희곡 | 옮긴이)의 무대 같은 보일러실 등. 아무도 지하실에는 얼씬하지 않았다. 심지어 관리인이나 수리공까지도. 올 여름 브롱크스에 있는 한 아파트의 지하실에서 벌어진 살인 사건 이후부터였다. 어떤 가련한 여자가 강간당한 후에 칼로 난자된 것이다. 그녀가 발이 비어져 나온 채로 차갑게 식은 보일러에 처박힌 후("심하게 부패된 알몸의 시체를 아파트 관리인 오토 그룬젠하우저 씨가 발견했다. 그가 기자에게 말하기를……."), 나는 네 필의 말로 잡아끈다고 해도 혼자서는 지하실에 내려가기가 싫었다.

하지만 조나단에게 이런 사정을 시시콜콜 다 말할 수가 없었기 때문에 나는 위엄 있는 목소리로 이렇게 말했다. "따뜻한 옷은 오늘 다 꺼내올 거예요. 가져와야 할 짐이 너무 많아서 오늘로 '스케줄'을 잡아놓았어요. 오늘 로티가 나를 도와주러 오거든요. 이번 주와 다음 주 안으로 해야 할 일을 다 해치울 테니까 그렇게 비난하지만 말고 나를 좀 가만 내버려두었으면 고맙겠어요, 조나단."

나는 일단 내뱉은 말을 그대로 실천했다. 내가 지난번 일기를 집어든 이래 두 주가 흘러갔다. 나는 그 동안 커튼을 치고 양탄자를 다시 깔고 마루바닥에 왁스칠을 하고 벽을 싹싹 닦아내고 옷장을 청소해서 가족들의 겨울옷을 집어넣었다. 다른 일들도 해치웠다. 나

◐ 《미친 주부의 일기》,
1963년 출간.

는 발레트 학교회의에 참석해서 크리스마스 바자회의 계획 짜는 것을 도왔다. 나는 겨울옷을 사주러 딸들을 데리고 쇼핑을 갔다. 딸애들의 학교에서 간염 사례가 보고되었다고 하여 딸애들을 데리고 닥터 밀러를 찾아가서 감마 글로블린(혈장의 단백질 성분 | 옮긴이) 주사를 맞게 했다. 주사 맞은 것을 보상해주기 위해 다음날인 토요일 점심 때는 딸애들과 두 친구를 데리고 외식을 했고 그러고 나서는 영화를 보았다.

나는 울워스 백화점의 자동사진 기계에서 찍은 나와 딸애들 사진을 동봉하여 친정 부모님에게 편지를 썼다. 나는 치과에도 갔으나 거기에서의 일은 예상처럼 원만하게 진행되지 못했다. 나는 이쿼네일 두 알을 먹는 실수를 저질렀는데(하필 두 알이 남아 있었다), 의사가 내게 노보케인을 주사했을 때야 퍼뜩 생각이 났다. 이쿼네일과 노보케인은 서로 안 맞아서, 두 약을 동시에 복용하면 독성 때문에 심장마비가 올 수도 있다는데. 하지만 다행스럽게도 일은 벌어지지 않았다. 내 뺨은 곧 무감각해졌다. 그는 오래된 보철을 떼어내고 드릴로 이빨을 갈면서 새로운 가능성을 탐구하기 시작했다. 초음속 드릴이 신경을 건드릴 때마다 나는 비명을 지르며 의자에서 펄썩 뛰어올랐다. 드릴이 내 입을 다 찢어놓지 않을까 싶었다. 나는 마침내 임시 보철을 끼고 다음주 약속을 받아서 치과에서 나왔다. 나는 아주 피곤했지만 내 자신이 아주 자랑스러웠다. 다른 모든 일과 마찬가지로 나는 해낸 것이었다. [3]

당신은 어떤가? 당신의 전형적인 하루를 상상해보라. 당신의 일과 중 많은 부분은 로봇에게 맡길 수도 있는 것이다. 위의 인용문에서 독자는 끝없이 계속되는 바쁜 일상생활, 내면생활을 무시하여 자아의 중요한 부분을 돌보지 않는 일상생활을 엿볼 수 있을 것이다. 만약 이 주부의 초상에서 당신의 모습을 보았다면 그것이 바로 '동일시'의 과정이다. 당신은 이 책에 당신을 대입하여 여주인공의 역할이 당신의 처지와 딱 맞는다고 생각하는 것이다. "야, 이거 바로 딱 난데. 난 이 장면, 아주 생생해!" 하고 당신은 말한다. 때때로 당신이 읽은 내용에 대해서 이처럼 반응하는 것은 당신의 존재와 느낌을 파악하는 데 귀중한 도움을 준다.

자, 이제 소설 속의 '당신'에 대하여 집중해보라. 작가도 당신과 비슷한 사람이다. 그들도 인간이므로 인간적 경험과 감정을 지닌다. 소설가들이 하는 일은 이런 경험과 생각을 잘 조직하여 스토리를 만들고 유기적인 질서를 만들어내는 것이다. 그러면 독자들은 소설을 읽으면서 소설 속의 경험을 자신의 실제경험과 연결시킨다. 연결하는 작업이 왜 즐거움을 주는가? 무엇보다도 그렇게 함으로써 당신은 외로움을 덜 느끼게 되고 또 정상적인 사람이라고 느끼게 되기 때문이다. 당신 외에 다른 사람들도 당신과 비슷한 느낌을 품고 있음을 알게 되면, 당신이라는 존재가 남들에게 알려지고 이해된 것 같은 느낌이 드는 것이다.

소산abreaction

몇 년 전 나는 별거중인, 또는 이혼한 부모들의 자녀를 위한 자기-구조Self-help 그룹을 운영했다. 아이들은 모두 나름의 고통, 분노, 불안

속에 갇혀 있었다. 그들은 학교나 집에서 남들에게 자신의 느낌을 자유롭게 말하지 못했다. 그들은 자신이 따돌림을 당한 피해자라며 얼마간 피해망상적 느낌을 품고 있었다. 대화와 이해를 통해 남들과 연결되어야 할 바로 그 시기에 그들은 침묵을 강요당한 것이다. 집안과 학교에 있는 사람들은 그들에게 이혼에 대해 이야기하기를 망설였고 그들을 당황하게 할까봐 두려워했다.

○ 《그렇다고 세상이 끝난 것은 아니야》, 1972년 출간.

자기-구조 그룹에 있는 아이들은 자신의 환경을 '정상적인 것으로 만들어주는' 친구들을 만남으로써 불안감과 소외감을 어느 정도 덜 수 있었다. 그들은, 올라탄 배가 물이 새서 불안정하기는 하지만 그래도 같은 배에 함께 있는 것이었다. 나는 그 아이들 모두에게 주디 블룸의 《그렇다고 세상이 끝난 것은 아니야It is Not the End of the World》를 읽게 했다. 이 재능 있는 소설가는 평범하고 정상적인 아이들도 부모의 이혼을 겪을 수 있음을 잘 보여주었다. 그녀는 부모가 이혼한 아이의 느낌, 또 그런 변화를 극복할 가능성을 잘 묘사했다. 그녀처럼 유명

소산abreaction 프로이트의 용어로 소산이란 정신적 외상trauma을 입힌 사건에 결부되어 있던 감정이 그 사건의 반복을 통해서나 아니면 치료를 받는 중에 깨끗이 제거되는 정동방출의 순간을 말한다.

한 소설가가 쓸 정도라면 별거나 이혼에 대한 이야기는 일상생활의 일부라는 뜻이고 그렇다면 자신들의 문제도 그리 심각하지는 않다고 아이들은 생각했으며 위안을 얻었다. 자신들의 처지를 소설이 '알아주었다'고 생각한 것이다. 어떤 아이들은 자신이 겪은 체험을 직접 말해주기도 했다.

나는 아이들에게 입양자녀의 이야기를 다룬 베치 바이어스Betsy Byars의 《핀볼The Pinballs》도 읽어보라고 권했다. 그들은 소설 속의 체험에 즉각 저항감을 보이면서 자신들이 소설 속의 아이들보다는 형편이 낫다고 말했다. 이런 반응을 소산abreaction이라고 한다. 그들은 소설 속의 체험을 자신들의 처지에 비추어 생각함으로써 덜 외로워지고 덜 당황하게 되었다.

해방의 느낌은 인물, 장소, 상황 등에 반응하여 일어난다. 만약 독자가 어떤 인물에 대하여 부정적인 느낌을 갖게 되면 독자는 자기가 싫어하는 사람이나 자기가 만나고 싶은 사람이 어떤 사람인지 모두 알게 된다. 매혹과 소산을 통해 독자는 비교를 할 수 있고 그리하여 자신의 성격형성에 도움을 얻게 된다. 이와 동일한 심리적 과정이 장소나 일 등에도 적용된다. 책을 읽으면서 혐오스럽게 여겨지는 장소는 우리가 만들고 속하고 싶어하는 바람직한 환경을 만들어내는 데 도움을 준다. 동일시와 소산은 반대 개념으로서, 둘 다 피드백에 속한다.

♠《핀볼》, 1988년 출간.

유사성

가령 우리의 가정 시스템이 붕괴하는 문제가 발생했는데 대책을 세우기가 난감하다고 상상해보자. 가까운 동네에 가족 구성원들이 서로 협력하면서 행복하게 잘 사는 가정이 있다. 우리는 사랑하는 배우자와 아이들을 잠시 떠나서 그 집에 가서 살아보기로 한다. 그들이 어떻게 행복한지 말로 구체적으로 표현하기에는 어렵기 때문에 직접 체험해보기로 한 것이다. 우리는 그 집의 생활에 전적으로는 개입하지 않은 채로 그 집의 일상적인 분위기를 체험한다. 그리고 그 경험을 가지고 우리의 일상생활로 돌아온다.

우리가 그 집에 가서 보고 느꼈던 유사점과 차이점은 우리 집안의 생활상을 좀더 뚜렷이 보게 해준다. 두 집 사이에 일정한 거리가 있었기에 그처럼 명확하게 볼 수 있는 것이다. 다시 말해서 다른 집에 가 있지만 길을 잃지 않은 상태로 그 집의 경험을 살아보았던 것이다. 만약 우리가 거기서 길을 잃었다면 진짜 집으로 되돌아올 때는 삶이 더욱 나빠질 것이다.

픽션을 읽고 소설 속에 '완전히' 빠져버려서 실제생활과 허구의 체험을 구분하지 못하는 사람들이라면, 심각한 문제에 봉착하거나 아니면 정신치료를 받아야 할 것이다. 그들은 보통 사람과 다르게 독서를 한다. 그들은 자신들의 혼란을 다른 경험에도 그대로 대입시키는데, 독서를 할 때도 마찬가지이다. 그러나 대부분의 독자들은 그렇지 않다. 오히려 정반대이다. 그들은 개인적 성장을 위해 독서를 할 때 픽션-유사물이 경험의 수단임을 명확하게 인식한다. 그리하여 픽션 속

에서 얻은 정돈된 체험으로 자신들의 혼란스러운 경험을 되돌아보거
나 다시 조직한다.

열정적인 독자들은 이런 경험을 한두 번 하고 마는 것이 아니라 평
생 동안 반복한다. 이런 식으로 그들은 픽션을 인생의 최전선에 보급
품을 지원하는 기지로 삼는다.

경험의 밖으로 나가기

픽션 속의 등장인물들도 물론 종종 당황하면서 길을 잃어버린다. 바
로 그 때문에 그들은 우리를 도와줄 수 있다. 그들은 우리의 혼란을 대
신 떠맡고 우리의 부담을 대신 짊어지고, 우리가 너무 밀착하여 볼 수
없는 더 큰 그림을 보게 해준다.

다음은 독서경험에 대해 학생들이 나눈 대화를 녹취한 기록의 일부
이다. 독서경험을 통해 실제경험과 책 속의 경험을 모아 더 큰 세상으
로 나아가는 사람들의 이야기를 들을 수 있을 것이다.

진 나는 글을 읽을 줄 알면서부터 많은 책을 읽었다. 나의 어머니도
끊임없이 읽었다. 어머니는 잠잘 때를 빼놓고는 늘 손에 책을 들고
있었다. 반면 아버지는 거의 책을 읽지 않았다. 날씨가 나빠서 실내
에 있을 때에만 마지못해 책을 들었다. 그래서 우리집에는 늘 갈등
이 있었다.

아버지는 책을 읽고 있는 나를 보면 차라리 야외에 나가 뛰어 노는
게 더 좋으리라고 말했다. 틀린 말도 아닌 것이, 어떤 시기에 독서는
아주 중요했지만 또 어떤 시기에는 그리 중요하지 않았다. 하지만

독서를 많이 한 것이 성장기에 큰 도움이 되었다. 책은 세상이 어떻게 생긴 것인지, 어른들은 세상을 어떻게 보는지, 또 내가 바라는 세상은 어떤 것인지 알게 해주었다.

에일린 나의 독서생활은 건설적인 공상의 형태를 띠었다. 독서는 나를 지도하고 안내해주었다. 잠시 뒤 그 단계는 지나갔다. 나는 내 주위에서 발견할 수 있는 것과는 동떨어진 것을 다룬 책을 읽기가 지겨워졌다. 그러다가 나는 나 같은 사람들을 찾아보기 시작했다.

진 도피는 어떤 힘을 자기 마음대로 발휘할 수 있는 장소로 옮겨감을 말한다. 특히 아이 때에는 일상생활에서 별로 힘이 없으니까 도피를 많이 하게 되는 것 같다.

캐롤 나는 여배우가 되고 싶다는 은밀한 욕망이 있었다. 그래서 독서를 하면서도 여주인공 역할의 연기를 했다. 오늘날까지도 그렇게 하는 경향이 있다.

에일린 그런 것이 소설의 미덕을 평가하는 기준이 될 수 있다고 본다. 적어도 나는 그렇게 본다. 즉 소설이 어느 정도 당신을 빨아들이는가 하는 문제이다. '불신의 정지'(19세기 영국의 낭만시인 콜리지의 문학이론으로서, 아무리 황당한 얘기라도 불신을 정지시키면서 독자로 하여금 읽어나가게 만드는 문학은 감동을 준다는 것. | 옮긴이)를 일으킨 소설이라면 그 자체로도 이미 훌륭한 책이라는 증거가 된다.

캐롤 책에는 아주 그럴듯한 것들이 있다. 가령 등장인물이 그렇다. 거리를 걷다 보면 책 속에서 본 인물과 비슷한 사람들을 만나게 된다.

진 자세한 묘사가 없는 경우에도 인물들의 시각적인 이미지를 그려 보게 된다.

에일린 나는 내가 두 가지를 다 노린다고 생각한다. 어떤 때는 오락을 바라다가도 어떤 때는 일상생활에 진지하게 대응하는 방법을 바라게 된다. 때때로 픽션은 인생에 대응하는 방법을 찾아내는 '안락한' 수단이다. 나는 실제로 두 가지를 한꺼번에 추구한다. 나는 픽션이 내가 알고 싶은 정보를 주기 바라고, 동시에 너무 까다로워서 감당할 수 없을 것 같은 일상생활에서 벗어나게 해주기를 바란다.

진 나는 그 과정이 종종 내면적인 것이라고 생각한다. 나는 독서를 함으로써 저기 저 바깥에 있는 어떤 것이 아니라, 나의 내면에서 어떤 일이 벌어지고 있는지 알게 된다. 그것은 나 자신의 경험을 새롭게 바라보는 계기가 된다.

캐롤 나는 독서가 정서적인 행동이라고 생각한다. 책을 읽을 때에는 구체적으로 느끼는 것이 있다. 하지만 그것을 자세하게 설명하지는 못한다. 나는 감정적이거나 비극적인 어떤 책을 읽게 되면 몸에 직접적으로 반응이 나타난다.

진 독서는 텔레비전 시청보다 훨씬 더 적극적인 행위이다. 시각적인 이미지를 머릿속에서 손수 만들어내야 하기 때문이다. 시각적 상상을 훨씬 쉽게 유도하는 작가들도 있다. 아무튼 독서는 영화나 텔레비전보다 공이 더 많이 들어가는 행위이다. 때때로 독서는 너무 많은 것을 요구하기 때문에 느긋하게 할 수 있는 행위가 되지 못한다.

에일린 하루 일과를 끝내고 집에 왔을 때 정말 피곤하면 텔레비전을 보고, 좀 덜 피곤하면 책을 읽는다. 내 생각에 책을 읽는 것이 훨씬 보람이 많다. 나는 독서를 할 때 참여의식이 더 강화된다고 생각한다. 많이 집어넣은 만큼 많은 것을 끄집어낸다.

이 토론은 오늘날 가장 보편적인 스토리 전달자인 텔레비전과의 비교라는 토픽을 이끌어냈다. 오늘날 같은 텔레비전 시대에 과연 독서를 해야 할 필요가 있을까? 자, 그 이야기를 해보자.

텔레비전과 독서

나는 라디오 세대이다. 라디오는 독서와 텔레비전의 중간쯤에 해당한다. 이상하게 들릴지 모르지만 황금기의 라디오는 독서를 도와주는 측면이 있었다. 라디오 대담, 드라마, 이야기 읽어주기, 뉴스 등은 청취자들에게 더 많은 언어를 신사했다. 단어의 발음, 멋진 읽기, 구어문장의 리듬 등을 가르쳐주는 모델이었다. 라디오를 들음으로써 어떻게 글을 읽어야 하는지를 배웠다.

어떻게 보면 라디오는 아직 문자가 도래하기 전의 시대, 사람들이 구전전승 작가에 귀기울이던 시대를 연상시켰다. 하지만 라디오 프로그램 중 스토리는 아주 작은 부분에 지나지 않았으므로 더 많은 스토리를 얻으려면 독서를 하도록 자극 받았다.

영상매체가 등장하면서 언어적인 측면으로 따지면 우리는 역사 이

전의 시대로 퇴보한 셈이 되었다. 언어는 가치가 없어졌고 영상이 주도권을 잡게 되었으며 소리는 이미지에게 밀려나게 되었다. 소리가 언어의 뿌리인 까닭에 TV 세대는 라디오 세대보다 언어의 경험이 훨씬 부족하다. 텔레비전 이미지 속에서 언어는 작은 역할밖에 하지 못한다. 침묵 속에 텔레비전을 시청하면서 보낸 수천 시간은 다른 언어활동, 가령 독서, 대화, 이야기 듣기와 말하기에 필요한 시간을 희생시켰다.

내가 독서와 그 혜택에 관한 워크숍을 운영할 때마다 반드시 나오는 질문이 있다. TV와 영화는 독서를 대체해버렸는가? TV 시청으로 독서와 똑같은 결과를 얻을 수는 없는가? 그러면 TV에서 움직이는 이미지를 보는 것과 독서를 하는 것이 어떻게 다른지 간단히 살펴보자.

설혹 TV 프로그램이 최선의 노력을 다하고 광고를 배제하고 흥미로운 볼거리와 정보를 제공한다 하더라도, 독서와는 근본적으로 다를 수밖에 없다. 무엇보다도 독서와 TV 시청의 근본적인 차이점은 TV의 화면 앞에서는 인간의 두뇌가 수동적인 상태로 빠져든다는 점이다. TV는 제공하고, 시청자는 받는다.

그러나 당신이 소설을 읽는다면 그때는 '당신이' 그림, 음향효과, 냄새, 색깔, 목소리를 제공한다. 그러니까 책 속의 세상을 생생하게 살려내기 위해 당신은 당신 자신의 전용영화관을 운영하는 것이다. 당신이 곧 감독이자 카메라 기사, 음향효과팀, 캐스팅 담당, 편집자가 되는 것이다. 이 인력을 어디서 다 데려오는가? 당신의 경험, 당신의 기억창고에서 가져오는 것이다. 이렇게 해서 당신은 스토리에 친숙해지고 또 스토리는 당신에게 중요한 정보 또는 자료가 된다.

스토리는 당신이 써야 하는 자료를 불러오는 하나의 틀을 제공한다. 방금 읽은 내용에 의미를 부여하기 위해서, 당신은 여러 자료를 적극적으로 기억해내야 한다. 당신은 당신의 정신적 필요에 따라 읽은 내용에 의미를 부여한다.

흥미진진하고 중요한 책을 읽을 때 당신은 그것을 당신 자신의 스토리로 만든다! 당신에게는 어떤 윤곽만 제공되고 당신은 여유 있게 그 내용물을 채색할 수 있다. 작가는 과정을 제공하고, 독자는 내용을 제공한다. 이렇게 볼 때, 더 적게 말해질수록 독자는 더 많은 공간을 갖게 된다.

일부 SF 작가들은 풍경과 소리뿐 아니라 촉각과 후각까지도 제공되는 오락이 실현될 것을 예상했다. 레이 브래드베리Ray Bradbury는 《화씨 451도Fahrenheit 451》에서 4면 벽에 스크린이 달려 있는 TV 룸을 묘사한다. 방안에서 관람자는 스크린상의 프로그램에 쌍방향으로 참여힌다. 브래드베리의 소실에서 한 'TV 중독자'는 이 프로그램에 자신의

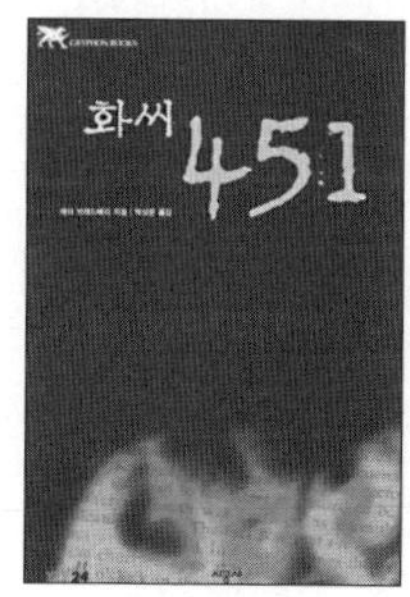

레이 브래드베리 1920~ . 미국의 소설가이자 에세이 작가, 극작가, 시인이다.

◐ 《화씨 451도》, 시공사 | 박상준 역 | 2001.1.

아이덴티티를 빼앗겨버리고 마침내 자살하게 된다.

최근의 어떤 작가들은 시청자의 머리에 컴퓨터 모듈을 장착시키면, 시청자의 두뇌가 프로그램 내에서 벌어지는 모든 감각적 차원을 가상현실적으로 느낄 것이라고 예측한다. 수동적인 관람자의 입장을 이처럼 극단적으로 확대하면 TV 프로 그 자체가 인간의 일차적 경험이 될 수 있다. TV 속의 드라마가 우리의 인생경험과 선택을 대신해버리는 것이다.

소설에는 광고가 없다. 스토리 작가는 처음부터 자기가 말하고자 하는 것을 드러낸다. 독자 앞에 공개되는 스토리의 동기는 절대 감출 수가 없다. 이것을 잘 보여주는 사례가 내가 최근에 읽은 책《얀 리틀의 살아남기The Survival of Jan Little》이다. 이 책은 존 맨John Man이 쓴 얀 리틀의 전기인데 한 캘리포니아 여인의 인생과 모험을 기술하고 있다. 그 여인은 예수 상을 한 전제적인 '구세주' 인물(1960년대에 이런 남자인물이 많이 등장한 것은 기이한 일이다)과 결혼했다.

그들 부부는 베네수엘라와 브라질의 정글에서 오래 거주하면서 더 고립되고 더 순수하고 더 완벽한 장소를 찾아내기 위해 고심한다. 그런데 이 정서적이고 정신적이고 생태적인 탐구를 다룬 책에서 가장 흥미로운 것은 정작 말해지지 않은 부분에 있다. 사실 독자에게 말해지지 않은 부분은 작가에게도 말해지지 않았다. 무슨 말인가 하면 얀 리틀은 전기작가에게 자신의 이야기를 모두 털어놓을 수는 없었다는 것이다. 그녀에게서 감추어진 일, 그녀가 말하고 싶지 않거나 꼬집어서 말할 수 없는 일이 분명히 많이 있었다.

사람은 누구나 마음속에 겉으로 설명이 되지 않는 어두운 구석을 지니고 있다. 그러니까 진실은 종종 말해지지 않은 부분에 들어 있는 것이다. 가장 좋은 글은 말로 묘사할 수 없는 일이 있음을 드러내면서 불가능한 것을 표현한다. 훌륭한 작가가 자신의 경험과 세계인식을 동원하여 써낸 뛰어난 문학은 흥미로운 거짓말 또는 매혹적인 이야기를 가지고 있다. 그 이야기에는 작가정신의 반영인 진정한 세계인식이 담겨져 있는 것이다.

1. Michael Ende, 《The Neverending Story》, tr. Ralph Manheim (Harmondsworth: Penguin, 1984), p. 10.

2. Stephen King, 《Cujo》(New York: New American Library, 1981), p. 126.

3. Sue Kaufman, 《Diary of a Mad Housewife》(New York: Bantam, 1968), pp. 107~108.

제2부
책읽기와 시간

과거가 불변이라는 생각은 하나의 신화에 지나지 않는다.
과거에 일어났던 사건 자체는 변하지 않겠지만,
기억 속에서 그것의 의미, 이해, 해석은 인생의 큰 그림이
바뀜에 따라 얼마든지 바뀔 수 있다.

4

책과 함께 다시 만들어가는 과거

스토리는 세상을 보는 인간의 마음이며 그 마음을 이루는 기본이다. 나는 이것을 스토리적 사고방식이라고 부르겠다. 스토리는 모든 유기적 조직의 형식이라고 할 수 있다. 모든 유기체는 그들 자신의 스토리 속으로 성장하고 그 스토리에는 그들의 역사, 본성, 형식, 모양, 기능이 들어 있는 것이다. 우리는 여러 가지 조각 정보를 연결하여 우리의 과거를 조직한다. 그리고 우리의 생활 속에 든 여러 가지 조각 스토리를 연결하여 우리 자신의 인생 스토리를 구축한다.

과거는 불변이라는 신화

조지 오웰George Orwell의 소설 《1984년》에서 주인공 윈스턴은 진실부 the Ministry of Truth에서 일한다. 이 부서가 하는 일은 현재의 정치적 필요에 따라 역사를 고쳐 쓰는 것이다. 말하자면 이 부서가 하는 일은 거짓말이다. 이러한 수정작업이 단순히 역사를 수정하는 작업이 아니라 의도적인 거짓말이 되는 까닭은, 그런 수정작업은 벌어지지 않고 있다는 거짓말 때문이다.

새로운 정보, 이해, 관점이 발생하는 동안 역사는 늘 새롭게 다시 쓰인다. 스페인 대함대나 제2차 세계대전을 다룬 각 책들은 나올 때마다 약간씩 다른 설명을 하고 있어 전체적인 그림을 확대시킨다. 이런 새로운 설명은 이전의 설명을 취소시키지도 않고 그런 설명의 존재를 부정하는 일도 없다.

반면에 진실부는 사람들에게 그들만의 과거경험을 부정하거나 아니면 과거가 없었던 것처럼 행동하라고 요구한다. 진실부는 과거를 기억하는 것은 미친 사람이나 기만당한 사람이 하는 행동이라고 말한

조지 오웰 1903~1950. 식민지 인두에서 하급 공무원의 아들로 태어났다. 여덟 살 때 사립예비학교에 들어갔으나, 이곳에서 상류중 아이들과의 심한 차별을 맛보며 우울한 소년 시절을 보냈고, 장학생으로 들어간 이튼교에서의 학창 시절 역시 계급 차이를 뼈저리게 실감하는 계기가 되었다. 졸업 후 미얀마에서 경찰관으로 근무했으나 회의를 느껴 그만두고 파리로 건너가 작가수업을 쌓았다. 러시아 혁명과 스탈린의 배신을 우화로 그린 《동물농장》과 전체주의의 종말을 기묘하게 묘사한 디스토피아 소설 《1984년》은 오웰을 20세기 최고의 영향력 있는 작가로 만들었다.

다. 사람들이 미치기에 딱 좋은 길은 경험에서 얻은 자신만의 지식이 만들어낸 리얼리티를 부정하는 것이다. 빅 브라더가 말한 것만이 진실이며 그밖의 모든 것은 진실이 아니다. 설혹 빅 브라더의 진실이 다른 사람들의 기억과 경험에 위배되어도 문제될 것은 없으며 오로지 빅 브라더의 말만이 진실이다.

보통 우리는 과거에는 오직 한 가지 버전만 있다고 생각하면서 생활을 해나가고 있다. 어떤 사건이 발생하면 그 순간 그것을 기억 속에 저장하고 그것은 영원불변이라고 생각하는 것이다. 그러나 과거가 불변이라는 생각은 하나의 신화에 지나지 않는다. 과거에 일어났던 사건 자체는 변하지 않겠지만, 기억 속에서 그것의 의미, 이해, 해석은 인생의 큰 그림이 바뀜에 따라 얼마든지 바뀔 수 있다.

변화는 좋은 쪽이 될 수도 있고 반대로 나쁜 쪽이 될 수도 있다. 이것은, 사람들이 모여들던 매혹적인 광장이나 우리가 점심을 먹었던 작은 식당이 영원히 사라지고 그 자리에 하얀 사무실 건물과 고층의 주차 건물이 들어서는 것과 같다. 내가 자란 빈민굴, 인근 하수구에서 올라온 쥐들이 날뛰던 폐타이어투성이의 뒷마당이 있던 빈민굴은 삼나무 문과 근사한 창문을 내고 아름다운 붉은 벽돌로 둘러싸인 공동주택 단지로 바뀌었다.

이와 마찬가지로 우리는 우리의 과거를 바꿀 수 있다. 그렇게 하여 우리의 정신건강과 전반적인 안전을 도모할 수 있다. 사실 대부분의 정신치료는 과거에 일어났던 일에 대한 관점을 바꿀 목적으로 과거를 탐구한다. 우리는 과거를 다르게 봄으로써 그것을 바꿀 수 있다.

독서는 기억을 이끌어낸다

과거를 바꾸려면 먼저 그것을 기억해야 한다. 대부분의 사람들은 가슴속 깊이 묻어두고 억압하는 기억을 가지고 있다. 그 인생경험과 관련된 정서와 감정이 너무나 고통스러워 감히 정면으로 맞서 다룰 수가 없기 때문에 억압하는 것이다.

나의 한 고객은 가장 고통스럽게 지니고 있는 기억이 유년시절에 당한 모욕이었는데, 특히 학교생활과 관련된 것이 많았다. 아이들은 하루의 대부분을 학교에서 보낸다. 가정의 가치, 가정의 성원과 지원, 사랑과 신뢰가 바로 학교에서 테스트를 당하는 것이다. 학교는 공개적 경쟁, 공식적 검증, 낯선 자들(동료)의 인정과 거부가 이루어지는 장소이다. 학교에 간 어린아이는 아주 취약한 상태로 모든 것에 노출된다. 바로 이곳에서 어린아이는 제 힘으로 자신의 자리를 성취해야 한다.

사랑 받는 아이는 자기가 무슨 일을 이루어내든 어머니가 좋다고 하고 또 자기를 사랑해주리라는 것을 안다. 그러나 밖에 나가서 사람들의 칭찬을 듣고 높은 점수를 따고 공개적인 인정을 받는 것은, 사랑하는 부모에게서 넌 정말 멋진 아이라는 소리를 듣는 것과는 전혀 다른 이야기이다. 이런 이유 때문에 동료들 앞에서 모욕을 당했을 때의 수치는 특히 고통스러운 것이 된다. 모욕을 당해 수치를 느낀 아이는 그 고통의 느낌과 결부된 기억을 가슴속 깊숙이 감추게 된다.

하지만 모든 아이가 전부 그런 것은 아니다. 신뢰가 깊고 의사소통이 원활한 가정에서 자라는 어린아이는 사건과 그에 수반되는 고통을 부모와 의논한다. 그러면 그 사건은 의식 속으로 떠올라 가족사의 한 부분으로 공유되고 '스토리'로 저장된다. 아이의 경험에서 공개적인 기록으로 남게 되는 것이다. 이렇게 되면 그 기억을 감추지 않아도 된다.

이와는 반대로 학교에서 당한 모욕을 오히려 강화시키는 가정환경도 있을 수 있다. 부모가 아이에게 사랑과 동정, 성원(동시에 교사에게는 분노)을 표시해주기는커녕 분노를 터트리는 것이다. 아이의 수치는 가족의 수치가 되고 부모는 가족에게 수치를 안긴 아이를 비난하는 것이다.

이런 억압된 기억의 결과는 무엇일까?

우리는 먼저 당사자가 그 기억에 관련된 정서적 고통을 회피하기 위해 그것이 스토리 밖으로 빠져나가게 억압한다는 사실에 주목해야 한다. 그러나 억압된 기억은 결코 끝까지 잠자코 있지는 않는다. 정서적 반응, 고통의 반응은 당사자가 원인을 전혀 알지 못하는 상태에서 불쑥불쑥 고개를 내미는 것이다. 예를 들어 어른이나 부모가 된 당사자는 다른 어린아이의 모욕을 보면, 그 아이 또는 선생에게 참을 수 없는 분노를 터트리는 것이다. 또는 대중 앞에서 연설을 해야 할 때 원인 모르게 공포와 구토증을 느낄 수도 있다.

자신의 정서적 고통을 공개적으로 토론하지 못하는 어린아이들에게 남들이 당한 모욕을 적어놓은 글을 읽게 하면 끔찍한 경험을 정상화시키는 힘을 얻게 된다. 외로운 아이는 모욕의 경험을 당하면 더욱 외로워진다. 문학은 그 같은 고통이 이미 잘 알려져 있으며 남들도 그런 고통을 당한다는 인식을 심어준다. 더욱 중요한 것은 그것을 소설로 쓰는 작가가 그것에 대한 어떤 태도를 전달해주게 된다는 것이다.

그런 태도에는 주로 모욕을 당한 아이에 대한 동정 또는 동급생과 선생의 무관심에 대한 분노 등이 있다. 따라서 소설 속의 스토리는 고통을 잘 이해하게 해서 더 큰 인생의 그림틀 속으로 그것을 끼워넣는 역할을 한다.

스토리는 고통스러운 사건을 인생 스토리 속으로 통합시키는 방법을 제공한다. 독자는 자기자신이 남에게 이해되고 정당화되었다고 느낄 뿐 아니라 자신의 과거에 대하여 더 잘 통제할 수 있다는 느낌을 갖게 된다. 독자는 사건을 스토리 속에 엮어넣음으로써 피해자가 아니라 지배자가 된다. 따라서 사건을 논평과 느낌의 맥락 속에 집어넣어 스토리로 엮어내면 곧 그 사건을 변화시켜 통제하는 것이 된다. 더욱이 어린아이가 작품의 스토리를 누군가와 토론할 수 있다면 아이는 자기가 당한 모욕을 고백하지 않고서도 자기에 관해 말할 수 있다. 따라서 작가의 쓰는 행위와 독자의 읽는 행위는 적극적인 통제의 행위가 된다.

피해자는 모욕적인 사건으로 느끼던 죄책감에서 벗어나서 남들의 무관심과 잔인함이 무고한 사람을 희생자로 만든다는 것을 깨닫게 된다. 그러나 어린이 사회에서는 피해자 또는 희생자를 비난하는 것이 다반사이다.

나는 디킨스의 소설 《데이빗 카퍼필드David Copperfield》에서 잔인한 머드스톤 씨가 데이빗을 매질하는 장면을 읽을 때면 내가 영국에서 다닌 학교 시절이 생각난다. 데이빗 카퍼필드는 가학적인 의붓아버지가 잔인하게 매질을 하는 동안 그를 깨문 탓에 기숙학교에 가게 된다.

그리고 이 학교에서 그가 당하는 모욕은 절정에 도달한다. 그는 등에 "조심하시오. 그는 뭅니다"라고 쓰여진 꼬리표를 달고 다녀야 했다.

내가 그 꼬리표 때문에 당한 고통을 어느 누가 상상할 수 있을까. 사람들이 나를 볼 수 있는지 없는지 관계없이 나는 늘 누군가가 그 꼬리표를 읽고 있다고 상상했다. 등을 돌려서 아무도 없음을 확인해도 그다지 도움이 되지 않았다. 내가 등을 노출시키는 순간 내 등뒤에는 누군가가 있으리라는 생각이 들었다. 나무로 만든 의족을 한 그 잔인한 남자는 나의 고통을 더욱 악화시켰다. 그는 권위가 있는 사람이었다. 나무, 벽, 집에 기대어 있는 나를 볼 때마다 그는 현관문 앞에서 고개를 비쭉 내밀고 커다란 목소리로 이렇게 말했다. "이봐, 학생! 자네 카퍼필드지? 그 꼬리표 확실하게 내보여. 그렇지 않으면

찰스 디킨스 1812~1870. 디킨스는 소년시절부터 빈곤의 고통을 겪었으며, 학교에도 거의 다니지 못하고 12세 때부터 공장에서 일을 했다. 19세기 전반기의 영국 대도시에서는, 번영의 이면에 무서운 빈곤과 비인도적인 노동환경이 있었다. 이러한 사회의 모순과 부정을 직접 체험한 그로서는 밑바닥 생활과 애환을 생생히 묘사하는 동시에, 세상의 모순과 부정을 용감하게 지적하면서도 유머를 섞어 비판한 여러 작품을 써낼 수밖에 없었다. 《올리버 트위스트》《위대한 유산》《힘든 시절》《크리스마스 캐롤》 등의 작품을 남겼다. 《데이빗 카퍼필드》는 1850년 출간된 디킨스의 자서전적인 작품이다.

학교에다 신고할 거야!"

　학교 마당은 자갈이 깔린 맨 땅이었고, 가옥이나 사무실의 뒤편으로 그대로 노출되어 있었다. 나는 하인들, 푸주한, 빵장수 등이 내 꼬리표를 읽었다고 생각했다. 그러니까 매일 아침 내가 그 길로 걸어갈 때마다, 나는 집 주변을 왔다갔다하는 모든 사람이 "그를 조심하시오. 그는 뭅니다"라는 꼬리표를 읽었다고 생각했다. 그리하여 나는 나 자신을 두려워하기 시작했다. 나는 내가 남을 깨무는 위험한 아이라고 생각하게 되었다. [11]

학생의 모욕, 수치심, 부당하다는 느낌을 다룬 얘기가 많다는 것은 그런 경험이 아주 흔하다는 뜻이다. 이런 종류의 기억을 억압하고 있는 어른들에게 독서는 크게 효과적일 수 있다. 하지만 때때로 그런 기억을 유도해내자면 사전작업을 해야 할 필요도 있다. 우리는 직접 연습을 해보아야 한다.

　강력한 정서를 환기하는 소설(이나 시)을 읽을 때, 그 정서와 관련된 기억은 의식 속에 떠오르기를 거부할 것이다. 하지만 독자의 정서적 반응은 책을 읽는 당시에도 그렇고, 언젠가 분명하게 드러난다. 그리고 그런 반응을 하나의 정보원으로 활용해서, 그 정서를 통해 기억, 경험, 태도를 발굴해낼 수 있다. 다음은 최근에 발굴된 루이스 캐롤Lewis Carroll의 시이다. 캐롤은 〈앨리스〉 시리즈로 유명한 작가인데 열세 살 때 이 시를 지었다.

요정

내 곁에는 요정이 있는데
잠들면 안 된다고 말하네.
한번은 너무 아파 크게 소리를 질렀더니
요정이 말했네. "넌 울면 안 돼."

너무 기뻐 활짝 미소지었더니
요정이 말했네. "넌 웃으면 안 돼."
한번은 진을 좀 마시고 싶었는데
요정이 말했네. "넌 술 마시면 안 돼."

한번은 먹고 싶은 음식이 있었는데
요정이 말했네. "넌 그걸 물어서는 안 돼."
내가 황급히 싸움터에 달려나가는데
요정이 말했네. "넌 싸워서는 안 돼."

루이스 캐롤 1832~1898. 《이상한 나라의 앨리스》의 작가. 옥스퍼드대학의 수학부 교수로 일했고, 그림과 사진도 무척 좋아했다. 무엇보다 그가 사랑한 것은 어린아이들이었다. 평생 독신으로 살았던 그는 귀여운 소녀들을 즐겁게 해주기 위해 흥미로운 게임과 퍼즐을 고안하기도 했다. 1855년, 대학에 헨리 리들이 새로운 학장으로 부임해오면서 학장의 어린 딸 앨리스와 친구가 되었고, 앨리스를 위해 만들어낸 이야기를 출판했는데, 그것이 《이상한 나라의 앨리스》이다.

"그럼 뭘 하라는 거지?" 마침내 내가 소리쳤네.

그 고통스러운 임무에 지겨워진 나머지.

요정은 조용히 응답하면서

말했네. "넌 질문해서는 안 돼."

도덕: "넌 하면 안 돼" [12]

이 시는 빅토리아 시대의 아이가 지은 것이기는 하지만, 오늘날 이 시를 읽는 많은 사람은 엄격한 통제를 받던 유년 시절을 금방 떠올릴 것이다. 그러한 과거는 고통스러운 유산을 남기고, 그것을 수정하려면 많은 교정작업을 거쳐야 한다.

태도를 고쳐서 현재를 바꾸는 것

독서는 우리의 대인관계에 많은 빛을 비추어준다. 하지만 독서가 즉각적으로, 또는 급격하게 바꾸어줄 수 없는 인간적 반응 두 가시가 있다.

우리가 사물에 대해서 느끼고 생각하는 방식은 우리의 대도를 결정한다. 태도라는 단어는 우리의 자세 또는 우리가 사물을 쳐다보는 방향을 가리킨다. 성인이 되면, 독서를 통한다고 해서 그간 쌓아온 신념체계가 쉽사리 바뀌지는 않는다. 특히 정치적 견해에 있어서의 신념은 결코 개방적이지 않으며 따라서 허구의 설득력이 침투할 여지가 없게 된다. 독자들은 자기가 동의할 수 없는 것은 내던져버리고 그들의 견해에 맞지 않는 책은 읽기를 거부한다.

이런 태도는 종교에 대해서도 마찬가지이다. 종교도 대체로 가정에서 학습되며 아이는 부모와 동일한 신념과 입장을 유지하게 된다. 이런 신념체계나 이데올로기의 경우, 개종만이 급격한 변화 또는 방향전환을 가져온다.

독서로 금방 바꿀 수 없는 또 다른 행태는 공포와 혐오증에 관한 것이다. 그것은 사람에 따라 뱀, 생쥐, 개, 고양이 등에 대한 공포로 나타나기도 한다. 공포의 행태를 가진 사람은 이런 동물을 만나면 겁을 먹거나 비명을 지르거나 얼어버리거나 달아난다. 심지어 그런 공포를 직면할 만한 장소는 미리 피해버린다. 어떤 사람은 높은 곳, 폐쇄된 장소, 탁 트인 들판, 빠른 움직임 등을 두려워한다.

나의 고객 중에 상담 센터에 걸어다녀도 좋을 만큼 가까운 곳에 살고 있는 여학생이 있었다. 그녀는 온갖 공포를 가까스로 극복하면서 상담 센터에 올 수 있었다. 그녀는 센터까지 오는 데 너무 많은 정력을 쏟아버린 나머지 막상 센터에 도착하면 아무것도 할 수가 없었다. 게다가 상담 후에 다시 똑같은 어려움을 겪으면서 집으로 돌아가야 하는 것이었다. 그래서 내가 그녀의 집을 방문하기로 했다.

그녀는 거실의 흔들의자에 앉은 채 떨면서 나를 기다리고 있었다. 상담을 해나가는 과정에서 우리는 공포의 진원이 집 가까운 곳에 있음을 알게 되었다. 그것은 계단을 내려오는 그림자 또는 문 뒤의 어떤 존재였다. 마침내 기억을 내쏟는 과정에서 그녀는 성폭행을 당했던 과거를 털어놓았다. 공포의 근원은 아주 복잡하기 때문에 그것을 밝혀내자면 때로는 아주 힘겨운 작업이 필요하다.

공포행태를 지닌 사람은 의식적으로 생각하거나 통제하기가 어려운 일련의 증상을 만들어낸다. 그러므로 공포행태를 지닌 사람의 독서는 결코 단기간의 일이 될 수 없다. 독서는 의식적인 인식을 통해 위력을 발휘하기 때문이다. 독서는 책 속에 제시된 정보에 의식적으로 반응하고 그에 수반된 정서적 반응을 보일 수 있을 때 효과적이 된다.

독서는 새로운 정보를 제공함으로써 상당 시간에 걸쳐 독자가 자신의 세계와 맺고 있는 관계를 바꾸는 데 도움을 준다. 독서는 독자가 책 속의 스토리에서 자신과의 유사성을 발견하여 자신이 현재 보이는 행태를 다시 평가하게 함으로써 행태, 행동, 계획 등을 바꾸어놓을 수 있다.

가령 내 학생 중에 아이를 셋 둔 어머니가 있었다. 그녀는 브로웬 월리스Bronwen Wallace의 시 〈이 시 속의 여인The Woman in this Poem〉을 읽고서 커다란 '안전감'을 느끼게 되었다고 학생들에게 말했다. 그녀는 나이 드는 것, 은밀한 생각을 품는 것, 공상 속에 빠지는 것에 대해 불안해했는데, 그 시를 읽고 나서 그것이 자기만의 문제가 결코 아님을 알았고 불안에서 벗어나게 되었다고 말했다.

우리는 인간관계, 일, 오락행위에서 우리를 불가피한 함정에 빠트리는 습관적 반응에 의존한다. 그러나 우리는 우리가 생각하는 것 이상의 자유와 통제력을 가지고 있다. 발목을 붙잡는 습관에서 우리 자신을 떼어놓기 위해서라도 잘 짜여진 다른 사람들의 스토리와 통찰력을 빌어와야 한다. 의식적으로 독서행위에 집중하면 문학과 실제 인생 사이에는 진정한 대화가 있음을 알게 되는 것이다. 우리는 지금껏 쾌락, 즐거움, 상상 등이 일, 유용성, 진지함, 실용성과는 별개라고 믿음으로써 스토리와 시를 평가절하해왔다. 이런 분열은 우리를 아주 가난하게 만들었다. 가령 등 따습고 배부른 것만이 생존이라고 하면, 독서는 우리의 생존에 불필요한 것이다.

그러나 더 큰 의미의 생존, 가령 우리의 정신적 안전, 창조성, 인간과 사물의 관계에 대한 통제력을 확보하여 풍요롭게 깨어 있는 생활을 하는 것이 생존이라고 하면, 우리는 반드시 독서를 통해야 생존을 이룰 수 있다.

1. Charles Dickens, 《David Copperfield》(London: Oxford University Press, 1948), pp.78~79.

2. Lewis Carroll, 〈The Fairy〉, reprinted in Morton N. Cohen, 〈Lewis Carroll and Victorian Morality〉 in 《Sexuality and Victorian Literature》, ed. Don Richard Cox(Knoxville: University of Tennessee Press, 1984).

이럴 땐 이런 책

《잃어버린 시간을 찾아서》 마르셀 프루스트 저 | 스테판 외에 각색 · 그림 | 정재곤 역 | 열화당 | 2000년.

원작이 난해하다고 생각하여 엄두를 못 냈다면 이 만화본을 먼저 집어 들어보는 것도 선택일 듯하다. 창의적인 각색이 무엇인지 보여주는 작품. 원작의 본문은 그대로 살리되 보기 좋은 충돌을 일으키는 대사와 그림을 배치해, 독자가 잃어버린 시간, 즉 흐르는 시간 속에 점점 흩어져만 가는 자아를 찾아나서는 탐색 길에 도움을 준다. 데자부로, 언제나 감각 어느 언저리를 차지하고 있을 기억이 추운 겨울 날 홍차에 적셔 먹던 마들렌느 과자에서부터 터져나온다. 상처로밖에 기억되지 않던 어린 시절을 이제 중년이 되어 아름답고도 예리하게 파들어가는 우리 시대의 고전.

《회색 눈사람》 최윤 저 | 작품집 《저기 소리없이 한 점 꽃잎이 지고》에 수록 | 문학과지성사 | 2002년.

같은 작품집에 실렸으며 영화화되기도 한 《저기 소리없이 한 점 꽃잎이 지고》와 마찬가지로 《회색 눈사람》도 우리 눈에 잘 띄지 않는 인물을 주인공으로 내세운다. 너무 수줍어서 쉽게 낯을 트지 못하고 앞에 나서서 이끄는 것은 더더욱 못하는 평범한 주인공의 사소한 꿈과 삶을 다루고 있지만 결코 시시하지 않은 이야기. 앞서서 운동을 지도하는 사람만큼이나 다른 사람들과 함께 삶을 공유하고 싶다는 꿈만은 굳게 지니고 한켠에서 묵묵히 제 할 일을 하던 사소한 사람들도 오늘의 역사를 만든 주인공이었다고 말하는 소설. 1992년 동인문학상 수상 작품이다.

《옛우물》 오정희 저 | 청아출판사 | 2001년.

1990년대 이후 부상한 여성작가들 특유의 감수성, 사소한 것에 애정을 쏟는 섬세한 필치에 원조가 있다면 작가 오정희를 들 수 있을 것이다. 《옛우물》은 작가 오정희의 대표적 단편이다. 다음날에 퉁퉁 부을 것을 알면서도 불면의 밤에 주인공은 끊임없이 물을 들이킨다. 제 삶이 비루해진 것은 아닌가 하며 끝없이 예민해지면서도 그것을 남의 탓으로 돌리지 않고, 또한 주변에 대한 따뜻한 시선도 잊지 않는 작품이다. 주인공은 혼자만의 공간으로 남겨둔 싸구려 서민 아파트에서 지나간 과거와 기억의 우물을 들여다보며 지금의 권태와 외로움에 조용히 맞선다. 건져내면 돌이 될 것을 그냥 잠긴 채 금빛 잉어로 남아 있게 하는, 지난날을 보는 고요한 시선.

《좀머 씨 이야기》 파트리크 쥐스킨트 저 | 유혜자 역 | 열린책들 | 1999년.

걸음을 멈추면 세상이 끝날 듯, 아니 적어도 자신의 삶이 종말을 맞이할 것이라는 듯 걷고 또 걷기만 하는 사람이 있다. 어째서 그토록 걷는지 궁금해하던 사람이 말을 붙여볼 요량이면 "그러니 날 제발 좀 내버려두시오!"라며 퉁을 놓는다. 마을사람들에게 처음엔 괴이하게 여겨졌다가 이내 그러려니 관심 밖으로 밀려난 좀머 씨와 딱히 자주 만나거나 우정을 나누는 것도 아닌데 기이한 끈으로 이어져 있는 어린 시절의 '나'. '나'가 유년 시절의 기억을 하나하나 상실해가는 그 자리마다 좀머 씨가 있다. 은둔자 파트리크 쥐스킨트의 이름을 국내에 널리 알린 대표작이다. 장 자끄 상뻬의 삽화가 아련한 상처의 풍경으로 남은 유년 시절을 역시 아련하고 따사롭게 감싸고 있다.

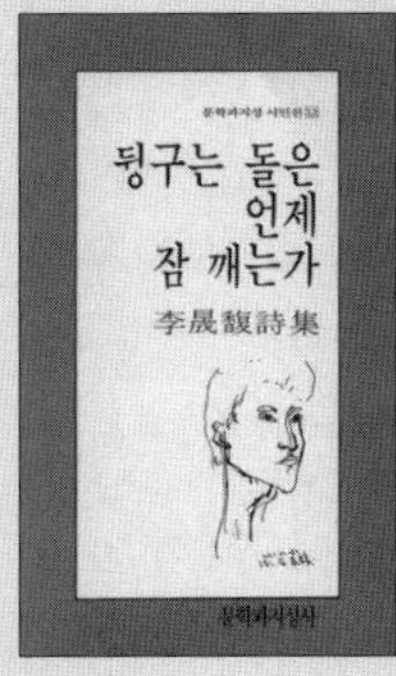

《뒹구는 돌은 언제 잠 깨는가》 이성복 저 | 문학과지성사 | 2001년.

1980년에 처음 발간되어 지금까지 쇄를 거듭하고 있는 이성복 시인의 스테디셀러 시집. 뒹굴고 닳다가 아픔마저 잃어버린 듯 살아가고 있는 우리 삶을 돌아보게 하는 시편으로 가득 차 있다. 이 책《비블리오테라피》에서도 밝히고 있듯, 과거와 자신 안의 아픔을 피하지 않고 용감하게 목도하는 것은 정신적 상처의 치유에 도움이 된다. 이 시집은 고통스럽지만 치열하게 그 과정을 겪으며 영혼의 생명과 진실을 되찾으려는 여정을 그린다.

5

현재의 내 느낌을 책 속에서 만나기

우리는 이 슬픈 시간의 무게를 감당해야 한다.
우리가 느끼는 것을 말할 뿐, 우리가 말해야 하는 것은 말하지 말라.
《리어왕》

슬픔, 분노, 즐거움, 공포, 정욕, 당황, 수치, 놀람, 적개심, 경멸, 질투, 상냥함, 좌절 등의 느낌은 언어로 표현하기가 어렵다. 그것은 인간이 두 발로 걷는 동물(호모 사피엔스)로 진화되어 나오는 과정에서 언어에 앞서 느낌이 먼저 발달되었기 때문일 것이다. 우리는 언어로 '생각'하기에 앞서서 우선 느낀다. 언어는 생각이다. 느낌은 그보다 더 근본적인 것으로서 인간의 본성 중에 동물적 부분과 더 긴밀하게 연결되어 있다.

반면 언어는 우리의 신체 바깥에 있는 세계를 묘사하는 데는 적당해 보이지만, 우리의 느낌을 묘사하는 데는 그리 걸맞아 보이지 않는다. 이것은 우리의 통상적인 인간관계에서도 잘 드러난다. "아이 러브 유"라는 말을 다르게 표현한다는 것은 대단히 어려운 일이다. 그래서 꽃가게, 과자가게, 보석가게에서는 꽃, 초콜릿, 다이아몬드 등으로 표현하라고 권유한다. 말하자면 우리는 자기자신을 표현하기 위해 행동으로 시선을 돌린다. 분노를 말로 표현하지 못할 때 우리는 소리를 지르거나 물건을 던지거나 문을 쾅 닫거나 하면서 난폭하게 행동한다.

우리는 나이를 먹어가면서 감정을 표현하는 것에 점점 더 어려움을 느낀다. 동물은 물론이거니와 갓난아이는 언어 없이도 아무 문제없이 자신의 감정을 직접 표현한다. 그러나 우리는 성장하면서 감정을 말로 표현하기가 어렵고 감정이 늘 사실에 늘 부합되는 것도 아니며 논증에도 큰 도움이 되지 않는다는 이유로 감정을 마음의 저 어두운 구석으로 쫓아버린다.

우리는, 그처럼 어두운 구석에다 잘 처박아놓았으니 감정을 안전하게 통제했다고 자기자신을 기만한다. 그러나 사실을 놓고 보면 느낌은 지속적으로 우리를 뒤쫓아오고 영향력을 행사하면서 우리 자신을 바꾸어놓는다. 특히 우리가 인정하지 않으려고 할 때 감정은 더욱 강력한 반동의 힘을 갖게 된다.

진정한 느낌과 그에 관련된 기억을 억압한다는 것은 우리가 가식의 생활을 살고 있다는 뜻이 된다. 그런데 늘 가장하고 살자면 여간 피곤한 일이 아닐 것이다. 속으로는 부글부글 끓고 있는데 겉으로는 행복한 얼굴을 하고 있으면 그 스트레스야 이루 말할 수가 없다. 가령 화는 무시한다고 해서 사라지는 것이 아니다. 아이가 배고프다며 울고 있는데 듣기 싫다며 라디오를 크게 틀어놓는다고 해서 아이의 울음이 그치지 않는 것과 비슷하다.

왜 느낌은 그토록 강력하고 또 끈덕질까? 아무리 합리화하고 무시하고 제치려 해도 왜 잘 안 되는 것일까?

우선 '느낌'은 일차적 지시사항인데 그것을 무시하면 우리만 손해라는 것이다. 느낌은 환경 안에서 겪게 되는 자극이 적대적인지 미지의 것인지 다정한지 도움이 되는지 유익한지 따분한지 즐거운지 주의해야 하는지를 우리에게 알려주는 몸의 메시지이다.

어린아이의 울음은 어머니를 생각하게 하려는 장치가 아니다. 그것은 어머니에게 들려주는 불편함의 직접적 반응(호소)인 것이다. 그리고 어머니도 젖이 불어 있으면 먼저 자신이 몸으로 불편함을 느끼고, 이어 아이에게 젖을 먹어야겠다는 생각을 하게 된다. 이러한 신체의 메시지는 먼저 자기자신의 느낌을 믿으라고 말한다. 하지만 느낌이 가진 이러한 메시지는 우리의 문화가 설교하고 가르치고 선전하는 것과는 정반대의 것이다.

감정은 주로 얼굴에 나타나기 때문에 사회에서 가르치는 것 중 하나는 "표정을 드러내지 마라"이다. 입을 내밀어서도 안 되고, 슬퍼해서도 안 되며 늘 포커 페이스(무표정한 얼굴 | 옮긴이)를 유지해야 한다. 어른이 되면 이런 금기는 다양한 기능부전으로 발전하게 된다. 가령 성적 느낌에 대한 금기는 보통 불감증, 죄책감, 발기부전, 이성(금지된 성적 흥분을 일깨우는 존재)에 대한 공포 등으로 발전하는 것이다.

문학은 우리 대신 느낌을 표현함으로써 우리의 느낌을 발견하게 해준다. 앞에서 나는 느낌이 인간의 반응 중에서 언어로 표현하기가 가장 까다로운 것이라고 말했다. 스토리는 우리가 알아볼 수 있는 느낌을 표현한다. 우리는 언어와 일치되어 그 느낌을 경험한다. 언어로 표현되어 있기에 느낌은 독자에게 '의식적인' 것으로 다가간다. 스토리를 읽는 독자는 그것을 '의식하게' 된다. 언어의 전문가인 작가는 때때로 느낌을 직접적으로 말하기도 한다. 다음이 그런 사례인데 앨리스 먼로의 글에서 인용한 것이다.

용서받는다는 것은 기묘하게 수치심을 불러일으킨다. 나는 더운 느낌이 들었다. 담요 때문만은 아니었다. 나는 꽉 닫혀서 질식할 듯한 느낌이었다. 이 세상을 둘러싸고 있는 것이 공기가 아니라 목면처럼 두터운 어떤 것으로 느껴졌다. 그 수치심은 신체적으로 느껴지는 것이었지만, 내가 전에 알몸이었을 때 느꼈던 성적 수치심을 훨씬 넘어서는 수치심이었다. 단지 드러난 몸뿐 아니라 몸 속에 든 모든 기관 위, 심장, 폐, 간이 무기력하게 노출되어 있는 느낌이었다. 이것은 전에 누군가 나에게 심하게 간지럼을 먹였을 때의 느낌과 아주 비슷했다. 노출, 무능력, 자기배반의 저 끔찍하면서도 관능적인 느낌, 바로 그것이었다.[11]

화자는 왜 그런 느낌이 들었는지 하는 배경은 설명하지 않는다. 단지 느낌을 아주 정밀하게 묘사할 뿐이다. 수치는 주로 패배와 실패에 관련되는 느낌이다. 패배와 실패에서 오는 당황감은 상실감에 뿌리를 둔다. 상을 타지 못한 것, 무기력한 것, 일을 제대로 해내지 못한 것 등에서 온다.

우리는 분노는 이해할 수 있지만 수치는 잘 이해하지 못한다. 앨리스 먼로는 용서를 받는 것이 수치심을 불러일으키는 경험에 대해 말하고 있다. 화자인 델은 사촌인 아그네스의 팔을 피가 날 때까지 깨물었다. 델은 용서를 받는데 그녀가 크레이그 아저씨의 장례식 때문에 신경이 날카로워져 있다는 사정이 감안됐기 때문이다.

용서를 받는다는 것은 무책임하고 무기력하고 무능력해서 잘못을 저질렀다는 이유로 처벌을 면제받는 것을 의미한다. 사실 델은 그녀의 사촌에 대하여 일종의 승리를 거둔 것이었다. 델은 약간 가학적인 데가 있는 아그네스에게 괴롭힘을 당하다가 견디지 못하고 반격을 한 것이었다. 그런데 그녀의 행동은 그녀 자신에게는 수치심을, 다른 사람들에게는 분노를 불러일으켰다. 착한 소녀는 깨물지도, 싸우지도 않는 것이다.

이어 그녀는 용서를 받는다. 그녀는 이제 두 번 패배하고 두 번 무기력해진 셈이다. 첫번째는 아그네스—델보다 덩치가 크고 힘이 세서 델은 깨무는 것으로 저항할 수밖에 없었다—에게 패배 당하고 다음에는 비난히디기 '용서'해준 이른에게 패배 당한 것이다. 그녀는 칭찬을 받은 것이 아니라 용서를 받았다. 이제 그녀의 무력감은 극도에 달했다. 용서를 상대로 반격할 수는 없기 때문이다.

문학 속의 모든 느낌이 델의 경우처럼 직접적으로 전달되는 것은 아니다. 어떤 것은 맥락에 따라 암시된다. 이럴 때 독자는 작가가 제시한 느낌의 패턴에 알맞은 경험을 자신의 구체적 경험에서 끄집어내어 채워넣어야 한다. 가령 작가가 제시한 수치심의 패턴에 수천 가지 사소한 경험, 패배, 창피한 마음 등을 채워넣을 수 있는 것이다.

독자는 이런 구체적 경험을 제시함으로써, 일방적으로 억압했으면 만성적 고통을 안겨주었을 경험에다가 목소리, 의미, 이해를 부여하여 사태를 정상화시키는 것이다. 작가는 느낌을 환기하는 언어를 제공하고 독자는 경험을 제공하는 것이다.

다음은 제임스 조이스James Joyce의 유명한 단편소설 《애러비Araby》에서 인용한 것이다. 이 스토리를 말하는(아니 고백하는) 소년은 자기가 잘 알지도 못하는 소녀를 사랑하고 있다. 그리고 애러비라는 시장에서 선물을 사다가 그녀에게 주겠다고 약속한다. 함께 사는 삼촌은 토요일 밤에 애러비에 갈 수 있게 빨리 퇴근하라는 소년의 간청을 잊어버렸거나 아니면 무시했다. 삼촌은 밤 9시에 집에 와서 소년에게 물건 살 돈을 준다. 소년이 애러비에 도착했을 때 시장은 거의 파장이었다.

나를 보더니 젊은 여자는 다가와서 무엇이 필요하냐고 물었다. 그녀의 목소리는 그리 의욕적으로 들리지 않았다. 그녀는 의무감에서 말하는 것 같았다. 나는 가게의 어두운 입구 양쪽에 동양의 수호신같이 서 있는 커다란 항아리들을 슬쩍 쳐다보면서 우물거렸다.

아니오, 됐습니다.

젊은 여자는 항아리 하나의 위치를 약간 바꾸어놓고 두 젊은 남자에게로 되돌아갔다. 그들은 아까 하던 얘기를 계속했다. 젊은 여자는 어깨 너머로 한두 번 나를 쳐다보았다.

나는 그녀의 가게 앞에 약간 더 머물렀다. 거기 있어봐야 소용없다는 것은 알았지만 내가 그녀의 물건에 정말 관심이 있음을 보여주기 위해서였다. 나는 천천히 돌아섰고 시장의 중앙통로를 걸어 내려가기 시작했다. 나는 손에 쥐고 있던 2페니를 주머니 속에 들어 있던 6펜스에다 떨어뜨렸다. 시장통 한쪽 끝에서 불을 끈다고 알리는 소리가 들려왔다. 홀의 위쪽은 이제 완전히 어두워졌다.

어둠 속을 올려다보면서 나는 허영에 내몰려 우스운 꼴이 되어버린 나 자신을 보았다. 나의 눈은 고뇌와 분노로 화끈거렸다. [2]

당신은 어떤 식으로든 이 이야기를 당신과 관련지을 수 있는가? 소년의 씁쓸한 실망의 이야기가 당신에게 어떤 의미가 있는가? 당신 자신을 향해 이런 질문을 던져보라. 당신은 잘 알지도 못하는 사람을 좋아했던 적이 있는가? 당신은 남에게 강한 인상을 주고 그 사람을 기쁘게 하고 또 선택된 적이 있는가? 당신이 처음으로 겪은 실망을 기억할 수 있는가? 당시 당신은 몇 살이었고 그 느낌은 어떠했는가?

그 슬픈 스토리에는 어떤 사람들이 있었는가? 당신은 화가 났는가? 좌절했는가? 당시를 생각하면 당신의 몸 어딘가가 아직도 쩌릿해오는

제임스 조이스 1882~1941. 아일랜드의 작가. 아일랜드 더블린에서 태어났다. 예수회 학교를 우수한 성적으로 졸업하여 성직에 입문하기를 권유받았으나 예술가의 길을 선택했다. 대학 시절부터 창작을 시작하여 시집 《실내악》, 단편집 《더블린 사람들》, 장편소설 《율리시스》《피네간의 경야》《젊은 예술가의 초상》, 희곡 《망명》 등을 냈다.

가? 당신은 아직도 그때의 그 어린아이 같은 모습을 간직하고 있는가? 스토리가 어떻게 결말이 나기를 바랐는가? 그렇게 결말이 났으면 기분이 좋아졌을 것인가? 당신은 커다란 환멸을 느껴본 적이 있는가? 번쩍거리는 화려한 외양 뒤에 숨겨진 초라함을 갑자기 발견해본 적이 있는가? 당신은 무엇에 대해 생각했고 또 그것을 생각하는 것이 왜 그토록 중요했는가?

이런 질문은 보편적 경험을 묘사하는 보편적 질문이다. 구체적 내용물은 독자인 당신이 기억 속에서 꺼내서 제공해야 한다. 답변을 준비하면서 당신은 과거의 경험을 다시 생각하고 다시 조직하게 된다.

최근에 내가 가르치는 강좌의 한 세미나에서 한 학생이 다른 학생들에게 기차역에 혼자 앉아 있는 그린 게이블스 농장의 앤(일명 '빨간 머리 앤')을 어떻게 생각하느냐고 물었다. 앤은 기차역에 혼자 앉아 농장 사람이 자기를 픽업해주기를 기다리고 있다. 한편 앤을 받아들일 농장에서는 도착할 아이가 농장일을 도울 수 있는 남자아이이기를 바란다. 그 학생의 질문을 듣는 순간, 나는 2차 대전 당시 소개령을 받고 런던에서 시골의 기차역으로 보내졌던 일이 생각났다.

누나와 나는 열차에 가득 올라탄 다른 아이들과 마찬가지로 아무 준비 없이 부모에게서 떨어져서 시골로 실려갔고(당시 나는 일곱 살이었다) 시골 가정에서 마중 나오기를 기다리게 되었다. 말하자면 누나와 나는 옷깃에 짐표를 달고 있었다. 우리는 맨 마지막으로 픽업되었다. 그 기다림의 경험은 내 인생에서 가장 고통스럽고 겁나고 우울한 경험이었다. 나는 60년이 지난 지금에도 그때 일을 생각하면 명치끝이 쩌

릿하면서 속이 텅 빈 느낌이 온다.

나는 짐짝 취급을 당하는 피난민의 마음이 어떤지를 안다. 나의 이런 경험은 인간적 역사를 갖고 있고, 그래서 남들과 공유할 수 있다. 이렇게 해서 사람들 사이에는 유대감이 생겨나는 것이다. 또 루시 M. 몽고메리Lucy M. Montgomery의 상상력 속에서 나온 저 자그마한 묘사로 인해 앤의 경험 그리고 나의 경험이 토론할 수 있는 형태를 띠게 되는 것이다.

대부분의 독자는 앤처럼 기차역에 홀로 남겨져본 경험을 갖고 있지는 않을 것이다. 하지만 작가 몽고메리는 기차역에 혼자 앉아 있는 앤의 이미지가 독자들의 마음속에서 수천 가지의 유사한 고독과 소외의 느낌을 불러일으킴을 안다. 인간은 마음속에 누구나 약간의 고아의식을 지니는 것이다.

루시 M. 몽고메리 1874~1942. 어려서부터 이야기를 만드는 재주가 뛰어났던 그녀는 캐나다의 프린스 에드워드 섬에서 태어났다. 어머니를 여의고 아버지마저 장사를 하러 집을 떠나고 나서는 외조부모 밑에서 성장했다. 그녀가 《빨간 머리 앤》을 쓰기 시작한 것은 서른살 때인 1904년 봄이다. 이듬해 10월에 작품을 끝냈으나 출판사에서 모두 외면하여 'Anne'는 영원히 빛을 보지 못 할 뻔했다. 그러나 3년 뒤 다락방에서 우연히 그 원고를 발견한 그녀는 그 작품의 값어치를 새삼 깨닫고 용기를 내서 미국 보스턴의 어느 출판사로 보내게 되었고, 그렇게 해서 앤은 세상의 빛을 보게 된다.

문학 속에 묘사된 모든 감정이 직접적으로 제시되는 것은 아니다. 사실 대부분의 문학작품은 느낌을 간접적으로 암시하는 행동, 행태, 사건을 제시한다. 앞에서 말한 것처럼 느낌은 글로 쓰기가 어렵고 말로 표현하기가 어렵다. 하지만 어릴 적에 배고팠던 고통, 오래된 친구를 다시 만나게 된 기쁨, 어릴 적 옷장에 갇힌 기억 때문에 엘리베이터를 두려워하는 감정은 모두 경험에 관한 것이다. 정서, 느낌-정감은 아무 이유도 없이 의식 속으로 떠오르지는 않는다. 따라서 느낌을 직접적으로 표현하기보다는 그것과 관련된 행동, 사건, 장소 등을 묘사하는 것이 훨씬 쉽다. 이 때문에 문학은 인생에서 벌어지는 상황을 묘사하여 독자들로 하여금 적당한 느낌을 공급하도록 유도하는 것이다. 이게 문학의 본령이다. 느낌은 늘 상호작용하는 맥락을 지니는 것이다.

픽션은 느낌에다 맥락을 제공해주는 가장 좋은 수단이다. 픽션은 독자 자신이 직접 제시하지 못하는 언어를 사용하여 맥락을 제시한다. 독자는 그 언어에 정서적 내용물을 제공함으로써 자아의 감춰진 부분을 의식하게 된다.

다음은 호텐스 캘리셔Hortense Calisher의 《크리스마스 명종곡A Christmas Carillon》이라는 소설에서 인용한 것이다. 주인공 그롤리는 아내와 아이들과 떨어져서 혼자 살고 있다. 그는 독신으로서의 자유와 가족이 주는 안정감에 대한 애착 사이에서 갈등을 느낀다. 이 문장을 크게 소리내어 읽어보라.

추수감사절은 최악이었다. 그날은 동이 회색으로 터오더니 하루종일 그 모양이었다. 그롤리는 되도록 오래 늦잠을 자고 다음에는 산책을 나갔다. 거리는 사람들이 별로 없어 한산했다. 그리고 집들은 안으로 단단히 걸어 잠긴 듯한 모습을 하고 있었다. 그는 상가 쪽으로 발걸음을 돌려 걷다가 록펠러 센터가 있는 시내까지 걸었다. 스케이트장은 열려 있었다.

스케이트장은 거기에 늘 있는 유형의 사람들로 채워져 있었다. 팔짝팔짝 뛰는 어린아이들, 아이스 쇼단인 듯 비단옷을 입은 전문적인 스케이트꾼, 유클리드 기하학을 연상시키는 꼿꼿한 자세로 스케이트를 타는 노인들. 스케이트장 주위도, 사랑에 빠진 모습으로 천천히 산책하고 있는 몇몇 커플을 제외하면, 마찬가지로 고만고만한 사람들로 채워져 있었다. 거기에 있는 군중은 이렇게 말하고 있는 것 같았다. 우린 인생에 참여하고 있어. 이렇게 깃발과 돌로 화려하게 장식해놓은 풍경 속에서는 외로울 수가 없어.

수줍게 세팅된 미소를 지으면서 군중은 자기 옆의 이웃들을 곁눈질했다. 그들은 바람에 어깨를 움츠렸고 옷깃을 세웠으며 광장에 있는 횃불 쪽으로 다가갔다. 그롤리는 발길을 돌리면서 몸을 꼿꼿이 세우고 옷깃을 부드럽게 핀 나음 6번가 쪽을 향해 재빨리 걸어갔다. 그는 일년 사시사철 문을 여는 인스턴트 음식점으로 들어가 햄과 달걀로 배를 채웠다. 그러고는 택시를 타고 집으로 돌아와 술을 한 잔 마시고 세코날을 두 알 삼킨 후 침대에 들어갔다. [13]

당신은 그롤리에 대해 어떤 느낌이 드는가? 안됐다거나 슬프다는 생각이 드는가? 아니면 거부감이 드는가? 그는 방종한가? 그는 비겁자인가, 아니면 영웅인가? 그는 무엇을 추구하고 있는가? 그의 삶에 겁나는, 또는 혐오스러운 구석이 있는가? 당신이 그롤리 같은 사람이 아니어서 다행이라고 생각하는가?

질문에 대한 당신의 대답은 당신이 누구이며 또 이 소설이 당신에게 어떤 경험을 제공하는가에 따라 달라진다. 소설을 읽으면서 당신이 체험하게 되는 느낌은 옳거나 그름의 문제에서 벗어나 있다. 다시 한번 잘 살펴보라. 인용문에서 당신은 어떤 느낌을 발견했는가? 잘 살펴보면 이 인용문에는 느낌이 전혀 설명되어 있지 않다. 느낌은 독자의 머릿속에 있는 것이다.

1. Alice Munro, 《Lives of Girls and Women》(New York: McGraw-Hill Ryerson, 1971), p. 57.

2. James Joyce, 〈Araby〉 in 《Dubliners》(Harmondsworth: Penguin, 1976).

3. Hortense Calisher, 《A Christmas Carillon》 in 《Families: Stories from the Interior》, ed. Geri Giebel Chavis(Saint Paul, Minn.: Graywolf Press, 1987).

《자전거를 못 타는 아이 : 라울 따뷔랭》 장 자끄 상뻬 글·그림 | 최영선 역 | 열린책들 | 2002년.

《거창한 꿈》(애초에는 같은 출판사에서 '사치와 평온과 쾌락'이라는 제목으로 나왔다)이나 《속 깊은 이성친구》처럼 장 자끄 상뻬가 쓰고 그린 책에는 종종 제목과는 동떨어진 인물들이 등장한다. 《라울 따뷔랭》은 한 자전거포 주인의 이야기이다. 가게 주인 라울 따뷔랭은 자전거에 관한 한 아주 전문가여서 그 점포가 있는 마을에서는 자전거를 자전거라 하지 않고 심지어 '따뷔랭'이라고 부른다. 그런데 정작 그는 자전거를 탈 줄 모른다. 모나지 않게 아이러니를 그리며 특유의 유머를 빚어내는 상뻬의 글과 그림이 소박하게 조화를 이룬다.

《꿈 열흘 밤 마음》 나츠메 소세키 저 | 박유하 역 | 웅진닷컴 | 1995년.

인간존재의 내밀한 속내를 그려내는 나츠메 소세키의 대표적인 작품집. 더없이 민감한 마음이 벚꽃이 날리는 듯한 꿈과 환상 속에서 거의 고통에 가까울 만큼 치밀하게 그려진다. 인간이 외로운 것은 인간에게 절망과 욕망과 회한의 소용돌이를 안겨주는 마음이 있기 때문이라고 말하는 소설집이다. 인간을 떨어지게 하여 사랑을 불가능하게 하는 것도 마음 때문이고, 인간을 이어주는 것도 결국은 마음이다. '나'와 '마음'의 관계를 그야말로 끝까지 파고들어간 작품이다. 소세키에게는, 종종 꿈과 환상을 넘나든다고 해서 어떤 허깨비 같은 것이 아니라 인간존재를 좌우하고 그리하여 현실을 움직이는 실재인 것인 마음이다. 특히 이 작품집에 실린 《마음》은 나츠메 소세키이 가장 매혹적인 작품 중 하나이다.

《혼자 가는 먼 집》 허수경 저 | 문학과지성사 | 2000년.

우리말을 잘 다루기로 이름난 시인 허수경의 대표 시집. 1992년에 처음 출간된 이 시집에는 상처 받은 마음을 묘한 관능의 언어로 어루만져 주는 주옥같은 시들이 들어차 있다. "내 마음아 이제 갈 때가 되었다네/ 마음끼리 살 섞는 방법은 없을까" 마음이 아프면 늘 몸까지 함께 아프다는 시인은 남루한 삶의 모습에 너덜너덜해진 마음을 쉽게 허무에 빠지는 법 없이 관능적인 희망의 언어로 애틋하게 그려낸다. 페이지를 하나하나씩 넘길 때마다 그 상처에 함께 아파하다가 위로 받는 느낌을 받을 수 있다.

《인간과 상징》칼 구스타프 융 등저 | 이윤기 역 | 열린책들 | 1997년.

꿈의 해석을 통해 인간내면의 심리를 탐색하는 책으로 융의 심리학을 대중적으로 알린 계기가 된 책이다. 융은 이 책에서 꿈이 말하는 본능과 본성을 들여다보고 상징이 주는 메시지에 귀를 기울이는 것은 제 삶의 주인이 되려고 하는 사람이라면 경험하지 않으면 안 되는 과정이라고 말한다. 융은 사고하기, 또는 좋다, 싫다를 가르는 감정이 아니라 몸의 직관적인 언어를 통해 이 메시지에 귀를 기울여야 한다고 강조한다. 그 같은 통과의례가 성공적으로 치러지면 집단무의식이 가끔씩 뿜어내는 광기나 신경증적 해리에 빠지는 일은 없게 될 뿐더러 제 삶의 과정을 자신이 주관하는 것도 그리 어려운 일이 아니게 된다. 풍부한 임상사례를 토대로 상징과 인간의 관계에 대해 살펴보는 이 책은 유토피아의 전망은 너무 많은 나를 끌어모으는 힘으로 상징을 사용할 줄 아는 시인의 눈을 가진, 그런 개인들에게서 비롯된다고 이야기한다.

《그리스인 조르바》니코스 카잔차키스 저 | 이윤기 역 | 열린책들 | 2001년.

고금의 문학작품을 통틀어 몸과 마음과 언어가 온통 하나로 균일했던 등장인물이 있다면 그리스인 '조르바'를 꼽을 수 있을 것이다. 이 작품은 그리스의 거장 니코스 카잔차키스가 실제로 만난 인물을 소설화한 것이다. 그리스인 조르바는 밥을 먹을 때는 밥이 되고 갈탄을 캘 때는 갈탄이 되는 사람이다. 늘 소심하게 앞뒤를 재고 별로 하고 싶지 않은 일에 쫓겨 바쁘게 살아가느라 의기소침해져 있다면 '조르바'라는 멋진 신세계를 보여주는 이 작품이 위안이 될 듯하다. 카잔차키스는, 조르바가 단순하면서도 강인한 영혼을 지닐 수 있었던 것은 세상의 그 무엇을 보더라도 처음인 듯 경이로워하며 새롭게 대할 줄 아는 능력에 있었다고 말한다. '조르바'라는 인물이 지닌 흡인력에 거의 정신을 잃게 만드는 작품.

6

독서는 예방주사다

우리는 지금껏 문학이 과거를 바라보는 방식을 바꾸어놓으며 또 현재의 행동과 대인관계를 이끌어나가도록 도와준다는 것을 살펴보았다. 그러면 독서는 우리가 미래를 지탱해나가는 데도 도움을 줄 수 있을까? 독서는 우리의 현재 느낌에 어떤 영향을 미치는가? 아직 발생하지 않은 사건과 가능성에 관하여 생각해보는 것이 어떻게 가능한가? 사람은 자신의 할 일을 상상하고 어떤 장소를 방문하고 어떤 사람을 만나고 싶은지에 대해 어떻게 투사하는가?

우리는 우리의 유전자 프로그램, 말하자면 원재료와 우리에게 벌어지는 모든 일의 종합으로 구성된다. 즉 원재료가 어떻게 가공되느냐에 따라 우리의 사람됨이 결정된다. 우리에게 벌어진 일, 우리가 지금껏 해온 일은 우리가 장래에 하게 될 일에 영향을 미친다.

개에게 물렸던 기억 때문에 개를 너무나 무서워하게 되어 스티븐 킹의 소설 《쿠조》는 감히 읽어볼 생각도 못했다는 사람이 있다. 우리는 누구나 무서워하는 것이 있다. 그것에 대한 이유를 인생의 어떤 특별한 사건 탓으로 돌리는 사람이 있는 반면, 어떤 사람은 공포에 대한 근원을 잊어버렸거나 그에 대해서는 생각을 하지 않으려 한다. 우리가 기억하든 안 하든 공포는 우리의 사고방식과 인생계획에 영향을 미친다. 즐거운 일, 기쁜 일, 놀라운 일, 흥분되는 일이 그런 것처럼.

과거는 너무나 중요하여 우리의 미래에 영향을 미친다. 독서를 통하여 과거에 대한 사고방식을 바꾸고 나아가 과거를 바꿀 수 있는 것처럼, 우리는 미래도 바꿀 수 있다. 구체적 사례를 한 가지 들어보겠다. 우선, 대부분의 정신치료는 현재와 미래를 해방시키기 위하여 과거를 바꾸려 하는 것임을 짚어두자.

이 사례는 리비라는 여자에 대한 이야기이다. 그녀는 지나친 자기비하, 자기모멸감으로 고통받고 있었다. 리비는 요구하는 남자면 누구나 동침함으로써 자신의 쓸모 없음을 증명하려고 했다. 그녀는 열 다섯 살에 임신 때문에 했던 최초의 결혼을 비롯해 여러 번 결혼을 했다. 이제 장성한 자녀 셋을 둔 30대 후반의 그녀는 자신의 인생을 통제하고 경제적으로나 대인관계에 있어서나 자신의 잠재력을 실현하고 싶어했다.

남들이 당신을 가리켜 "나쁘다"라고 말하며 딱지를 붙인다고 해서 당신이 자동적으로 나쁘게 되는 것은 아니다. 당신 스스로 그렇다고 생각하기 때문에 그렇게 되는 것이다. 리비도 마찬가지였다.

리비와 상담을 하면서 나는 그녀의 어머니가 리비의 출산을 원하지 않았음을 알게 되었다. 리비의 어머니는 직장생활을 포기하고 집에 들어앉아 아이를 키워야 하는 상황에 크게 분개했다. 그녀는 자신의 여성다움 및 성욕과 관련하여 극심한 어려움을 겪고 있었고 게다가 딸아이를 '좋아하지 않았다.' 심지어 자신의 그러한 심정을 딸에게 전달하기까지 했다.

리비가 만약 바로 이것이 문제의 근원임을 알았다면 그것을 해소시킴으로써 그녀 자신에 대해 다른 생각을 가질 수 있었을 것이다. 다시 말해 리비는 죽은 어머니가 그녀에게 덮어씌운 그녀 자신의 이미지를 '벗어버리고' 진정한 그녀 '자신'을 회복할 수 있었을 것이다. 하지만 그것은 말처럼 쉬운 일이 아니다. 자신을 사랑하기 위하여 자신의 부모를 거부해야 하는 상황은 딜레마를 안겨준다.

나는 그녀에게 샬로트 베일 알렌Charlotte Vale Allen의 《아빠의 여자 Daddy's Girl》라는 책을 건네주었다. 작가는 위압적인 아버지의 근친상간 희생자로 보냈던 자신의 성장과정을 기술했다. 그는 그녀에게 주기적으로 성폭행을 했을 뿐 아니라 다양한 성적 서비스를 강요했다. 그리하여 그녀는 늘 자신이 이용당하고 역겹고 타락하고 혼란스럽고 거부당한 여자라는 느낌을 갖게 되었다.

리비는 자신의 '느낌'이 활자화되어 있는 것을 보고서 상담 후 처음으로 엄청난 흥분과 에너지를 느꼈다. 그녀는 이 책을 읽음으

◐ 《아빠의 여자》, 1980년 출간.

로써 전혀 자기의 잘못이 아닌데도 자신이 특별한 종류의 희생자가 될 수 있음을 확연히 깨닫게 되었다. 그 책을 읽는 '경험'을 통해 그녀는 무고한 아이에게도 잔인한 행위가 저질러질 수 있음을 믿게 되었다. 그녀는 자신의 인생과 유사한 희생자의 스토리를 읽은 것이며 그 슬픈 희생자에게서 자기자신을 본 것이다. 리비는 이제 자신이 죄가 없음을 깨닫게 되었고 제대로 되지 않은 부모의 영향력에서 그녀 자신을 해방시킬 수 있었다.

과거에 대한 재인식을 통해 미래를 다르게 살 수 있을까? 리비는 자기 이미지를 변경하고 죄책감을 전혀 느끼지 않으면서 과거를 재인식하게 되어, 재능 있고 유능하고 적극적인 자아의 '통제' 아래 미래를 자신 있게 계획하고 살아나갈 수 있다. 그녀는 독서의 도움으로 과거를 재규정하고 그 수정된 정보를 앞으로 보냄으로써(피드포워드) 미래를 디자인할 수 있다.

피드포워드

모니카는 나의 문학연구 강좌를 수강하는 학생이었다. 그녀는 아주 문제가 많은 가정의 출신으로서 늘 과중한 책임감에 시달리며 자신이 덫에 걸려 있다고 생각했다. 그녀는 문학에 대해 개인적으로 느끼는 반응을 이야기해보라는 권유를 받고서 자신의 고통을 일부 털어놓았다. 그녀의 과제 중 하나는 D. H. 로렌스의 《채털리 부인의 사랑》을 읽는 것이었다. 그녀는 이렇게 썼다. "나는 코니 채털리의 자유로워지려는 용기, 자기가 하고 싶어하는 것을 하는 용기, 자신의 삶을 자기 마음대로 살겠다는 용기를 동경한다." 이 보고서를 제출한 후 모니카는 내게 캐나다 공군의 비행기 조종 훈련 프로그램에 들어가게 되었다고 말했다. 그녀는 자신의 삶을 살겠다고 결심했다.

레너드는 부모가 이혼한 후 어머니와 함께 사는 19세의 게이다. 그는 지난 2년 동안 아버지와 말을 하지 않았으며, 아버지가 자신을 미워하고 특히 호모섹슈얼 성향을 알게 되면 자신을 경멸하리라고 확신했다. 레너드는 자기자신을 비하했고 어머니 곁에 살아야 한다는 것에 난처해했다. 나는 그에게 결과에 신경 쓰지 말고 아버지를 만나서 자신의 느낌을 솔직히 털어놓아 보라고 권유했다.

나는 또 레너드에게 존 스타인벡John Steinbeck의 《붉은 망아지The Red Pony》를 읽어보라고 권유했다. 이 소설에서 소년 조디는 남자 어른들에게 큰 실망을 겪는다. 그의 아버지는 무신경한 폭군이고 자신의 장인이자 조디가 숭배하는 외할아버지를 노골적으로 경멸한다. 조디는 자신이 혼자이고 또 배신당했다는 느낌을 갖는다. 레니드는 소

D. H. 로렌스 1885~1930. 영국의 소설가이자 시인. 광산촌에서 광부의 아들로 태어났으나 어머니의 보살핌으로 광부가 되는 것을 면하고 고학으로 노팅엄대학을 졸업, 1907년에 교사가 되었다. 그는 성의 의의를 중시하여 노골적이고도 대담하게 취급했으며, 한편 진지한 문명비평가로 일종의 예언자적 열정을 보여 오해를 받는 일이 많았다.

❂ 《채털리 부인의 사랑》, 1928년 출간.

설을 읽고 나와 토론하는 과정에서 굉장히 화를 냈다. 레너드는 어른들은 대단히 잔인하고 따분하고 어리석은 존재라고 말했다. 그렇게 학대하려면 도대체 무엇 때문에 아이를 낳았나.

레너드는 아버지를 만나 자신의 느낌을 솔직히 털어놓기로 했다. 늘 무시당하는 느낌, 내가 신통치 않은 아이라는 느낌, 아무도 나를 '알아주지' 않는다는 느낌을 말하고 싶어했다. 그의 아버지는 지난 2년 동안 그를 만나려고도 하지 않았던 것이다! 레너드는 전화를 걸었고, 부자는 만나서 함께 점심식사를 했다.

처음에 아버지는 방어적인 모습을 보였다. 그는 아들의 말을 듣기만 했다. 아버지는 자신이 아내와 헤어진 것을 아들이 원망하고 있으리라고 생각했다. 아버지는 아들에게서 거부당할 것이라고 늘 생각했다. 아버지는 레너드의 성적 성향에 대해서는 개의치 않았다. 단지 자신이 왜 집을 떠나갈 수밖에 없었는지 아들이 이해해주기를 바랐다. 부자는 앞으로 일주일에 한 번씩 만나서 점심식사를 같이 하며 그들의 삶에 대해 더 이야기하기로 했다.

존 스타인벡 1902~1968. 미국의 작가. 1962년에 노벨문학상을 수상했다. 대표작으로 《생쥐와 인간》 《분노의 포도》 《에덴의 동쪽》 등이 있다.

위의 두 가지 일화는 피드포워드의 사례이다. 피드포워드에 대해 얘기하기 위해 우선 피드백에 대해 생각해보자. 인간은 현재의 행동을 바꾸기 위해 끊임없이 피드백을 이용한다. 우리는 주위를 살피면서 많이 귀를 기울인 다음에 반응을 한다. 늘 타당하게 반응하는 것은 아니지만, 그래도 상황에 필요하다고 생각되는 반응을 하는 것이다.

우리는 물건을 만져본 다음에 살지 안 살지를 결정한다. 우리는 책을 읽고 나서 우리가 읽은 것을 생각하고 느낀다. 그리고 이것은 우리의 행동에 영향을 미칠 수도 있고 그렇지 않을 수도 있다. 하지만 그것은 우리의 '지각'을 바꾸고 우리의 행동을 '그에 따라' 수정하게 한다. 우리는 고리의 형태를 이루면서 문학에서 나온 정보를 피드백한다.

우리는 미래에서의 생존 가능성을 높이기 위해 과거의 정보를 활용한다. 피드포워드는 미래의 행동을 계획하기 위해 과거의 경험정보를 사용하는 과정이다. 문을 열려고 하는데 잠겨 있다. 그 사실이 하나의 피드백이 된다. 아무리 문을 비틀고 당겨봐야 문은 열리지 않는다. 실패는 피드포워드 정보의 중요한 원천이다. 만약 어딘가에 가서 열쇠를 가져올 수 있다면 당신은 실패의 정보를 피드포워드 시스템 속에 편입시킨 것이 된다.

피드백(잠긴 문)은 미래의 행동(열쇠를 가져와라)을 유도한다. 이렇게 해서 미래를 계획하고 상상할 수 있게 된다.

책을 읽는 사람들은 그들 앞에 놓여 있는 문, 말하자면 통찰의 문, 지각의 문, 상상의 문을 여는 것이다. 아직 우리에게 발생하지 않은 일에 대한 스토리를 읽음으로써 우리는 우리에게도 일어날지 모르는 그

일에 대한 대비책을 세울 수 있다. 미래의 유사한 문제에 예방접종을
하는 것이다.

면역

1965년경 마틴 셀리그먼Martin Seligman은 개를 상대로 조건반사의 심
리학 실험을 했다. '학습된 무기력'에 대해 최초로 발견한 실험이었
다.[11] 그는 개들이 도망갈 수 없게 장치에다 묶어놓고 개들에게 전기
충격을 주었다. 개들은 곧 어떻게 해도 불편함을 피할 길이 없음을 발
견했다. 이렇게 몇 번 한 다음, 개들을 다른 통에 데리고 간다. 통의 한
쪽은 전기충격이 주어지는 공간이고 다른 쪽은 전기충격이 전혀 없는
공간이다. 두 공간 사이에는 개들이 충분히 뛰어넘을 수 있는 높이의
칸막이가 설치되어 있다.

개는 그 칸막이만 뛰어넘으면 전기충격이 없는 곳으로 피할 수 있
다. 그런데 실험자인 셀리그먼은 지난번 도망갈 수 없게 묶인 상태에
서 전기충격을 받은 개들이, 다음 실험에서 풀어놓았을 때는 바로 옆
에 자유로운 공간이 있는데도 도망치지 않으려 하는 것을 보고서 놀랐
다. 개들은 낮게 엎드려 신음소리를 내다가 곧 포기하고 절망하더니,
세글리먼의 말마따나 "시들어갔다."

이어진 다른 실험은, 충격에서 도망칠 수 있는 상황에서 '먼저' 훈
련을 받은 개들이 그후 충격에서 도망칠 수 없는 상황에서도 여전히
도망을 치려고 한다는 결과를 보여주었다. 그들은 자신의 행동이 상

98

황을 좋게 한다는 것을 먼저 배웠기 때문에 그것을 결코 잊어버리지 않았다. 그들은 설령 피할 수 없고 바꿀 수 없는 상황을 오랫동안 견뎌야 하는 조건에서도 여전히 탈출을 시도했다. 전기충격에서 성공적으로 도망칠 수 있었던 처음의 체험이 개들로 하여금 미래의 절망에 면역되게 했던 것이다.

학습된 무기력 이론은, 그 어떤 행동을 해도 고통의 상황을 결코 바꿀 수 없다고 생각하는 사람은 결국 수동적인 사람이 되어버린다는 사실을 보여준다. 자신이 무기력하다고 생각하는 사람들은 적절한 행동을 취하면 충분히 피하거나 멈출 수 있는 고통조차 그대로 받는다. 더욱이 자신이 무기력하다고 생각하는 버릇은 점점 그 적용 범위를 넓히는 경향이 있어서 더 많은 도전적 상황에서 무기력을 불러오게 된다.

독서가 무기력의 '예방'에 미치는 영향과 역할은 흥미롭다. 문학은 남녀노소 모든 계층의 독자에게 행동, 문제해결, 생존, 용기 등의 다양한 모델을 제시한다. 사람은 다른 스토리의 도움이 없으면 '자신이 겪은 경험'의 한계, 자신의 스토리, 자신의 사고방식을 뛰어넘지 못한다. 인생의 어려운 문제를 파악하거나 대응하는 방법에는 단 한 가지 방법만 있는 것이 아니다.

다른 스토리들은 다른 생존경험, 다른 통제경험을 제공한다. 게다가 스토리는 저자에 의해 통제되면서 형태, 질서, 결과, 해결을 부여받기 때문에, 독서행위 그 자체에서 이미 통제와 질서를 의식할 수 있다. 독서는 자발적인 행위일 뿐 아니라, 독자가 스스로 자기 인생을 향상시키는 가능성을 발견하는 행위이다. 그것은 삶을 위한 연습이다.

픽션은 무기력에 대한 면역력을 얻게 하는 데 훌륭한 도구가 될 수 있다. 그 때문에 숙달된 독자들은 인생의 새로운 상황에 직면하게 되면 예전에 읽은 책의 내용 중에서 대응책을 기억해내어 현재의 의미를 아주 멋지게 파악한다.

새로운 세계로 옮겨가기

우리는 문학을 이용하여 미래를 즐겁고 적절하게 관리할 수 있다. 우리는 저자의 스토리에 든 암호를 해독해서 우리 것으로 만들어야 한다. 우리가 스토리를 체험하면서 하게 되는 역할 플레이는 미래에 대한 대응 또는 미래에 지닐 창조성을 위한 예행연습이다.

세계에서 가장 유명한 빨간 머리 소녀 앤이 양부이면서 후원자인 매튜의 죽음을 겪었을 때, 그녀는 전세계 수백만 독자를 대신하여 그것을 경험하는 것이다. 이 장면을 읽은 모든 어린아이는 부모의 죽음, 조부모의 죽음, 사랑하는 사람의 죽음에 대한 두려움을 읽는 것이다. 부모들은 그들의 죽음에 대해서 이야기하기를 꺼려한다. 또 어린애가 죽음 얘기를 꺼내는 것도 버릇없는 일이 된다. 그러나 함구한다고 해서 아이들이 상실의 공포나 불안의 경험을 면제받는 것은 아니다. 앤은 슬퍼하고 울고 상심하지만 그것을 이겨내고 성장한다. 우리는 어떤 상황에서라도 살아남을 수 있다. 우리는 이 세상에서 벌어질 수 있는 최악의 고통을 당하고도 여전히 살아 있을 수 있다.

찰스 디킨스Charles Dickens가 《오래된 골동품 가게 The Old Curiosity

Shop》에서 리틀 넬의 죽음에 대해 쓰던 무렵, 영국의 어린아이들에게 죽음은 오늘날보다 더 흔했다. 모든 탄생, 모든 어린아이가 위험에 노출되어 있었다. 어린아이가 하릴없이 많이 죽어갔기 때문에 당시의 가정과 부모는 커다란 불안을 느끼고 있었다. 디킨스 소설의 독자들은 넬의 죽음을 개인적 상실로 여겼고, 심지어는 마치 디킨스가 신이나 되는 것처럼 그에게 편지를 보내어 제발 넬을 죽이지 말아달라고 호소했다.

디킨스는 그의 예술적 목적을 위해 그녀가 죽어야 한다는 것을 알고 있었다. 독자들은 '그녀가 오래 오래 행복하게 살기'를 바랐지만, 디킨스는 그녀가 죽어야 함을 알았고, 리틀 넬은 죽음으로써 영원히 살게 되었다. 디킨스의 목적은 독자들에게 어린아이의 가치를 일깨워주려는 것이었다.

19세기 산업사회의 영국에서 어린아이들은 종종 존재조차 없었으며 모질게 학대를 당했다. 당시의 독자들은 어린아이의 고통에 대해 무간가하고 냉담해질 우려가 있는 상황에 있었다. 디킨스는 독자들이 고통에 압도되지 말고 고통을 똑바로 쳐다보면서 극복하기를 바랐던 것이다. 과거에도 그랬지만 사람들은 지금도 디즈니, 환상, 가상의 세계, 현실도피 등에 사로잡혀서 그들 주위에서 뻔히 벌어지는 고통을 잘 보지 못하거나 보기를 아예 피한다. 디킨스는 리틀 넬과 반대되는 피터팬

○ 《오래된 골동품 가게》, 1841년 출간.

의 설탕 바른 환상을 거부하려고 했던 것이다.

나이 먹는 것에 대한 이야기를 공공연하게 된 것도 아주 최근의 일이다. 문학은 죽음과 나이 먹는 것에 대한 침묵을 깨트리는 강력한 처방이 될 수 있다. 천당, 천사, 영원한 아버지 품속에서의 평화로운 영생 등은 이제 예전처럼 강력한 위로와 보상을 제공해주지 못한다. 그러나 픽션은 현재의 끔찍한 공포를 대면하게 해주고 미래에 대한 면역을 제공해준다.

영국에서 미국으로 유학을 떠날 무렵, 나는 미리 준비하라고 룸메이트가 선물해준 레슬리 제임스Leslie James의 《유리집 속의 미국인들Americans in Glasshouses》이라는 책을 읽었다. 미국인을 신랄하게 풍자한 이 책은 나에게 매우 소중한 길잡이가 되었다. 내가 대학에 다니던 때는 전후의 매카시즘 시대였는데, 당시 영국에서는 미국인과 미국적인 것에 대한 반감이 드높았다. 미국인들은 그들이 지닌 권력, 돈, 영향력을 아무 데나 뿌리고 다녔다. 영국에서 미군병사는 환영을 받지 못했다. 그들은 우리보다 더 잘 먹었고 더 잘 입었다. 게다가 그들의 돈은 영국여자들을 매혹시켰다. 이제 전쟁이 끝났으므로 그들은 더욱 별 볼일이 없었다.

미국 위스콘신에 도착했을 무렵, 나는 미국에 대해 아주 부정적인 마음을 지니고 있었다. 나는 미국의 공간과 거리, 미국의 기후, 미국의 다양성에 대해 아는 것이 전혀 없었다. 나는 충격을 받을 것이 뻔했고 나의 태도 때문에 많은 어려움을 겪게 될 것이었다. 그러나 게리의 선물은 나에게 미국인을 보면서 웃음을 터트리는 방법을 가르쳐주었다.

그 웃음은 나의 분노와 편견을 많이 없애주었다. 가령 《유리집 속의 미국인들》을 쓴 저자를 비롯해서 이미 미국에 대해 많이 아는 사람들은 미국에 대해 웃음을 터트리면서 문화적 특이성에는 웃음을 주는 요소가 있음을 지적했다. 미국도 그런 특이성을 지닌 나라 중 하나인 것이다. 가령 내가 읽은 내용 중에는 이런 것이 있었다.

미국에서는 심지어 아름다움조차 통계학적으로 측정된다. 제인 러셀의 곡선미는 그녀를 그녀 또래에서 가장 아름다운 여자로 만들었다. 미국인들은 예쁜 여자에 대해서 말할 때 시적인 이미지를 쓰는 것을 기피한다. 그들은 대신 이렇게 말한다. "그녀는 완벽한 36인치야!"(보통의 영국여성을 이런 식으로 수치화하겠다고 생각하는 사람은 아무도 없다.) 미국인들은 종종 자기들끼리 이렇게 말한다. "어젯밤 너와 함께 있던 그 아름다운 넘버는 누구지?"(영어의 'number'는 여자라는 뜻의 속어로도 쓰임 | 옮긴이).

영국인들은 미국인의 숫자에 대한 집착을 종종 이해하지 못한다. 영국인들은 "저녁식사하러 한번 오세요"라는 막연한 인사치레에 미국인이 대뜸 "언제?" 하고 묻는 것에 이따금 충격을 받는다.

영국인들이 만든 크리켓 게임은 규칙이 모호한 나머지 승패가 갈리지 않을 때가 많은 것과는 달리, 미국인은 사태가 어떻게 진행되었는지 명확하게 알고 싶어한다. 그들은 누가 이겼고 '점수가 몇 점인지' 알고 싶어한다. 그들은 끊임없이 동네의 거리를 계획하고 건설하고 이름을 붙이고 숫자를 매긴다. 영국에서 이런 행위는 상상력 결핍의 소치로 간주된다. 영국에서는 거리 이름의 절반 이상이 하이스트리트이고 4분의 1 이상은 아예 이름이 없고 나머지는 서로 중복

된 이름을 쓴다. 그래서 저녁식사 초대를 받은 친구 집에 찾아가는 것은 일종의 미로 학습이 된다.[12]

미국이 재미있는 곳, 흥미롭고 모험이 있는 곳, 나의 경험을 저자의 경험과 비교해볼 수 있는 곳이라는 생각이 들었기 때문에 나는 전보다는 더 쾌활하게 앞날을 기대할 수 있었다. 말하자면 한층 적극적으로 '피드포워드'를 하게 된 것이다. 이것은 기행문학, 특히 여행소설과 자서전이 지닌 커다란 장점이다. 이런 책들을 읽으면서 우리는 앞날을 예상하고, 그것에 친밀감을 느낄 수 있고 덜 불안하고 덜 외롭게 된다. 우리는 우리를 스토리 속에 놓아봄으로써 상상력 넘치는 피드포워드 체험의 일부분이 될 수 있다. 바로 이것이 문학이 '미래를 위한 경험'을 제공하는 사례이다.

책을 읽은 것을 계기로 하여 다른 나라로 아예 이주해가는 사람이 있을까? 얼마 전 나는 션 버고Sean Virgo와 함께 점심식사를 했다. 그는 아일랜드 출신의 작가로 캐나다에 눌러 앉은 사람이다. 우리는 자연스럽게 어린 시절 얘기와 캐나다 얘기를 하게 되었다. 그는 그레이 아울Grey Owl의 책을 읽고 나서 캐나다행을 결심했다고 말했다. 나는 사뭇 놀랐다. 나도 캐나다의 야생지대를 그린 그레이 아울의 멋진 이야기를 읽고 크게 감동 받은 적이 있는 것이다. 나의 어린 시절 런던은 대전 때의 공습으로 폐허가 되어버린 도시였다. 혼잡스럽고 안개가 많이 끼는 런던에서 병약한 어린 시절을 보낸 나는 캐나다를 다룬 책이면 뭐든지 열심히 읽었다.

본명이 아치볼드 스탠스펠드 벨라니Archibald Stansfeld Belaney인 그레이 아울은 캐나다 역사상 가장 흥미를 돋우는 작가 중 하나이다. 그는 문명화하고 억압적인 영국과는 완전히 다른 세상으로 건너와 자신의 정체성을 새로이 채택하기로 한 아주 기이한 후기 식민 개척자였다.

그레이 아울은 오지브와족이 되었고 북부 온타리오의 인디언 가이드, 사냥꾼, 덫꾼으로서의 새로운 정체성을 확립하기 위해 과거의 흔적은 깡그리 지워버린 사람이었다. 그레이 아울의 주된 업적은 비버의 멸종을 막기 위해 노력했다는 것이었다. 그는 오지브와 부족과 야생지대의 가치, 캐나다 숲의 생명력 등을 영어로 번역하여 캐나다와 영국에 있는 사람들에게 전달하기도 했다. 하지만 그레이 아울이라는 정체가 가짜로 드러나고 고상한 '야만인' 행세로 심지어 왕족들까지 속여넘긴 것이 탄로 난 이래, 그는 영국인의 머릿속에서 사기꾼 같은 존재로 기억되고 있다. 또 그가 원주민인 인디언들에게 사랑을 듬뿍 받는 존재냐 하면 그것도 아니다. 온타리오에서 가장 유명한 인디언

그레이 아울 1888~1938. 영국에서 태어나 캐나다로 이주했다. 인디언 여자와 결혼하여 인디언들과 함께 생활했고, 소설을 통해 대자연과 그 속에서 함께 살아가는 동식물들의 가치를 지켜내려고 노력했다.

이기는 했지만 그래봐야 그는 인디언이 아니었기 때문이다.

그레이 아울의 작품은 제대로 평가를 받은 적이 없다. 그레이 아울에 대해 얘기하자면 책 한 권 분량이 되겠지만, 여기서는 그의 이야기가 자유롭고 순수한 야생의 세계를 전달해주었다는 것만을 말해두겠다. 그가 그려서 보여준 세계는 모험과 도전의 세계였다. 나는 그가 진짜 문제가 되는 것이 무엇인지를 아는 삶의 문턱에서 살았다는 느낌이 든다. 그의 세계에서 감정과 본능, 재능을 감춘다는 것은 곧 죽음을 의미했다. 그레이 아울의 세계와 비교해볼 때 내가 살고 있는 세계는 비현실적인 것처럼 보였다.

아래 인용한 것은 그의 인생을 바꾸어놓은 순간을 기록한 글이다. 아내의 독려를 받아서 작가는 자신이 이방인, 사냥꾼, 착취자에서 이제 우애 있고 자상하고 인간적으로 바뀌게 된 과정을 묘사한다. 그의 변모는 그 자신의 인생뿐 아니라 나를 포함한 많은 사람의 인생을 바꾸어놓았다. 비 때문에 방안에 꼭 갇혀서 천식으로 고생하며 어서 겨울이 오고 어린 시절이 지나가 버렸으면 하고 바라던 런던의 어린 소년에게 그레이 아울의 세계가 얼마나 기이하고 감동적이고 해방감을 주는 것이었는지 상상해보라. 나의 몸은 런던의 침대 위에 누워 있었지만 마음은 테마가미 호수에 가 있었다. 그리고 40년 후 나는 그곳을 찾아가 카누를 타게 되었다.

암컷 해리가 살고 있는, 오래되어 새로 단장한 비버의 집으로 다가가면서 나는 새끼 비버들의 가느다란 울음소리를 희미하게 들었다. 나

는 그 소리를 죽이려는 의도로 카누 뱃전에다 노를 탁, 하고 떨어트
렸다. 그러나 아나하레오는 새끼들의 소리를 들었고 덫을 들어내서
어린 비버가 어미 비버와 그대로 있게 해달라고 애원했다. 나는 이
시기에는 비버를 죽여본 적이 없기 때문에 잠깐 가슴이 아팠다. 하
지만 나는 하던 일을 계속했다. 우리는 돈이 필요했다.

 다음날 아침 나는 물에 빠져 죽은 비버 세 마리를 건져 올렸다. 그
러나 어미 비버와 덫 하나는 어디론가 사라지고 없었다. 나는 체인의
끊어진 부분을 잡아당겨 시체를 끌어올리려 했으나 허사였다. 그러
고 나서는 둑(비버가 만든 둑. 비버는 이로 나무를 갉아 쓰러뜨린 다음 흙
이나 돌을 보태서 둑을 만드는 습성이 있다. | 옮긴이)을 무너뜨리고 연못
의 물을 일부 빼보았으나 소용이 없었다. 암놈이 가장 덩치도 크고
값도 가장 나가는 물건이었다. 그래서 나는 그 손실을 뼈아프게 생각
했을 뿐, 아무렇지도 않게 사라진 생명, 굶어죽은 무력한 새끼 비버들
까지는 전혀 생각이 미치지 못했다.

 하루종일 소득 없는 수색작업을 한 끝에, 나는 덫과 장비를 거두어
서 돌아가 봤자 뭐하나 하는 심정이 되어 캠프로 향했다. 하지만 다
음날, 포획물의 껍질을 벗겨 널어놓은 다음, 나는 느닷없이 마음을 바
꾸었다. 중요한 사건은 그처럼 어처구니없게 우리의 인생에 고개를
들이민다. 우리는 이제 아무 쓸모도 없게 된 허물어진 연못으로 되돌
아가서 오래된 비버의 집으로 노를 저어 갔다. 암놈이 집으로 무사히
되돌아갔는지 확인하기 위해서였다. 그러나 암놈이 있다는 소리나
표시는 발견하지 못했다.

 그래서 우리는 돌아섰다. 이제 다시 이곳을 찾는 일은 영원히 없을
것이었다. 우리가 노를 저어 떠나려는 순간, 가볍게 물이 튀기는 소

리가 들렸다. 고개를 돌려보니 비버의 집 물가에 사향쥐 같은 것이 엎드려 있는 것이 보였다. 나는 오늘 하루 공친 것을 보상받으려고 총을 들어올리면서 카누에서 번쩍 일어섰다. 이제 좋은 조준 자세를 확보했으므로 사격준비가 완료되었다. 그 정도 거리에서 목표물을 명중시키지 못할 사람은 없을 것이었다. 방아쇠를 막 잡아당기려는 순간, 짐승이 낮게 울음소리를 냈다. 그리고 조준선 바로 옆에 똑같이 특이한 신호를 보내고 있는 동물 하나를 또 발견했다. 한 방으로 두 마리를 다 잡을 수 있을 것이었다. 두 짐승이 또다시 울음소리를 냈고 이번에는 틀림없이 알아들을 수 있는 소리였다. 그들은 새끼 비버였다! 나는 총을 내려놓으면서 말했다. "당신이 걱정하던 새끼 비버들이 살아 있군."

그녀는 본능적으로 즉각 말했다. "저 놈들을 구해줍시다." 아나하레오가 흥분된 목소리로 외쳤다. 그러더니 다시 목소리를 낮춰 말했다. "우리한테 달렸어요. 우리가 저지른 일을 생각해보면요." 그리고 보니 여기에서 벌어진 일은 정말로 잔인한 야만행위였다. 내가 가져간 것을 되돌려줘야 한다는 생각이 어지럽게 떠오르며, 희미하게 속죄의 마음이 들기 시작한 내가 말했다.

"그래, 그래야지. 저 놈들을 제 집으로 데려갑시다." 그게 우리가 할 수 있는 가장 마땅한 일인 것 같았다.

하지만 쉬운 일이 아니었다. 새끼 비버는 내가 생각한 것보다는 나이가 들어서 물 속에서 충분히 자기자신을 보호할 수 있었다. 우리는 상당한 인내와 재주를 발휘하고 나서야 마침내 그놈들을 잡아서 승선시켰다. 온몸에 털이 북슬북슬한 것이 우습게 생긴 놈들이었다. 비늘이 달린 자그마한 꼬리에 걸맞지 않게 큰 두 뒷다리는 각각 무게가

반 파운드가 좀 못 되었다. 그놈들은 꾸준하고 끈덕지고 의뭉스러운
걸음걸이로 카누의 위아래를 왔다갔다했다. 우리는 나중에 그 걸음
걸이에 아주 익숙해지게 되었다. 우리는 사뭇 멍하고 어리둥절해진
채로 그놈들을 쳐다보았다. 마치 두 마리의 거대한 하얀 코끼리를 가
져다놓고 어쩔 줄 모르는 사람들의 마음이 이럴 것이었다. [3]

자, 우리는 독서가 피드포워드의 과정을 촉진시킨다는 것을 살펴보
았다. 독자는 책을 읽음으로써 미래를 계획하고 상상하게 된다. 과거
를 재구성하는 것이 가능하듯 미래에 벌어질지 모르는 일을 다르게 바
꾸어보는 일도 가능하다. 우리는 우리가 때때로 자신이 무기력하다고
생각한다. 그러나 우리는 그렇게 무기력한 존재가 아니다. 미래를 위
한 독서는 당신의 삶을 당신 자신이 관장하려는 노력에서 가능성을 주
는 매개가 될 수 있다.

1. Martin E. Seligman, 《Helplessness》(San Francisco: W. H. Freeman, 1975).

2. Leslie James, 《Americans in Glasshouses》(London: Falcon Press, 1950), p. 13.

3. Grey Owl, 《Pilgrim of the Wild》(Toronto: Macmillan, 1934), pp.27~29.

이럴 땐 이런 책

《연금술사》 파울로 코엘료 저 | 최정수 역 | 문학동네 | 2001년.

신학을 공부하기로 되어 있던 한 청년이 어느 날 자아의 신화를 찾아 떠나라는 마음의 목소리를 듣고 길을 나선다. 이 책에서 자아를 찾는다는 것은 연금술을 탐구하는 신화와 같다. 파울로 코엘료는 이 세상 모든 개개인의 꿈은 소중할 뿐더러, 개개인은 그 꿈을 이루기 위해 노력해야 할 의무가 있다고 말한다. 이루어지든 이루어지지 않든 간에. 그리고 그 꿈이란 것은 '자기 신화'라고 표현된다. 여기서 꿈은 무엇이 되고 싶다, 무엇을 갖고 싶다 하는 것이라기보다는 내면의 목소리에 귀 기울이는 행위 자체이다. 전세계적으로 2000만 부가 팔려나갈 만큼 많은 사랑을 받았다.

《역사의 혼 사마천》 천퉁성 저 | 김은희 · 이주노 공역 | 이끌리오 | 2003년.

사마천은 인류 역사상 가장 위대한 저작 중 하나인 《사기》를 쓴 인물로 기억된다. 너무나 치욕적인 궁형을 당한 것을 비롯하여 그가 겪은 모멸의 역사가 이토록 오래 전해지는 것은 그가 고난을 넘어서 위대한 사상과 저작을 남긴 데 있다. 이 책은 사마천의 일대기를 소설 형식으로 풀어낸다. 사마천이 어떠한 고통을 겪었더라도 그가 이루어낸 업적이 없었다면 후세에 기억되지 못했을 것과 마찬가지로, 그 같은 고통을 겪지 않았다면 그를 '역사의 혼'으로 남게 할 역작을 만들어낼 수 있었을지를 생각하게 해준다는 점에서 이 책은 그 감동을 고스란히 전달해준다. 평전의 고전으로 남을 위대한 작품.

《로자 룩셈부르크 평전》 막스 갈로 저 | 임헌 역 | 푸른숲 | 2002년.

권력욕에 빠지지 않은 혁명가로, 천재 사상가로 한 시대를 살았던 로자 룩셈부르크. 그녀에 대한 책은 국내에 적지 않게 나와 있다. 그중에서도 프랑스의 문필가 막스 갈로가 쓴 이 평전은 남다른 떨림과 재미를 전해준다. 진보적인 혁명가로서의 면모를 억지로 파고든다기보다는 로자가 세상과 인간을 바라보는 방식 그리고 그녀의 꿈을 그림으로써 그녀가 그렇게 삶을 살아나갈 수밖에 없었던 이유를 자연스러운 그림으로 보여준다. 필치도 대단히 현란하여 손을 떼기 어려울 만큼 흥미진진하다.

《닥터 노먼 베쑨》 테드 알렌 · 시드니 고든 공저 | 천희상 역 | 실천문학사 | 2001년.

의사 노먼 베쑨은 사람들이 앓고 있는 육체적인 질병뿐 아니라, 모든 종류의 질병의 징후를 똑바로 쳐다보며 한 평생을 살았다. 그는 자신이 이렇게는 살 수 없다고 생각하고 그 불합리한 상황을 바꾸려고 투쟁했던 사람들과 언제나 함께 했다. 그의 후배 체 게바라가 그랬던 것처럼, 그도 자신의 처지를 바꾸려고 노력하지 않는 한심한 사람을 동정하는 것이 휴머니즘이라고는 생각하지 않았다. 그도 그의 동시대에 어떤 큰 힘을 거스르려는 거대한 흐름이 있는 곳에 빠지지 않고 있었다. 스페인 내전에서, 중국혁명의 와중에서 그는 메스를 들고 부상당한 사람과 세계를 수술하고 다녔다. 이 책은 그런 노먼 베쑨이 엮어낸 삶의 드라마와 영혼의 여정을 역동적으로 그리고 있다. 노먼 베쑨의 캐릭터는 살아 펄펄 뛰지만, 과장되거나 신비화되지 않는다. 독자들과 비슷한 처지, 비슷한 고뇌에 떨며 사는 인간이었지만 흔들리지 않는 시선과 더운 가슴으로 적극적으로 살아갔다고 기록될 뿐이다. 《체 게바라 평전》이 포함된 실천문학사의 《역사인물찾기》 시리즈의 첫번째 책으로 지금까지도 많은 독자의 사랑을 받고 있다.

《천국의 열쇠》 A. J 크로닌 저 | 신상웅 역 | 청목사 | 2002년.

그 자신 의사로서 광산촌에 들어간 한 이상주의적인 의사의 이야기를 그린 《성채》로 전세계적인 작가가 되었던 크로닌의 또 다른 대표작이다. 이 책의 주인공 치섬은 어린 시절부터 알아왔던 자신의 사랑과 사별하게 되자 사제의 길을 걷기로 결심하고 신학교에 진학한다. 그러나 그가 성직자의 길을 택한 것은 사랑의 고통과 세상이 주는 시련에서 도피하려는 뜻에서 니온 것온 이니었다. 그는 구도의 길을 걷기 위해 때로는 세상과 맞서며 진리를 찾아나간다. 고난은 오히려 그의 곁을 떠나지 않고 완강히 버티고 있었다. 사제였지만 특정한 종교나 종파에 얽매이지 않고 모든 인류를 끌어안으려 했던 사제 치섬의 이야기는 오늘날의 우리에게도 여전히 더 너른 시선과 감동을 전해준다.

제3부
독서를 통하여 성장하기

"왜 하필이면 내가?" 또는 "아, 불쌍한 나!" 라는 의문과
비탄에 대해, 스토리는 당신만 그런 게 아니다,
"모든 사람이 불쌍하다", 하지만 동시에
"모든 사람이 씩씩하게 그것을 이겨낸다"고 말한다.

7
독서가 아이의 상상력을 키운다

곰곰이 생각해보면 어린아이들은 이래저래 상당히 힘든 시간을 보내고 있음을 알 수 있다. 장애물은 계속 나타나고 결코 사라지는 법이 없다. 우리는 여러 단계의 졸업을 축하한다. 졸업보다도 더 놀라운 것은 배울 것도 많고 과제도 많아서 부담스럽기만 한 학교를 대부분의 아이가 그래도 끝까지 다닌다는 것이다. 전문가들은 유아자살이 실제로 일어나며 또 어린아이들도 삶에 대한 의지를 잃어버리는 때가 있다고 말한다. 아이가 살아가는 데 도움을 주려면 아이에게 민감하게 반응하고 사랑을 베풀고, 관련지식을 잘 알고, 편집증적 태도를 보이지 않는 것이 무엇보다 가장 중요하다. 이것은 말하기는 쉽지만 실천하기는 어렵다. 먼저 아이들이 해내야 하는 과제를 살펴보자.

첫째, 숨쉬기가 있다. 혹자는 그게 무슨 과제냐고 말할지도 모른다. 하지만 폐기종이나 천식환자에게는 숨쉬기가 결코 쉬운 일이 아니다.

아이가 태어나자마자 해야 하는 것이 숨쉬기이고 그것은 평생 동안 제
1순위의 일이 된다. 어린아이가 질식을 당하거나 숨을 못 쉬게 되는
상황은 절대 피해야 한다.

다음에는 먹기의 문제가 있다. 입을 열어서 빨아들이기만 하면 되
지 않느냐고? 그렇지 않다. 지상은 천국이 아니기 때문에 음식이 어린
아이의 필요에 따라 알맞게 제공되지 못하는 경우도 있다. 어머니가
음식을 늦게 마련했거나 베이비 시터가 약속시간을 잊어버렸거나 우
유가 떨어졌거나 전화가 울리고 있거나, 우윳병이 너무 뜨겁거나 또는
차가운 경우가 얼마든지 있을 수 있다. 따라서 아이는 음식을 얻기 위
해 더욱 강력하게 의사표현을 해야 한다.

어쩌면 부모는 시간이 되지 않았는데도 아이가 울고 있으면 무시하
라는 육아교육서를 읽었는지도 모른다. 이런 책들은 평균적 고려사항
을 정해 마치 그리니치 평균시처럼 절대화한다. 만약 어린아이가 개
인적, 일탈적, 생물적 스케줄에 따라 이 이론을 위반하고 배고프다고
소리치면 무시하라고 조언하는 것이다.

불안의 건수는 쌓이기 시작한다. 그리하여 아이는 인생의 스트레스
에 가까스로 대응해나가기 시작한다. 저 어른들은 왜 저렇게 말이 많
지? 왜 어른들은 내가 미소를 지을 때 저렇게 소리를 지르지? 이제 나
는 걸음마를 떼어놓기 시작하지만 자꾸만 넘어진다. 겁이 나고 좌절
을 느낀다. 말을 배워야겠다. 아니면 나 자신을 결코 돌보지 못할 것
같다.

응가는 또 어떻고? 어머니는 어린애가 대소변을 가리지 못하면 화

를 낸다. 어린아이에게는 사고도 잦다. 어린아이는 어둠을 두려워한다. 어린아이는 옷장 속에서 귀신을 본다. 어린아이는 자신이 따로 떨어져 있으며 혼자임을 깨달아가야 한다. 어린아이는 곧 자신의 이름, 주소, 전화번호 따위를 외워야 한다. 여기까지는 집안에서만 벌어지는 것이다.

밖으로 나가면 교통, 더 큰 소음, 동물, 낯선 사람, 실종의 우려, 날씨, 햇빛, 비와 바람이 도사리고 있다. 저기 저 밖에는 생존에 대한 수천 가지 위협이 있다. 세상에 적응하려면 세상을 관리해야 한다. 감각을 통해서 접수되고 내부회로(생물적 충동과 느낌)로 전달되는 무수한 정보는 혼돈 그 자체이다. 의식 속으로 들어오는 정보는 간편하게 관리할 수 있는 단위로 정돈해야 하고, 미래에 참고할 수 있게 분류하고 저장해야 한다.

먼저 어린아이는 언어를 배워야 한다. 그런 다음 스토리가 따라나온다. 세상, 가족, 장소, 자기자신에 대해 홍수처럼 쏟아져 나오는 정보는 스토리로 만들어져야 의미를 갖는다. 어린아이의 반응, 느낌, 태도는 스토리로 만들어져야 한다. 어린아이는 이런 질문을 배우게 된다. 나 아닌 이 모든 것과의 관계 속에서 나는 누구인가?[11] 사랑, 부모, 형제, 꿈, 고통, 죽음은 어떤 의미를 지니는가? 나는 어떻게 해서 그것을 생각하게 되었는가? 그것에 대해 어떻게 말해야 하는가? 규칙이란 무엇인가? 분노, 공포, 흥분, 호기심 등 나의 정서는 어떻게 나온 것인가? 이런 정서를 지녀도 괜찮은가? 나는 어떤 규칙을 깨트리고 있는가? 왜 어른들은 나에게 화를 내는가? 나는 언젠가 죽을 것인가?

어린아이가 이런 모든 질문을 분류하는 데는 스토리가 가장 좋은 도구이다. 스토리는 모든 것을 정상화시키는 권위가 있다. 스토리는 행동과 느낌의 모델이다. 어린아이가 자기 눈으로 바라본 세상을 관리하려면 이런 힘을 지닌 모델을 개발해야 한다.

어느 겨울밤 나는 일곱 살 난 내 딸을 차에 태우고 어두컴컴한 시골 길을 달리고 있었다. 우리는 불이 하나도 켜져 있지 않아 아주 깜깜한 농가를 지나치게 되었다. "저 집에서는 귀신이 나올 것 같구나" 하고 내가 말했다. 딸과 나는 귀신 들린 집에서 나는 소리, 가령 고통 당하는 올빼미처럼 부엉부엉, 까악까악 하는 소리를 내기 시작했다. 나는 스토리를 '적절하게' 마무리하기 위해 "그리고 그들은 행복하게 잘 살았다"고 말했다.

몇 초의 침묵이 흐른 뒤 어두컴컴한 뒷좌석에 앉아 있던 딸애가 말했다. "스토리가 너무 간단하잖아요." 아이들은 다섯 살 무렵이면 스토리의 원칙과 관습을 깨치기 시작한다. 어린아이들은 마더구스(Mother Goose, 영국의 민간 동요와 시, 수수께끼로서 이를 수집했다는 한 여자의 이름을 가리키기도 함. | 옮긴이)를 들으면서 철이 든다. 그러면 동요 속에 들어 있는 풍부한 정보를 살펴보자.

어린아이들은 글을 깨우치기 전에 이미 문학을 접한다. 시와 이야기는 어른들에게 배운 소리를 바탕으로 해서 어린아이에게 전달될 수 있다. 전통적으로 문학은 어머니를 통해 아이에게 전수된다. 모국어라는 말도 이 같은 사정에서 나온 것이다. 동요는 읽기를 배우는 데 훌륭한 기반이 될 수 있다. 문학은 소리에 바탕을 두는 것이다. 훌륭한 독자가 되려면 글을 읽으면서 단어와 문장이 내는 음악을 들을 줄 알아야 한다.

동요와 단어 게임에는 움직임이 수반된다. 어린아이를 안고 어르거나 이리저리 흔들거나 어루만져주는 것은 모두 움직임이다. 이 경우 단어는 어떤 특별한 의미를 지니지 않아도 된다.

> 이 작은 돼지는 시장에 가고
> 이 작은 돼지는 집에 있고
> 이 작은 돼지는 구운 쇠고기를 먹고
> 이 작은 돼지는 아무것도 없어.
> 그리고 이 작은 돼지는 집에 오는 내내
> 앵 앵 앵 울었어.

이 동요는 다섯 발가락을 하나씩 짚어가며 부르는 것인데 맨 마지막에 가서는 가장 말썽꾸러기 발가락에 간지럼을 태우면서 끝난다. 어린아이와 이런 게임을 하는 부모는 다음 같은 중요한 메시지 몇 가지를 전달한다.

1. 나는 너와 함께 놀면서 시간을 보내기로 했다.
2. 나는 너의 발가락을 좋아한다.
3. 발가락은 돼지가 될 수 있다(은유).
4. 언어는 재미있고, 놀이가 될 수 있다.
5. 스토리는 몸으로 느낄 수 있다.

6. 나는 너와 함께 전통으로 내려오는 문학을 공유한다.

7. 나는 너의 기쁨을 즐긴다.

8. 나는 너의 지성을 존중한다.

9. 나 또한 아기가 되고 싶다.

10. 나는 시 읊기를 좋아한다.

    어떤 동요는 명백하게 무의미해 보이는데, 사람들에게 서로 어울리지 않는 사건이나 조합을 상상하게 유발한다. 그리고 그것은 스토리와 판타지의 핵심을 전달한다.

헤이, 기저귀, 기저귀.

고양이와 바이올린

암소는 점프해서 달을 넘어가고.

강아지는 이런 재미난 것을 보고

웃음을 터트리네. 그리고

그릇과 숟갈과 함께 달아나 버렸네.

(… 중략 …)

험프티-덤프티가 벽 위에 앉아 있네,

험프티-덤프티가 대추락을 하네.

왕의 말과 왕의 사람들을 모두 동원해도

험프티를 온전하게 붙여놓지 못하네.

    여기에서, 사람들에게 어떤 텍스트를 어떻게 읽으라고 말해주는 문학평론의 거룩한 권위는 완전히 산산조각이 난다. 전문가들이 아무리 온전하게 붙여놓으려고 노력해도 허사가 될 만큼 동요의 지혜와 유용성은 영원한 것이다.

또 다른 동요는 교훈적이면서도 지루하지 않고 기쁨을 주는 이야기를 제공함으로써, 어린아이에게 문학의 유용성과 그것의 실제 적용 가능성을 은연중 알려준다.

> 딩, 동, 벨 소리.
> 고양이가 우물 속에 있네.
> 누가 고양이를 저기다 집어넣었지?
> 리틀 조니 그린.
> 누가 고양이를 꺼내주었지?
> 리틀 토미 스타우트.
> 불쌍한 고양이를 우물 속에 빠뜨려
> 죽이려 하다니 정말 나쁜 아이야.
> 고양이는 그 애에게 못되게 굴지도 않았고
> 그 애 아빠의 헛간에서 생쥐도 잡아주었는데.

아이들에게 동물을 학대하지 말고 친절하게 대하라는 교훈을 주는 데 이보다 더 효과적인 모델이 있을까. 이것은 말로 겁주거나 체벌하는 것보다 훨씬 효과적이다. 체벌은 아이에게 폭력이나 위협이 당연한 것이라는 인식만 심어줄 뿐이다. 예나 지금이나 어린아이들은 고양이를 못살게 구는 것을 좋아하는 것 같다. 고양이를 다룬 동요가 한

두 가지가 아닌 걸 보면 말이다.

이런 동요를 모두 외워서 읊어주는 것도 좋지만, 책과 함께 전달하는 것도 효과적인 방법이다. 그러면 동요의 마법이 책 속에 새겨지게 되고, 아이는 아버지나 어머니가 집에 없을 때에도 책을 펼쳐들면 다시 마법 속으로 빠져들 수 있는 것이다.

우리가 본격적인 문학에서 나중에 발견하게 되는 무드, 스타일, 정서적 효과를 동요도 모두 전달한다. 나는 다음의 동요 속에 드러난 신비함과 기괴함에 대한 암시를 늘 사랑해왔다.

마음이 비뚤어진 남자가 있었네.
그는 비뚤어진 길을 걷다가
비뚤어진 계단에서
비뚤어진 동전을 주웠네.
그는 비뚤어진 고양이를 샀고
고양이는 비뚤어진 생쥐를 잡았네.
그리고 그들은 다 함께 살았네.
그 자그마한 비뚤어진 집에서.

그리고 다음의 동요는 또 어떤가.

닥터 펠, 나는 당신이 싫어요.
그 이유는 나도 모르겠어요.

하지만 이건 알아요. 아주 잘 알아요.

나는 당신이 싫어요, 닥터 펠.

이 동요에서 어린아이는 이유는 알 수 없지만 직관적으로 어떤 사람을 믿을 수 없다. 우리는 성장해가면서 논리를 앞세우게 되며, 우리 내부에서 직관을 억압하려 한다. 우리는 어린 시절의 본능을 되찾아야 할 필요가 있다. 다음의 동요는 이런 주제를 다룬다. 우리가 그토록 무시하려고 애쓰는 저 끈덕진 생각, 존재, 분위기가 이 시에 잘 드러나 있다.

나는 계단을 걸어올라 가면서
거기 없는 사람을 만났네.
그는 오늘도 거기 없었네.
나는 그가 영원히 가버렸으면 좋겠네!

가정생활, 부모의 위엄, 어린아이의 의무를 노래한 것도 있다.

세 마리의 어린 고양이, 장갑을 잃어버렸네.
그러고는 엉엉 울기 시작하네.
뭐라고, 장갑을 잃어버렸다고, 이 말썽꾸러기 고양이,
그러면 파이는 못 먹을 줄 알아.

다행히도 그들은 장갑을 찾았다. 동요는 우리가 처음으로 배우고 기억하는 문학이다. 그리고 우리가 동요를 기억한다는 것은, 문학이 우리의 머릿속에서 축적되며 정보를 준다는 것을 보여준다.

아이들은 동화에서 인간의 상상력이 빚어내는 마법의 세계와 접촉하게 된다. 모든 언어에는 몇천 년 전까지 거슬러 올라가는 동화와 민담이 있다. 이런 이야기들은 어린아이가 직접 해보아야 할 많은 것을 어린아이 대신 해준다. 동화에는 다음 다섯 가지, 즉 가족관계를 다룬 것, 외부세계의 위험을 다룬 것, 성장을 다룬 것, 정서와 성욕을 다룬 것, 개성의 형성을 다룬 것이 녹아 있다. 모든 어린아이의 공포와 혼돈은 이 다섯 범주에 걸쳐 있다. 나는 죽음을 성장의 범주에다 넣는다. 성장은 나이 드는 것과 마찬가지로 마지막 작별을 준비하는 것까지 포함하기 때문이다.

물론 아이들이 책에서 만족스러운 체험을 얻게 하려면 먼저 어른이 책을 읽어서 들려주어야 한다. 이야기를 듣는 것은 인간이 원시시대부터 문학을 체험해온 방식이다. 책을 읽어줄 때, 아이니까 아무것도 모르려니 하고 무시해서는 안 된다. 모르는 것이 있으면 아이는 질문을 해올 것이다. 이렇게 하여 읽어주는 사람과 어린아이 사이에 상호작용이 벌어지고, 또 어른은 아이에게 이야기를 어떻게 읽어주어야 할지 좀더 확실하게 알게 된다. 부모가 아이에게 글을 읽어주면 아이는 부모의 읽기를 모델로 삼게 된다. 어린아이는 부모가 하는 방식을 따라 인쇄물의 코드를 해독하는 신비를 익히게 된다.

나는 내 아이들에게 낭독하는 방법을 통해 읽기를 가르쳤다. 이것이 읽기의 가장 자연스러운 방법이고 또 언어학습의 원천에 충실한 방법이다. 물론 듣기만 강조할 필요는 없다. 소리, 시각, 때때로 촉각을 함께 뒤섞으면 더욱 좋다. 경이감과 흥분감이 아이들의 눈빛 속으로 들어오는 것처럼 흡족한 광경도 없다. 소리의 마법이 신비의 안개를 헤치고 갑자기 떠오르는 것이다. 어린아이의 눈에 감을 잡았다는 빛이 반짝 떠오르는 것을 보면 언어가 얼마나 큰 힘을 지니는지 깨닫게 된다.

내 경험상 가장 좋은 선생은 학생들에게 큰소리로 명랑하고 생생하게 글을 잘 읽어주는 사람들이었다. 내가 아는 대부분의 어른은 아직도 누군가가 큰소리로 글을 읽어주면 좋아한다. 소설가 디킨스는 그 멋진 낭독 솜씨로 대서양 양안의 극장들을 꽉꽉 차게 했다. 사람들은 스토리텔러가 이야기의 마술을 부리는 것을 보기 위해 아직도 극장에 몰려든다.

어린아이의 마음은 성장하면서 신비한 사물과 엄마와 아빠, 입과 숟갈, 고양이와 갸르릉 하는 고양이의 울음소리, 소리침과 공포, 어둠과 잠, 기타 등등의 상관관계를 점차 깨우치게 되고, 그리하여 수천 가지 의문을 품게 된다. 다음은 어린아이가 주로 묻는 전형적인 질문이다.

1. 왜 엄마(또는 아빠나 언니)는 내 기저귀를 갈 때마다 코를 부여잡으면서 화난 듯 나를 바라볼까? 만약 내가 뭔가 잘못했다면 어떻게 하면 그것을 알아낼 수 있을까?

2. 왜 그들은 나한테 먹으라고 준 것을 내가 안 먹으려고 하면 화를

넣까?

3. 왜 나는 배가 고픈가? 엄마, 아빠는 왜 내가 정말 먹어야 할 때 음식을 주지 않는 걸까?

4. 아빠가 엄마에게 소리를 지르고 엄마가 나를 꼭 껴안고 있을 때, 내가 아빠를 미워하는 것은 잘못된 일일까?

5. 나는 왜 두려움을 느낄까? 두려움을 느끼지 않아야 한다. 두려 워하면 혼이 나기 때문이다. 그러나 이 세상에는 두려운 것이 너무 많다.

6. 나는 어떻게 해서 이 세상의 위험을 이기고 살아남을 것인가?

7. 어떻게 하면 만지지 말라고 한 모든 것을 기억할 수 있을까?

8. 만지면 기분이 좋은데 내 고추를 가지고 노는 것이 왜 잘못된 일 일까?

9. 왜 나는 늘 옷을 입고 있어야 할까?

10. 어떻게 하면 엄마를 늘 감시해서 내 곁을 떠나지 않게 할 수 있 을까?

11. 엄마, 아빠가 죽으면 누가 나를 돌봐줄까?

12. 아빠(또는 엄마)가 집에 오지 않으면 어찌해야 할까?

13. 왜 여자애들(남자애들)은 다를까?

14. 나는 누구일까, 어떻게 해서 여기에 왔을까, 식구들은 나를 원할 까, 나는 입양된 것이 아닐까, 나는 쫓겨날 수도 있을까, 그리고 죽음이란 무엇일까?

15. 할머니와 죽음과 나. 만약 할머니가 죽는다면 나도 죽지 말라는 법은 없지 않을까?

16. 나는 아름다운 사람이 될까?

17. 나는 못 해내는 일이 별로 없을 만큼 똑똑한 사람이 될까?(나는
    멍청한 아이임이 틀림없다!)

18. 나는 어른이 될 수 있을까?(내 앞에는 엄청나게 많은 위험이 도사리
    고 있고 배울 것도 너무 많아서 어른이 되기는 영영 틀린 것 같아!)

19. 약속을 잘 지키지 않는 어른을 어떻게 믿을 수 있지?

20. 내 느낌을 솔직하게 말하지 못하고 내가 바라는 것을 하지 못한
    다면, 어떻게 나는 착하고 정직하면서도 여전히 나 자신일 수 있
    는 거지?

이런 의심, 공포, 희망, 욕망을 다루는 가장 좋은 스토리가 바로 동화이다. 어린아이의 마음은 성인과는 다르게 논리나 합리성에 바탕을 두지 않는다. 서구의 성인들이 좋아하는 추상적 언어는 어린아이에게 아무런 의미도 주지 않는다. 어른들은 애써 메타포를 피하려고 하지만 별로 성공을 거두지는 못한다. 그러면 같은 이야기로 다음 같은 두 버전을 만들어보자.

하나는 어린아이와 문자 이전의 문화권을 만족시키는 것이고 다른 하나는 현대의 성인들을 만족시키는 것이다.

옛날 옛적에 숲으로 뒤덮인 아름다운 땅이 있었다. 숲에는 따뜻한 햇빛을 받아 꽃을 많이 피우는 나무들이 있었다. 나무들의 정령은 바람에 흔들리는 동안 기쁨을 이기지 못해 노래를 불렀고 뿌리와 잎새를 적시는 빗방울을 너무나 좋아했다. 행복했던 나무들은 넓은 잎새를 활짝 펼쳐서 나무들 사이의 들판에서 일하는 일꾼들에게 그늘

을 만들어주었다. 또 그 땅에 사는 사람들에게 아름다운 음악을 들려주는 새들에게 집을 마련해주었다.

어느 날 먼 곳에 있는 사람들이 숲으로 왔다. 그들은 나무를 자기네 고장으로 가져가서 좋은 집과 배, 공장, 종이를 만들어 팔면 큰 이득을 얻겠다고 생각했다. 그들이 물었다. "이 나무들이 여기서 무슨 소용인가? 식량을 재배할 수 있는 땅만 차지할 뿐이다." "우리는 옥수수가 충분히 있다." 사람들이 대답했다. "나무의 정령은 그늘을 만들어 우리를 축복해주고 노래와 아름다움을 만들어낸다." "헛소리." 낯선 사람들이 말했다. "그 남는 옥수수를 팔면 부자가 될 수 있다. 그러면 총과 기계를 살 수 있고 휴가를 즐길 수 있다. 우리 일을 방해하지 마라." 그들은 더 많은 사람과 기계를 가져와 나무를 모두 베어갔고 땅은 황폐해졌다. 새들도 날아갔고 온 사방에 침묵뿐이었다.

나무의 정령들은 그런 일을 저지른 사람들에게 화를 냈고 땅 위를 정신없이 배회하면서 커다란 한숨을 불어 바람을 만들어냈다. 바람은 땅에 돌만 남을 때까지 불었고 먼지는 거기에 쓸려 바다로 갔다. 사람들은 더 이상 곡식을 경작할 수 없어서 굶어 죽거나 아니면 그곳을 떠났다. 땅은 곧 사막이 되었다. 독수리들이 그 위를 배회하면서 더 많은 죽음을 기다리고 있었다.

위의 이야기를 이렇게 진술할 수도 있다.

과거에 에티오피아(또는 퀸 찰로트 제도, 브라질, 네브라스카, 테마가미 등)는 잘 보호된 수목으로 울창했다. 경재硬材와 펄프에 대한 산업적

수요가 늘어나고 압박 받는 팽창구조의 경제환경에서 목재사업은 실업과 현금부족을 해결할 수 있는 단기적 해결안으로 부상했다. 이 지방의 수목을 남벌하면서 토양의 부식이 가일층 촉진되었다. 수목이 없으니 회복할 가능성도 없게 되었다. 개활지에 정착한 사람들이 농사를 지을 수는 없었다. 땅의 상태가 이미 너무 악화되었기 때문이다. 수목을 남벌하고 대체 영림營林을 하지 않았기 때문에 현지 산업은 아무것도 남아 있지 않게 되었다. 땅은 이제 너무 척박하여 관광산업이나 기타 수익사업도 개발할 수 없게 되었다. 토양부식과 환경의 불균형은 이제 그 지역에 사막화, 기상변화, 장기적인 경제 쇠퇴 등을 야기했다.

버전 2의 글이 버전 1보다 더 많은 의미를 담고 있는 것도 아니다. 하지만 버전 1이 더 감각적이고 이해하기 쉽고 생생하며 상상력을 자극한다. 버전 2는 우리 사회의 테크노크라트들이 좋아하는 스타일이다. 여기서 언어는 '추상화' 되었고, 새, 정령, 바람 등의 구체적 이미지는 토양의 부식이라는 추상적인 말로 바뀌었다. 어린아이들은 추상적 언어를 아직 배우지 않았으므로 구체적 이미지에 더 익숙하다.

아이들은 추상적 단어를 배우기 시작하면서 이 세상을 묘사하는 강력한 반응-코드를 잃어버리게 될 것이다. 단 '스토리를 통해 그런 코드를 계속 유지한다면' 추상적 언어를 배운다고 해도 그런 강력한 반응-코드를 잃어버리지 않을 것이다. 픽션(성인용 픽션도 포함해서)은 이 세상을 상상하게 해주고 세상과 우리의 관계를 인식하게 해준다. 세상을 질서 있는 것, 가지적인 것으로 바꾸게 해준다. 픽션은 '인간적 관점'에서 세상을 묘사하는 수단 또는 세상을 인간화시키는 수단이다.

동화는 어린아이들의 관찰, 그들이 '아는' 인생에 대한 직관과 느낌에 충실하다. 만약 동화가 어리석거나 비현실적인 것으로 보인다면, 그것은 감각적, 정서적 체험에 바탕을 둔 상상력을 체험과는 전혀 상관없는 추상적 관념으로 교체했기 때문이다. 예수는 경험과 관련된 이야기의 가치를 잘 알고 있었다. 그는 그의 도덕적 교훈을 스토리 형태로 가르쳤다. "들을 귀가 있는 자들은 들을지어다." 나머지 사람들은 인간적 느낌과 관찰에서 유리된 문자와 논리, 즉 문자주의의 감옥 속에 살아야 한다.

이 문제는 벌거벗은 임금님의 이야기로 잘 설명이 된다. 기존 권위에 절대 복종하는 어른들의 게임에 개의치 않고 자신의 생각에 충실한 아이만이 진실을 소리 높여 외칠 수 있다. 아이의 상상력, 사물을 보고 이해하는 능력은 사회적 거짓말에 의해 타락되지 않았던 것이다. 한스 크리스찬 안데르센의 동화 속에 폭로된 위선적 태도는 나치 독일에서 팽배했던 바로 그것이었다. 수백만의 독일인이 "모릅니다" "알고 싶지 않습니다"라고 일관했다. 이것은 어른들의 광기이다. 우리 모두 어린아이로 남아 있자. 적어도 실제생활의 관찰에 바탕을 둔 지식으로 진실을 확장해나가야 한다.

문자주의적 권위주의의 결정판에 대해 말하려면 영역본 성서의 역사를 살펴보면 된다. 영국의 제임스 1세가 고위 성직자들로 위원회를 구성해 히브리어, 아랍어, 그리스어, 라틴어 등으로 쓰여진 성서를 번역한 것이 흠정판 성서King James Bible이다. 흥미로운 사실은 초청 받은 사람들이 이 번역사업을 탐탁치 않게 생각했다는 것이다.

이 번역사업은 비공식 번역본에 대한 대비책으로 진행된 것이었다. 라틴어본은 오랫동안 유일한 성서로 군림했었다. 사제들은 라틴어를 읽을 줄 알아야 했고 교구의 신자들에게 라틴어본 성서에 담긴 내용을 말해주었다. 당시에는 라틴어는 고사하고 모국어를 읽을 줄 아는 사람도 별로 없었다. 신자들은 사제가 성서의 내용을 그대로 전달했겠지 하고 믿을 뿐이었다. 그런데 라틴어를 읽지 못하는 다른 많은 성직자들과 심지어 읽을 줄 아는 성직자들조차 라틴어 성서에서 자신만의 판본을 뽑아냈다. 그러다가 14세기와 15세기에 들어 독일어, 프랑스어, 영어 등으로 번역된 성서가 유럽에 등장하기 시작했다. 영국에서는 성서의 번역이 공식적으로 금지되어 있었기 때문에 번역서들은 밀수되었다.

영국교회의 고위 성직자 대부분은 번역본을 원하지 않았다. 라틴어판 성서 덕분에 성직자들이 성서해석에 대한 권위를 독점했던 것이

안데르센 1805~1875. 덴마크의 아동문학 작가. 1833년 이탈리아 여행의 인상과 체험을 바탕으로 창작한 《즉흥시인》으로 그의 이름은 유럽 전체에 퍼졌다. 그가 같은 해에 내놓은 최초의 《동화집》은 동화작가로서의 생애에 출발점이 되었으며, 《성냥팔이 소녀》《벌거벗은 임금님》《인어공주》 등 130편 이상의 주옥 같은 동화를 썼다. 그가 쓴 동화의 특색은 서정적인 정서와 아름다운 환상의 세계 그리고 따스한 휴머니즘으로 대표된다고 말할 수 있다.

다. 하지만 비공식 번역성서를 가지고 싶다는 욕망이 뿌리 뽑을 수 없을 만큼 널리 퍼져 있었기 때문에, 단 하나의 권위 있는 표준 번역서를 만들어 모든 교회에 비치하는 것이 더 현명하다는 정치적 판단이 내려졌다. 이렇게 해서 흠정판 성서가 나오게 된 것이다.

모든 남녀가 저마다 사제를 자처하고 나서리라는 주교의 우려는 사실 근거가 있는 것이었다. 흠정판 성서가 나오면서 종교적 의견이 아주 다양해지기 시작했다. 존 번연John Bunyan의 《천로역정The Pilgrim's Progress》도 그런 결과물인데 이 책은 한때 이 세상에서 가장 많이 읽혀진 책이라고 일컬어졌다.

교리와 해석의 차이에 따라 수십 개의 종파가 생겨났다. 영역본 성서가 나오면서 영어소설이 발달했고 그와 함께 이승의 도덕관에 대한 문제도 부상했다. 자유는 언제나 다양성, 다원성, 갈등을 의미해왔다. 자유롭게 된다는 것은 외부의 권위에 의해 유지되고 통제되는 것보다 더 혼란스럽고 더 골치 아프고 해야 할 일을 더 많이 만들어낸다.

자기 스스로 읽을 수 있는 능력을 갖추기를 고대하는 문맹인들은 이른의 권위에 절대 복종해야 하는 어린아이와 같다. 서구적, 합리저, 테크노크라트적 소비주의는 상상력과 마법, 다양성, 개인주의와 갈등을 일으키고 있다. 동화의 논리는 어떤 권위에서 허가를 받은 것이 아니다. 그 혼란스러운 메시지는 많은 어른에게 위협적인 것이다. 이러한 갈등은 현대 산업주의를 다룬 디킨스의 소설 《시련의 시절Hard Times》에 잘 요약되어 있다.

소설의 첫 시작은 교실 장면이다. 시시 주프는 사회의 변방이라고

《시련의 시절》,
1854년 출간.

할 수 있는 서커스단 출신의 소녀이다. 그녀가 속한 가족의 승인 받지 않은 라이프 스타일은 의복, 행동, 언어, 도덕관에 있어서 빅토리아 시대의 코드와 갈등을 일으킨다. 시시 주프는 말에 대해서 아주 잘 안다. 그녀는 말의 느낌과 냄새, 행동을 훤히 꿰뚫고 있다. 그녀는 말의 종류, 색깔, 모습, 덩치, 기질도 소상하게 안다. 하지만 그녀는 말을 사전적으로는 정의하지 못한다. 소설 속의 세상에서 학생들은 이름보다는 번호로 불린다. 시시 주프는 여학생 20번이다.

"말에 대한 정의를 얘기해보거라."

(시시 주프는 이 주문을 받고서 크게 당황한다.)

"여학생 20번은 말도 정의할 줄 모르는군!" 그래드그라인드 씨가 학급 안의 어린 학생들이 모두 들을 수 있게 말했다. "여학생 20번은 이 세상에서 가장 흔한 동물 중 하나에 대해 사실 관련 정보를 전혀 갖고 있지 않군! 그럼 남학생에게 한번 물어보지. 비처, 네가 해보거라."

"네 발 달린 동물이고, 초식성입니다. 이빨은 40개입니다. 봄에는 털갈이를 합니다. 습지가 많은 나라에서는 발굽갈이도 합니다. 발굽은 딱딱하지만 편자를 붙여야 합니다. 입안의 표시로 나이를 압니다."

비처는 한참을 더 이런 식으로 또르르 꿰어나갔다.

"자, 여학생 20번," 그래드그라인드 씨가 말했다. "이제는 말이 무엇인지 알겠지?"[12]

　동화는 사실적 논리의 횡포를 받아들이지 않는다. 동화 속에서 사람들은 죽었다가 다시 살아난다. 이것은 어느 면에서 우리의 경험과 일치하는 진실인가? 우리는 죽었다가 다른 삶으로 환생하는가? 우리는 삶의 다른 단계로 다시 태어나는가? 가령 이혼은 죽음이고 재혼은 환생인가? 당신의 삶이 너무나 극적으로 변화하여 다시 태어나는 기분을 느낀 적이 있는가?

　이 모든 질문에 그렇다고 대답하는 독자들, 자신이 정말 다시 태어나서 과거는 하나의 꿈 혹은 전생인 것처럼 느끼는 독자들이 많이 있다. 앤 셜리는 프린스 에드워드 섬에서 다시 태어나서 그린 게이블스의 앤이라는 새로운 이름을 얻었다. 동화의 언어는 '느껴진' 체험에 호소한다. 언어를 단 하나의 의미에만 국한시키는 것은 언어를 파괴하는 행위이다.

　어린아이에게는 잔인, 야만, 욕정, 교활, 불안, 수치 같은 징시를 표현하기 위한 추상적 언어가 없다. 동물들은 이런 정서를 적절하게 표현하는 데 도움을 준다. 동물들은 좀더 본능적이고 직접적이기 때문에 느끼기는 하지만 말로는 표현하지 못하는 어린아이의 정서를 대신 나타내준다. 어린아이는 추상적 이름이 아니라 '행동'을 인식하고 자신의 느낌을 파악하고 통제하면서 마음속에서 문제를 '처리'하는 것이다. 동물은 하나의 기호, 표시, 상징으로 기능한다.

　'구체화하기'는 인간적 사고의 기본이다. 바로 그것이 시의 원천이고 시가 중요해지는 이유이다. 그것은 어른들이 말하는 '헛소리', 특히 추상적이고 정치적인 견해와는 정반대되는 것이다. 어린아이들은 '헛소리'에 대한 아주 유능한 발견자이다. 다음은 윌리엄 블레이크 William Blake가 지은 호랑이에 대한 시이다.

호랑이

호랑이! 호랑이! 밤의 숲 속에서
밝게 불타는 호랑이.
어떤 불멸의 손 또는 눈이
너의 가공할 만한 균형을 빚을 수 있었겠는가?

어떤 먼 심연 또는 하늘에서
네 눈의 불이 타오를 수 있었던가?
어떤 날개 위에서 그는 솟아오르려 덤볐던가?
어떤 손이 그 불을 잡으려 덤볐던가?

어떤 어깨, 어떤 기술이
네 심장의 근육을 비틀 수 있었던가?
그리고 네 심장이 고동치기 시작했을 때,
어떤 두려운 손이? 그리고 어떤 두려운 발이?

어떤 망치가? 어떤 사슬이?
네 두뇌는 어떤 용광로에서 담금질되었던가?
어떤 모루가, 어떤 떨리는 포착이

그 치명적 공포를 꼭 쥐려고 덤벼들었던가?

별들이 창을 내리던지고,

하늘을 눈물로 적셨을 적에,

신은 그의 작품을 보고 미소지었던가?

양을 만드신 그분이 너를 만들었는가?

호랑이! 호랑이!

밤의 숲 속에서 밝게 불타는 호랑이.

어떤 불멸의 손 또는 눈이

네 가공할 만한 균형을 빚을 수 있었겠는가? [3]

어린아이들은 밤중에 불타듯 빛나는 호랑이의 이미지와 이 시의 강력한 리듬에 강하게 반응한다. 그들은 '불멸'이나 '균형' 같은 단어의 뜻을 몰라도 이 시를 완벽하게 이해한다.

호랑이와 사자는 아주 사납고 또 겁나는 동물이다. 곰도 마찬가지이다. 이런 동물들이 사는 숲도 마찬가지이다. 《금발 미녀와 곰 세 마리Goldilocks and the Three Bears》는 어떤 호기심 많은 어린 소녀가 자기와는 어울리지 않는 집안에 들어가서 그 집의 생활을 혼란시킨다는 이야기이다. 이것은 바로 입양된 아이들이 느끼는 심정이다. 그들은 자

윌리엄 블레이크 1757~1827. 영국의 시인이며 화가, 판화가, 신비주의자. 초월적, 신비적 세계에 심취한 특이한 낭만주의 작가였다.

기가 자신이 들어간 집안에 어울리지 않고 귀여움을 받지 못한다고 생각한다. 겉보기에는 다정하고 아늑한 이 집에는 커다란 위험이 도사리고 있다. 모든 곰이 다 테디 베어는 아니다.

늑대 또한 아주 위험하고 잔인한 동물이 될 수 있다. 여우만큼이나 교활하지만 훨씬 덩치가 크고 힘이 세며 또 커다란 개처럼 다정하고 장난스럽지만 속은 음흉한 것이다. 문학 속에서 늑대는 늘 남성이었고 언제나 위험한 존재였다. 특히 친밀한 사람을 대신해서 침대 속에 들어가 있을 때에는 더욱이 위험하다. 어린아이가 부모 역할을 맡고 할머니를 돌볼 수 있을 만큼 나이를 먹으면 늑대는 위협이 된다.

좋은 배우자를 만나는 것은 정말 어려운 일이고, 언젠가는 결혼을 해야 한다는 사실을 깨달으면 어느 정도의 불안감을 느끼게 마련이다. 안전하게(행복하게는 제쳐놓고라도) 함께 잠잘 수 있는 배우자를 찾는 것은 희망도 할 수 없고 생각도 할 수 없는 일인 것처럼 보인다. 다행스럽게도 빨간 모자 소녀는 가장 무서운 경험을 극복했고, 그리하여 그 다음에는 정상적으로 성장했을 것이다. 뒤에서 이름을 불러서 머리채를 휘어잡고 모자를 훔쳐가서 진흙에 내던지는 몰상식한 남자애가 나중에 성장하여 아내를 잘 보호하고 배려하는 사냥꾼이 될 수도 있다.

(《빨간 모자Red Riding Hood》는 유명한 프랑스 동화로서, 주인공인 빨간 모자 소녀는 엄마의 심부름으로 빵과 버터를 할머니에게 가져다 드리러 간다. 늑대가 그 사실을 알고 앞서서 할머니 집으로 달려가 할머니를 잡아먹고 침대에서 할머니로 변장하여 앉아 있다가 나중에 도착한 빨간 모자 소녀마저 잡아먹는다. 판본에 따라 소녀

와 할머니가 살아나거나 그렇지 못한 것으로 되어 있다. | 옮긴이)

내가 어린 시절에 들었던 빅토리아풍의 이야기 중에서 가장 무시무시했던 것은, 성질이 고약하고 화가 나면 늘 발을 쾅쾅 구르는 어린 여자아이가 그렇게 발을 구르다가 마침내는 발 밑의 땅이 꺼져서 영원히 사라졌다는 이야기였다. 어린아이의 행동을 조종할 목적으로 어른들이 만들어낸 이런 이야기 때문에 어린아이가 제 감정에 충실하지 못하고 소외감을 느끼게 된다. 이보다 더 끔찍한 일이 있을 수 있을까?

성장에서 겪을지 모를 불운을 이겨내기 위해 어린아이들은 마법, 요정 대모, 말하고 보살펴주는 동물을 필요로 한다. 공포와 근심에 빠져 있는 아이들은 희망을 불어넣어 주는 이야기들에서 도움을 받아 정서적으로 생존할 수 있다.

헨젤과 그레텔은 기지와 상상력을 발휘하여 살아남았다. 형제들은 종종 서로에게 의지한다. 생쥐는 말이 될 수 있고 어린 소녀는 어머니가 되어 운명의 주인이 될 수 있다. 어린 소년이 콩나물 줄기를 타고 높이 올라가 거인을 패배시킬 수 있다. 다윗은 골리앗을 죽였다. 이 세상에는 늘 희망이 있다. 본보기로 삼을 수 있는 모델이 있다. 이런 이야기들이 없다면 어디서 희망을 발견하겠는가?

아이에게는 부모 외에 다른 모델이 있어야 한다. 아이를 개인적으로 잘 모르는 외부의 어떤 사람이 아이가 자신에게 적용할 수 있는 교훈을 말해주어야 한다. 스토리는 개인의 가족적 관심사에 제한을 받지 않는다. 어린아이들은 비평가의 도움 없이도 스토리 속의 자기자신을 '인식'한다. 백설공주는 사악한 계모와 허약한 아버지에 의해 규정되는 세계보다 더 큰 세계와 연결되어 있다. 그녀를 도와주는 또 다른 힘들이 있다. 동화는 어린아이를 더 큰 세계에 연결시켜주고 수 세기에 걸쳐 축적된 민담의 지혜를 알려준다. 지저분하고 겁나고 고통스러운 것에 결코 위축되지 않는 스토리, 그것은 아이들에게 줄 수 있는 가장 큰 선물이다.

"왜 하필이면 내가?" 또는 "아, 불쌍한 나!"라는 의문과 비탄에 대해, 스토리는 당신만 그런 게 아니다, "모든 사람이 불쌍하다", 하지만 동시에 "모든 사람이 씩씩하게 이겨낸다"고 말한다. 스토리는 조화와 정직을 가르친다. 스토리는 우리 인간이 동물과 서로 연결되어 있으며 동물을 믿고 사랑해주면 그들과 친구가 될 수 있음을 일러준다. 스토리는 어린아이들에게 성장하고 배우는 힘을 획득하라고 가르친다.

스토리는 처음에는 멍청하고 어리석게 보였던 아이들도 결국에는 현명해지고 성취를 이룬다고 일러준다. 스토리는 부모라고 해서 모든 것을 다 아는 것은 아니며, 그들도 때로는 놀라고 후회하기도 한다는 것을 보여준다. 스토리는 복수를 원하는 우리의 억압된 욕망을 풀어

◆《모모》, 한미희 역 | 비룡소 | 1999. 2.
꼬마 소녀 모모가 시간 도둑과 벌이는 한판 승부가 너무나도 유명한 미카엘 엔데의 환상동화. 1970년 독일에서 처음 출간되었다.

준다. 스토리는 우리를 과거와 연결시켜 우리에게 문화적 뿌리를 되찾아준다.

미하엘 엔데가 《모모》에서 말했듯이, 어린아이는 우리의 생존을 도와줄 수 있다. 우리에게는 우리의 필요와 맺는 끈을 잃지 않기 위해 어린아이의 비전, 상상력, 놀이가 필요하다. 한편 어린아이도 정신적으로 무너질 수 있다. 만약 훈련중에 있는 작은 소비자나 생산자 정도로 아이를 대한다면 우리 인류에게는 나아갈 길이 없다.

지금 여기의 문제는 어떻게 해야 할까?

동화문학은 시간의 경계를 넘어선다. 그것은 탈지역화하고 비역사적인 공간과 시간을 다루기 때문에 세계 어디서나 적용될 수 있다. 인간의 내면에 있는 보편적 어린이에게 호소하기 때문이다. 아이다움의 상태와 조건은 시간과 공간의 경계를 인정하지 않는 것에 있다. 덩치 큰 사람, 어둠, 버림받음, 배고픔, 무시당함에 대한 공포는 전세계 어느 아이나 똑같이 느끼며, 2백 년 전, 심지어 1천 년 전의 아이도 똑같이 느낀 것이다. 각 나라마다 비슷한 이야기가 많이 전해진다는 것은 아이들의 관심사와 공포가 보편적이라는 뜻이다.

어린아이의 희망, 즐거움, 흥분은 어른의 그것보다 훨씬 원시적이고 문화와 사회의 영향을 받지 않는다. 그런 영향을 보고 배울 시간을 어른보다 덜 겪었기 때문이다. 따라서 어린아이들은 어느 문화권이나 서로 비슷한 점이 많다. 7세 무렵까지의 아이는 새로운 언어와 음식,

행동과 신념의 체계를 비교적 쉽게 익힐 수 있다. 동화는 아직 자국문화의 편견과 가치를 완전히 배우지 않은 아이에게 호소력을 지닌다.

그러나 모든 아이의 내부에는 '지역색을 지닌' 사람, 자신의 '맥락context'을 배우려는 사람도 있다. 맥락은 어떤 특정한 사항에 형태와 색깔, 결을 부여하는 환경의 패턴을 말한다. 배경 정도로 생각해도 되겠다. 가령 어떤 특별한 디자인이 드러나는 양탄자의 세부적이고도 결정적인 패턴, 지금 읽고 있는 이 문장이 들어 있는 챕터 등이 맥락이 되는 것이다.

7세 이후부터 아이의 생활 속에서 맥락은 점점 더 중요해지게 된다. 학교, 집, 언어, 아이가 속한 문화권에서 주로 먹는 음식, 옷, 종교, 라이프 스타일과 프라이버시, 생활 속에서 일어나는 주기적인 사건과 그에 대한 반응, 가족 구성원의 행동 스타일, 이 모든 것이 초등학교 2~4학년의 아이에게 지대한 영향을 미친다.

언어능력이 발달하면서 아이와 환경 사이의 상호작용도 크게 늘어난다. 독서를 많이 하는 아이는 거기에서 습득한 언어와 정보 덕분에 사회적으로 혜택을 입게 된다. 독서는 아이로 하여금 자신을 둘러싼 세상과 세상에 대한 느낌을 묘사하는 능력을 증대시킨다. 언어에 점점 익숙해질수록, 아이는 제 의사를 좀더 뚜렷이 표현하게 되고 영향력을 좀더 발휘하고 상호작용이 원활해지면서, 결과적으로는 점점 더 남의 이목에 띄게 된다. 이렇게 되면 자존심과 호기심도 커지게 된다.

언어의 습득과 함께 아이는 가정 내에서 영향력 있는 구성원이 되고 '어른들'의 문제에 참여할 수 있게 된다. 아이가 어른들의 관심사와 인간관계로 이행하는 것은 바로 언어를 통해서이다. 표현력이 좋은 아이는 정치, 휴일, 이사, 주요 물품의 구입에 대해서 제 의견을 활발하게 표시할 수 있을 것이다.

그러나 아이에게 글을 읽어주는 것은 더 많은 언어를 제공한다는 것 이상의 의미가 있다. 아이들은 자신이 처한 맥락 속의 '지금 여기'라는 문제를 해결해야 한다. 가령 사회적, 가정적, 공동체적 생활 그리고 우정과 경쟁, 규칙과 금지 규칙과의 만남에 대처해야 하는 것이다. 학교에 가게 되면 아이는 더 많은 정보를 얻게 되고, 그리하여 유사점과 차이점을 의식하게 된다.

그들은 다른 아이들이 어디서 어떻게 살고 있는지 의식하게 되며 모든 사람이 동일한 방식으로 사는 것은 아님을 알게 된다. 가난한 아이는 가난을 의식하게 된다. 옛날 이야기에서는 교통문제, 로큰롤, 대기오염, 마약남용, 에이즈에 대한 이야기를 읽을 수 없다. 도시생활은 위험, 스트레스, 혼잡을 불러왔고 전에는 상상조차 할 수 없던 소음을 낳았다.

아이는 이 모든 것을 숨아내고 정상화시키는 데서 도움을 받아야 한다. 현대의 동화문학에 눈을 돌려야 한다. 아이들이 콘크리트의 폐허, 오염된 공기, 놀이동산의 인공 새에 맞서는 대안이 있다는 것을 배우면서 자라는 것은 우리의 생존에 매우 중요하다.

어린이 독자를 위한 주디 블룸의 책 《별볼일 없는 4학년Tales of a Fourth Grade Nothing》과 《수퍼퍼지Superfudge》는 어린 동생을 둔 아이의 좌절과 당황감을 다룬 소설이다. 이 소설들에서 아홉 살짜리의 갈등과 성장의 고통보다 더 중요한 것은, 독자들이 자연스럽게 아이의 배경 정보, 즉 맥락을 흡수하게 된다는 것이다. 뉴욕시에 사는 이 가족을 보면서 우리는 노상강도, 아파트 생활, 인근의 별천지인 센트럴 파크, 광고 대행사에서 일하는 아빠가 겪는 사업과 금전상의 문제 등을 알게 된다.

아홉 살짜리 아이가 금전과 실업에 대한 가족의 걱정, 각종 영수증을 처리하는 문제, 앞날의 계획을 세우는 문제에 대해 털어놓는다. 또한 아이는 길거리와 낯선 사람, 교통, 길 잃어버리기, 부상당하기 등의 위험을 알게 된다. 이 두 소설은 어린아이의 생각과 느낌뿐 아니라 어린아이가 환경에 적응하는 데 드는 노력에 대해 이해할 수 있는 소중한 기회를 마련해준다.

주디 블룸은 종종 권력의 문제를 다룬다. 부모의 말을 이해하지 못하거나 동의하지 않으면서도 무조건 복종하는 아이에게 주디 블룸의 소설은 도움이 될 수 있다. 순종적인 아이는 내면적 독립을 주장하는 아이, 자신만의 고유한 생각을 소중하게 여기고 당당하게 주장하는 아이에 대해 읽으면서 격려를 받는다. 이런 소설을 읽지 않은 아이는 자

● 《별볼일 없는 4학년》, 윤여숙 역 | 창작과비평사 | 1999. 6.

신이 반항적인 생각을 품고 있다는 죄책감에서 벗어나기 힘들 것이다.

> 나는 내 방으로 달려가서 쾅, 하고 문을 닫았다. 나는 드리블이 자기
> 가 좋아하는 돌 위를 걸어다니는 것을 바라보았다. "우리 엄마는 이
> 세상에서 최고로 나쁜 엄마야!" 나는 거북이에게 말했다. "엄마는 나
> 보다 퍼지를 더 사랑해. 엄마는 이제는 나를 사랑하지 않아. 아니, 좋
> 아하지도 않아. 어쩌면 나는 진짜 아들이 아닌는지도 몰라. 아마 누
> 군가 나를 바구니에 담아서 문 앞에 내버렸던 거야. 내 진짜 엄마는
> 어쩌면 아름다운 공주일 거야. 진짜 엄마가 나를 곧 데려갈 게 분명
> 해. 여기에서는 아무도 나를 원하지 않아……. 확실해!" [4]

어린아이가 정상적으로 성장해서 자기자신을 돌볼 수 있으려면 어
느 정도 반항심과 독립심을 지녀야 한다. 아이들의 입장에 서 있는 주
디 블룸의 책은 약간 파격적인 내용을 담고 있는데, 그것은 살아남으
려면 그런 힘이 필요함을 알리기 위한 것이다. 우리는 이런 책을 읽히
면서 아이들이 운명에 순종하지 않게 보호하는 것이다.

반항하는 아이, 시무룩한 아이, 말 많은 아이를 보면 가볍게 미소지
어주거나 놀랍다는 듯 머리를 흔들어주는 부모도 많다. 아이는 부모
의 그런 태도를 보고서 대뜸 이렇게 짐작하기도 한다. "이의를 제기하
는 것은 괜찮지만 너무 심하게 하지는 말아야지." 여덟 살 이상의 아이
에게는 승인 또는 비난만으로는 충분하지 못하다. 그 나이의 아이들
은 이제 부모가 어떤 것을 특히 좋아하는지 어떤 것에 특히 짜증을 내
는지 알기 때문이다. 각 집안마다 규칙이 다르다. 아이들은 이런 차이

를 보고 얘기를 나누면서 이해하려고 애쓴다.

《앤》 시리즈를 쓴 작가 몽고메리는 아주 다양하고 놀라운 방식으로 여성독자들에게 힘과 성원을 보내고 생존방법을 알려주었다. 어떻게 해서 이 책은 그토록 놀라운 영향력을 발휘하게 되었을까. 여자와 아이들에게 온갖 억압적 규칙을 적용하던 시절(그러니 여자아이는 더 더욱이 '무시당하던' 시절), 앤은 여성의 강한 생명력을 보여준 모델이었다. 앤은 반항아이자 시인, 생존의 모델이었다. 그녀는 부모가 누구인지도 잘 모르는 고아로 인생을 시작했다. 그녀는 과거에는 결점으로 꼽히던 빨간 머리를 하고 있었다.

어떤 나이 든 부부가 우연히 그녀를 거둔다. 그때부터 그녀의 기지, 언어, 지혜, 책에서 얻은 상상력이 그녀를 구한다. 앤은 남들과 다른 사람이 되는 것은 두려워할 일이 아니라고 말한다. 다음의 인용문은 《앤》의 분위기를 전형적으로 보여준다.

"나 절대로 기도 안 할래요." 앤이 선언했다.
마릴라는 겁을 집어먹고 놀란 표정을 지었다.
"뭐라고, 앤, 무슨 소리야? 기도는 반드시 해야 한다고 배우지 않았니? 하느님은 어린 소녀들이 늘 기도하기를 바라서. 앤, 너는 하느님이 어떤 분인지 모르니?"
"하느님은 성령이고 무한하고 영원불변인 분이세요. 지혜, 권능, 성스러움, 정의, 선량, 진리를 모두 한 몸에 지니고 계신 분이지요." 앤은 즉시 거침없이 말했다.
마릴라는 다소 안도하는 표정이었다.

"그래, 뭔가 좀 알기는 아는구나! 생판 이교도는 아니야. 그래, 그걸 어디서 배웠니?"

"탁아소의 주일학교에서요. 교리문답을 달달 외워야 했지요. 난 그 시간을 아주 좋아했어요. 특히 말이 너무 멋졌어요. '무한과 영원 불변', 너무 멋지지 않나요? 입에 감기는 맛도 아주 좋고요. 마치 커다란 오르간을 연주하는 것 같잖아요. 정확히 시라고 할 수는 없겠지만 그래도 시 같은 느낌이 들어요. 그렇지 않아요?"

"앤, 우리는 시에 대해서 얘기하고 있는 게 아니야. 기도 문제에 대해서 얘기하고 있어. 매일밤 기도를 하지 않으면 정말로 나쁜 아이가 된다는 걸 모르니? 난 네가 나쁜 아이가 될까봐 걱정이야."

"빨간 머리를 가진 아이는 좋은 애가 되기보다는 나쁜 애가 되기가 더 쉬워요." 앤이 착잡한 목소리로 말했다. "빨간 머리가 아닌 사람들은 이해할 수 없을 거예요. 토마스 아주머니는 하느님이 '일부러' 나를 빨간 머리로 만들었다고 말했어요. 그 말을 듣고 나서 하느님에게는 이제 신경 쓰지 않기로 했어요. 게다가 밤에는 너무 피곤해서 기도할 시간이 없어요. 쌍둥이를 돌봐야 하는 사람에게 기도를 하라고 요구할 수는 없을 거예요. 쌍둥이를 키우는 사람에게 기도할 시간이 있다고 생각하세요?"

● 《그린 게이블즈 빨강머리 앤》, 김유경 역 | 동서문화사 | 2002. 1.

마릴라는 앤에게 지체없이 종교교육을 시행해야겠다고 마음먹었다. 더 이상 그냥 놔두면 안 될 것 같았다.

"앤, 내 집에서 사는 한 반드시 기도를 해야 돼."

"그러기를 바라신다면 그렇게 하지요, 뭐." 앤이 쾌활하게 동의했다. "당신 마음에 들기 위해서라면 뭐든지 다 할게요. 하지만 이번 한번만은 어떻게 기도해야 하는지 말해주셔야 해요. 잠자리에 가서 앞으로 해야 할 멋진 기도에 대해 생각해볼게요. 그렇게 생각하고 보니 아주 재미있을 것 같네요."

"우선 무릎을 꿇어야 해." 마릴라가 당황하며 말했다.

앤은 마릴라에게 무릎을 꿇으면서 엄숙한 표정으로 올려다보았다.

"왜 기도를 할 때는 무릎을 꿇어야 하는 거죠? 나는 진정으로 기도를 올리고 싶으면, 아주 넓은 들판으로 나 혼자 걸어가서 깊고 깊은 숲 속으로 들어가겠어요. 그리고는 저 사랑스러운 푸른 하늘, 너무 푸르러서 끝간데가 없는 듯한 하늘을 올려다보는 거예요. 그러면 나는 기도를 '느끼겠지요.' 자, 이제 준비되었어요. 뭐라고 말하면 되는 거죠?" [15]

어린아이는 여러 이유에서 판타지를 필요로 한다. 판타지를 상상할 수 있는 능력은 일상적이고 규범적인 것을 뛰어넘어 시공간을 재배치하는 능력이다. 친숙한 것을 변형시켜서 기이한 것, 그럴 법하지 않은 것, 자연과학의 보편법칙을 위반하는 어떤 것을 만들어내는 능력이다.

고정적인 생활의 논리를 파괴하는 꿈꾸기 능력은 창조력의 한 부분이다. 상상력을 발휘하지 않으면, 창조할 것에 대해 마음의 눈으로 먼저 그려보지 못하면, 새로운 물건, 새로운 장치, 새로운 인테리어를 만들어내지 못한다. 상상력을 배양하고 장려하는 것은 개인으로나 인간의 종으로나 생존에 필수적이다. 인간이 하는 대부분의 행위는 머릿속에서 일어나며 그 중 몇 개 안 되는 것만이 행동으로 옮겨진다.

우리는 아직 발생하지 않은 일, 아직 발명되지 않은 것, 아직 우리와 관계 없는 것을 꾸준히 상상함으로써 문제에 대처할 수 있다. 바로 이런 경로를 통해 우리는 강을 건너고 하늘을 날고 결혼을 하고, 집, 책, 직업, 휴일을 선택한다. 어린아이에게 판타지를 허용하지 않는 것은 그들에게서 두뇌의 능력을 빼앗는 일이나 마찬가지이다. 아인슈타인은 세상에 대한 낡은 질문을 새로운 방식으로 '상상'했다. 찰스 디킨스는 자신이 어릴 적에 독서광이었다고 말하면서, 독서가 "내 상상력을 불타오르게 했다"고 말했다.

보편세계를 보여주는 동물 이야기

인간의 생활양식과 성격을 드러내는 동물 이야기는 언제나 흥미로움을 안겨준다. 다음의 인용문을 보자.

> "오늘은 아주 멋진 날이야!" 쥐가 옆으로 나가서 노를 잡는 동안 그가 말했다. "나, 보트라고는 평생 타본 적이 없다는 거 알아?"
> "뭐라고?" 쥐가 입을 떡 벌리며 소리쳤다. "정말로 단 한 번도? 그럼 그 동안 뭘 하고 살았다는 거야?"

"보트 타는 게 그렇게까지 근사한 일이야?" 두더지가 수줍게 말했다. 자리에 몸을 기대어 쿠션, 노, 노잡이, 기타 끝내주는 장비를 둘러보는 동안 벌써 그런 생각이 들기는 했지만 말이다. 보트는 가볍게 흔들거렸다.

"근사하냐고? 이것처럼 근사한 게 또 있을까?" 월터 쥐가 노를 저으려고 몸을 앞으로 수그리면서 엄숙하게 말했다. "젊은 친구, 내 말 잘 들어. 보트에서 이렇게 빈둥거리며 노는 것처럼 좋은 것은, 아니 그 절반만큼이라도 좋은 것은 이 세상에는 없어." 그는 꿈꾸는 듯한 표정이 되었다. "보트에서 빈둥거리며 노는 것이 최고야."

"쥐, 앞을 봐!" 갑자기 두더지가 소리쳤다.

이미 너무 늦었다. 배는 강둑에 정면으로 부딪쳤다. 꿈꾸는 자, 저 즐거운 노잡이는 양발을 공중에 쳐든 채 보트 바닥에 나동그라져 버렸다.

"보트에서, 아니 보트와 함께." 쥐는 침착한 목소리로 계속 말했다. 그는 유쾌하게 웃음을 터트리면서 몸을 일으켰다. 안에 있느냐 밖에 있느냐는 문제가 아니야. 아무것도 문제가 되지 않는 것, 그게

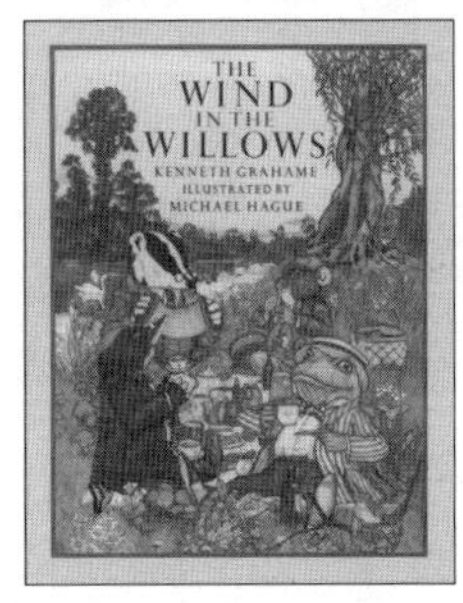

케네스 그레이엄 1859~1932. 스코틀랜드 출신의 영국 우화작가.

◑ 《버드나무에서 부는 바람》, 1908년 출간. 강둑에서 평화롭게 살아가는 두꺼비, 물쥐, 두더지, 오소리 이 네 마리의 동물이 겪는 일상에서의 모험과 삶의 이야기를 다룬 우화이다.

보트의 매력이야. 보트를 타고 어딘가 멀리 나갈 수도 있고 안 그럴
수도 있지. 목적지에 도달할 수도 있고 엉뚱한 곳으로 갈 수도 있어.
아니면 아예 그 어디로도 가지 않을 수도 있지. 보트에 타고 있으면
특별히 하고 있는 일도 없는데 늘 바쁘단 말이야. 보트에서는 늘 뭔
가 할 일이 생겨. 마음이 내키면 그 일을 해도 좋고. 하지만 안 해도
상관없어. 이걸 한번 봐! 오늘 아침에 별로 할 일 없으면 강을 타고
내려가면서 하루종일 즐기는 건 어떨까? [16]

위의 인용문은 케네스 그레이엄Kenneth Grahame의 《버드나무에 부
는 바람 The Wind in the Willows》이라는 책에서 가져온 것이다. 이 스토
리는 구체적인 장소나 계급문제 같은 것을 드러내지 않으면서도 또 다
른 세계에 대한 호기심을 자아낸다. 우화로 표현했기에 이러한 태도
와 기호는 중립화될 수 있었다. 그래서 독자는 순수한 느낌, 온전히 욕
망만을 통해 배, 강, 나무를 그리워하게 된다.

두더지가 구멍에서 탈출해서 온갖 잡일과 비좁은 공간으로부터 해
방되었을 때, 햇빛 따뜻한 풀밭 위에서 마음껏 뛰어 놀며 그것을 멋지
다고 생각할 때, 독자 역시 그런 접촉의 강렬함을 느낀다. 어린아이들
은 동물의 이미지에 자연스럽게 동질감을 느끼며 그 이미지를 수단으
로 해서 그들의 느낌과 행동을 전달한다.

《이솝우화》의 힘은 어디서 오는가. 반응을 미리 통제하는 사회적
맥락에서 완전히 자유롭기 때문이다. 우리는 《이솝우화》 속에서 우리
인간 사이에서 흔히 발견되는 행동을 볼 수 있다. 포도를 탐내는 여우,

거북이와 토끼, 사자와 생쥐 이야기는 인간 사이에 흔히 일어날 법할 일을 묘사하기 때문에 흥미를 끈다.

나는 정상인가?

루이스 캐롤의 《이상한 나라의 앨리스》는, 어린아이들이 동물들에게 느끼는 멋진 교감을 잘 포착하고 있다. 이 동화는 어린이 독자를 위해 강력한 표현방식 두 가지를 제공한다.

첫째, 앨리스는 자기가 생쥐처럼 작아질 수 있는가 하면 거인처럼 매우 커질 수도 있음을 발견한다. 어린아이들은 덩치가 작고 별 볼일 없는 아이가 된다는 게 어떤 느낌인지 잘 안다. 앨리스는 아주 자그마했다가 점점 커지기도 한다. 앨리스는 그 와중에 자기 몸이 얼마나 어색하고 제대로 통제되지 않는지 깨닫는다. 옷은 더 이상 맞지 않고 전에는 아주 그럴듯해 보이던 장난감과 공간이 이제는 아주 작고 비좁게 느껴진다. 그녀가 한때 숨어들었던 상자는 이제 인형을 넣어두기에나 알맞을 뿐이다.

물론 자신의 몸을 낯설고 어색하게 느끼는 것은 특히 사춘기 때에 그렇다. 성징이 진행됨에 따라 체내에는 변화가 일어나게 되고 여기에 종종 몸, 기분, 머리카락, 정서 등의 변화가 따라온다. 이 시기에 아이들은 웃음과 눈물, 어른이 되었다는 느낌과 여전히 무기력한 아이라는 느낌, 자신감과 불안감, 군거 본능과 은자 본능 사이를 왕복하게 된다. 우리에게는 어린아이가 어른으로 이행해가는 시기를 정상화시켜주는 의식이 없다. 유대교의 바르 미츠바와 바트 미츠바 그리고 기독교의 견진성사 정도가 남아 있는 의식이다.

생물학적 스트레스의 시기에 아이는 자신이 정상일 뿐 아니라 자신의 입장이 충분히 이해되고 있다는 확인을 얻을 필요가 있다. 앨리스는 아이에게 이렇게 말한다. "봐, 난 네가 어떤 느낌을 갖고 있는지 잘 알아. 하지만 결국에는 모든 것이 괜찮아져. 너도 나처럼 정상이 될 거야." 여기에 사람들을 '정상화'시키는 더 큰 세상의 위안이 있다.

나는 고객들에게 "나는 정상인가요?"라는 물음을 자주 듣는다. 이것은 안데르센의 동화 《미운 오리 새끼》의 핵심주제이기도 하다. 미운 오리는 적당한 때가 되자 아름다운 백조가 되었다. 나는 고객들에게 "물론 당신은 정상입니다"라고 말해준다. 아름다움과 능력에 대한 기준을 극히 편협하게 규정하는 세계에서 아름답지 않거나 세속적 능력이 조금 떨어진다고 해도 제대로 살 수 있는 방법은 얼마든지 있기 때문이다.

둘째, 《앨리스》는 '언어'를 얼마나 뒤죽박죽 조합할 수 있고 그러면서도 얼마나 재미있게 만들 수 있는지 알려준다. '가짜 거북이' '날아다니는 버터와 빵', 생쥐가 말해주는 '긴 이야기' 등은 언어의 미로와 그 재미 속에 빠져들어 가게 해준다. 언어가 펼쳐보이는 마법의 세계는 아이들에게 흥미진진한 것이다. 앨리스는 앤과 마찬가지로 언어에 능숙하다. 이것은 독자에게 세 가지 결과를 가져다준다.

우선 분명하고도 효과적으로 말하는 주인공은 우리를 대신해서 발언해줄 수 있다. 우리는 등장인물의 정서, 가령 분노, 슬픔, 좌절을 알아보고 우리의 것으로 느낀다. 등장인물은 적당한 언어로 그 정서를 표현하면서 자신과 우리 자신의 긴장을 모두 해소시켜준다. 다음으로 우리는 새로운 단어, 어구, 구문, 스타일을 배우게 될 뿐 아니라 그것을 어떻게 사용해야 하는지 알게 된다. 텍스트는 효과적인 언변을 발휘하기 위한 모델이 된다. 그러다가 마침내 그런 효과적인 언변을 사용할 상황을 알 수 있게 되는 것이다.

《앤》《앨리스》《버드나무에 부는 바람》의 스토리를 읽음으로써 어린아이는 말이 상황을 바꾸어놓는 힘이 될 수 있음을 깨닫는다. 그리고 폭력을 휘두르거나 화를 내거나 고함치거나 달아나는 것이 유일한 대처방안은 아님을 알게 된다. 언어로 상황과 행동을 얼마든지 바꿀 수 있다. 앤은 언어를 가지고 자신의 삶을 이끌어나간다. 앨리스는 언어를 통해 자신과 세상에 대하여 알아나간다. 이런 현상은 스토리의 즐거움에 몰입할 때 발생한다. 그러니까 앤은 살아남았을 뿐 아니라 승리했다는 메시지는 그것을 전달하는 효과적인 수단이 없으면 별로 강렬하게 읽히지 않았으리라는 것이다.

1. 아이덴티티는 분리, 구분 짓기에 의해 형성된다. 이스트먼Eastman의《당신이 내 어머니인가요?Are You My Mother?》는 아이들의 아이덴티티 형성에 매우 유익한 책이다.

2. Charles Dickens, 《Hard Times》(London: Oxford University Press, 1955),

pp.4~5.

3. William Blake, 〈The Tyger〉 in 《William Blake》, ed. J. Bronowski (Harmondsworth: Penguin, 1910).

4. Judy Blume, 《Superfudge》(New York: Dell, 1972), p.38.

5. L. M. Montgomery, 《Anne of Green Gables》(Toronto: McClelland-Bantam,(n.d.), pp.50~51.

6. Kenneth Grahame, 《The Wind in the Willows》(New York: Signet, 1969), pp.30~31.

이럴 땐 이런 책

《즐거운 무민 가족 》토베 얀손 저 | 햇살과나무꾼 역 | 소년한길 | 2001년.

무민 동화로 알려져 있는 무민 가족 시리즈는 동화의 본고장인 북유럽을 대표하는 동화이다. 핀란드 동화작가 토베 얀손이 1945년에 시작해 1970년까지 무려 25년에 걸쳐 완성했다. 북유럽의 옛 민담을 소재로 호기심과 상상력을 자극하는 판타지 동화인 《무민 가족 시리즈》(전체 8권)는 작은 하마를 닮은 무민들의 사회를 통해 인간의 양면성과 욕심, 가식적인 인간관계 등 인간세상의 다양한 모습을 은근슬쩍 꼬집는다. 또한 낯설고 어려운 문제 해결을 위해 서로 다른 개성을 지닌 캐릭터들이 도움을 주고, 용기를 북돋는 이야기 속에서 아이들이 자연스럽게 성장의 의미를 깨닫게 해준다. 국제 안데르센상을 비롯해 수많은 상을 받은 이 시리즈는 31개 나라에서 번역되어 전세계 어린이들로부터 사랑받는 현대의 고전이 되었으며, 만화영화와 텔레비전 드라마, 연극으로 이미 수차례 소개되었다.

《강아지똥》권정생 글, 정승각 그림 | 길벗어린이 | 1996년.

젊은 시절 가난과 병으로 갖은 고초를 겪고, 오랜 유랑생활 끝에 안동에 정착한 작가의 첫번째 동화책이다. 어느 비 오는 여름 날 처마 밑에 굴러다니는 강아지똥을 보고 썼다는 이 동화는 세상 사람들이 "아이, 더러워" 하며 다 피해가고 천대받는 강아지똥이지만 자신의 몸을 녹여 예쁜 민들레꽃이 피어날 수 있게 거름이 되었다는 가슴 찡한 이야기를 담고 있다. 세상에서 소외되고 버림받은 존재일지라도 더없이 소중하게 쓸모가 있다는, 저자의 젊은 날의 삶과 어긋남이 없는 생명존중의 마음씨가 녹아 있다. 1969년 처음 출간된 《강아지똥》은 민중미술계 출신의 동화 그림 작가 정승각의 삽화가 더해져 1996년, 지금의 모습으로 재출간되었다. 이 책은 30만 부가 넘게 팔린 우리 아동문학의 고전이 되었으며, 연극으로도 만들어졌다.

《야, 우리 기차에서 내려》존 버닝햄 글 · 그림 | 비룡소 | 2000년.

《검피 아저씨》의 작가 존 버닝햄이 브라질의 환경운동가 치코멘데스를 기려 만든 그림책. 기차놀이를 좋아하는 아이가 개와 함께 꿈의 기차여행을 떠난다. 코끼리, 물개, 두루미, 호랑이와 사자가 타자 "야, 우리 기차에서 내려!"라고 소리지르지만 "먹을 것이 없어. 사람들 때문에!"라고 환경을 고발하는 말에 그 동물들을 기차에 태워준다. 계속 반복되는 구성이 리듬감을 주고 동물들과 함께 연 날리고 헤엄치는 놀이에서 자연과의 이상적인 친밀감을 보여준다. 아이들이 가장 좋아하는 기차를 소재로 환경문제가 사람들뿐이 아닌 생명을 지닌 동식물 모두에게 절실한 것이라는 메시지를 담고 있는 책이다.

《난 토마토 절대 안 먹어》 로렌 차일드 글·그림 | 조은수 역 | 국민서관 | 2001년.

제 입에 맞는 음식만을 골라 먹는 것은 어린 아이들의 특성이라고 할 수 있는 것이다. 하지만 이 책의 주인공 꼬마 소녀 롤라는 그 정도가 너무 심하다. 당근은 토끼나 먹는 것이고, 콩은 너무 작고 초록색 투성이라고 불평을 하는데다가 토마토는 무슨 일이 있어도 절대 안 먹는다고 한다. 상상력이 풍부한 오빠 찰리는 이런 동생을 위해 기발한 방법을 생각해낸다. 음식마다 재미난 이름을 붙여 동생의 관심을 끄는 것이다. 당근은 '오렌지뿅가지뿅'이라 하고, 으깬 감자는 '구름보푸라기', 콩요리는 '초록방울'이고 생선튀김은 바다 인어들이 먹는 '바다얌냠이'이다. 단지 이름을 바꾸어서 불렀을 뿐인데도 한 입씩 먹더니 급기야는 제일 싫어하는 토마토마저 스스로 달라고 하는 롤라. 오빠 찰리가 바꿔놓은 음식의 이름을 혀에서 굴려보는 재미가 아이뿐 아니라 어른에게도 쏠쏠하게 느껴지고, 큼직하고 시원스런 삽화도 멋지다. 영국 도서관연합회에서 선정한 '올해의 그림책'으로 재기발랄한 동화책이다.

《우리 순이 어디 가니》 윤구병 글 | 이태수 그림 | 보리 | 1999년.

보리 출판사의 도토리계절그림책 시리즈의 봄 편이다. 윤구병 변산공동체 대표의 글과 화가 이태수의 그림이 어우러진 이 책은 25쪽의 분량이지만 제작 기간에 3년이 걸렸을 정도로 공이 많이 든 책이다. 책 겉장을 넘기면 "히야" 하는 감탄사가 먼저 나오는, 아리아리한 봄 풍경에 입이 다물어지지 않는다. 순이는 엄마를 따라 밭에 새참을 갖다주러 가는데 길에서 만나는 다람쥐, 들쥐, 청개구리, 장승, 백로, 뻐꾸기, 딱따구리가 "우리 순이 어디 가니?"라고 묻는다. 길에서 만나는 모든 것이 친구가 되고 함께 이야기 나누는 순이를 보는 것이 즐겁다. 사진보다 더 실감나는 파스텔 그림은 작가와 화가가 전형적인 봄 풍경과 색감을 묘사하기 위해 경북 청송, 충북 제천 등을 두 해 봄에 걸쳐 취재한 결과물이다. 회색빛 건물에 둘러싸여 딱딱한 콘크리트 바닥에서만 뛰어 노는 도시의 아이들에게는 더할 나위없이 소중한 책이 될 것이다.

8

질풍노도 시기의 동반자

알코올 중독자인 한 젊은이가 어렸을 때 역시 알코올 중독자인 아버지가 음주의 위험을 경고하면서 툭하면 자기를 때렸다고 이야기하는 것을 한 라디오에서 들은 적이 있다. 맞으면서 자란 아이는 자신이 무엇을 믿어야 할지 제대로 알지 못하게 된다. 청소년은 시간이 갈수록 점점 더 많은 책임을 떠안게 되고, 더 많은 규칙과 성인을 위한 정보를 접하게 된다. 그러나 사회는 청소년에게 규칙적으로 거짓말을 한다.

청소년은 한편으로는 술이 나쁘다는 얘기를 듣는가 하면 다른 한편으로는 술이 멋진 인생의 일부분이라는 얘기를 듣는다. 한편에서는 선량하고 친절하고 관대한 사람이 되라는 소리를 듣는가 하면, 다른 한편에서는 야망을 품고 무자비하게 경쟁해서 부자가 되라는 소리를 듣는다. 한편에서는 고상한 가치, 종교, 문화, 봉사정신 등이 행복을 가져온다고 가르치는가 하면 다른 한편에서는 빠른 차, 좀더 일찍 맛

보는 섹스, 50만 달러짜리 주택이 곧 행복이라고 가르친다. 청소년들은 한편에서는 정직하고 성실하고 진정성 있는 사람이 되라는 얘기를 듣는가 하면 다른 한편에서는 〈서바이버Survivor〉〈프렌즈Friends〉〈소프라노Soprano〉(미국 방송에서 인기리에 방영되고 있는 프로그램들 | 옮긴이)의 가르침을 받들어 모시라고 가르친다.

가정 내를 보면, 부모들은 예산절약, 불안에서의 자유, 평화, 평온함, 프라이버시를 바란다. 그러나 청소년은 이런 목표와 갈등을 일으킨다. 그들은 주목, 자유, 기동성, 돈, 지원, 승인, 소음, 공간, 친구들과 그들 나름의 힘을 바란다. 한편 청소년들이 대부분의 시간을 보내는 학교의 제1목표는, 겉으로 드러나기에는 아이들이 훌륭하게 성장해서 자아를 세우고 생계를 정립해서 창조적인 삶을 살게 잘 교육하는 것이다. 그러나 속내를 들여다보면 대부분의 학교가 지니는 목표는 행정가, 교사, 공무원 등의 역할을 잘해낼 수 있는 사람을 만드는 것이다. 갈등, 불평, 논쟁을 피하고 잘 순응하고 적응하는 아이를 만들려고 하는 것이다. 학교를 유지하는 비용을 지원하고 교사의 봉급을 대주는 사회의 가치를 지지하게 만드는 것이다.

바로 여기에서 십대의 반항이 생겨난다. 청소년의 내면에는 성장하려는 욕구, 진짜와 가짜를 구분하려는 욕구, 진정한 우정을 맺으려는 욕구, 개성을 발견하고 싶은 욕구, 사랑과 배려를 표현하고 받으려는 욕구, 자아를 표현하려는 욕구 등 생물적, 유전적, 내재적 욕구가 깃들여 있다. 자아를 표현하는 가장 강력한 수단은 언어이다. 언어는 경험을 조직하기 위해 인간이 만들어낸 가장 근본적인 전략이다. 언어를 포장하는 기본 단위가 스토리이다. 청소년이 자신의 성장을 위해 의지해야 하는 것은 무엇일까? 그것은 스토리 책이다. 비록 출판사, 시장, 사회적 기호나 가치와 타협할 일이 있겠지만 그래도 문학은 가장 자유로운 미디어이다. 문학은 가장 복잡하고 가장 흥미로운 스토리의 형태이다.

섹스처럼 청소년의 관심을 끄는 주제도 없을 것이다. 신체구조가 변함에 따라 성을 의식하지 않을 수 없는 것이다. 모든 인간은 체내에 유전자 결정 요인이 프로그램되어 있고 그것은 성장함에 따라 기본적인 모습을 갖추게 된다. 이 프로그램은 거의 예외 없이 재생산이라는 지시사항을 담고 있다. 그런 지시사항은 결코 실종되지 않는다. 그런 프로그램의 하나로 다른 사람, 보통의 경우에 이성에 대한 호감을 들 수 있다. 이성의 몸매, 신체 사이즈, 냄새, 자태, 미소가 전부 관심사가 된다.

호감을 지속적으로 작동시키기 위해 우리 체내에는 여러 장치가 마련되어 있다. 이성을 보면 성기와 신경계에 기분 좋은 자극이 오는 것이다. 그러나 문화적이고 사회적인 이유로 해서 섹스는 각종 규칙, 금기, 목표, 공포, 징벌 등의 제약에 둘러싸여 있다. 따라서 강력한 생물학적 욕구는 억압된다.

나는 최근에 17세짜리 고객을 만났는데 그는 섹스가 무섭다고 말했다. 학교의 성교육 시간에 섹스가 건강을 위협한다는 이야기를 듣고 두려워하게 되었다는 것이다. 섹스와 관련해서 학교에서 가르친 것은 질병과 임신에 관한 것뿐이었다. 그는 에이즈, 성병, 헤르페스에 대해서는 잘 알고 있었다. 그러나 사랑, 쾌감, 성의 자연스러움에 대해서는 전혀 교육받지 못했음이 분명했다. 다음은 데이빗 로지의 소설 《은둔에서 벗어나기The out of the Shelter》에서 인용한 것이다. 이 문장은 성과 관련된 스트레스, 당황, 혼란감을 해방시켜 정상화하는 소설의 힘을 드러낸다.

⬆ 《은둔에서 벗어나기》,
1970년 출간.

그는 질에게 한 짓을 놓고 그가 다섯 살 때 느꼈던 깊은 죄책감을 회상했다. 그는 너무나 창피해서 그 일을 고백할 수가 없었다. 그리고 그 한 가지 진실을 고백하지 않았기에 자신이 한 모든 고백성사가 무효이고 영성체를 받아먹은 것이 모두 신성모독이 아닌가 하는 생각이 들었다.

그러던 어느 날 그는 피난지의 도서관 서가에서 성인용 책을 빌려다가 읽기 시작했다. 그리고 책 속에 에피소드가 고스란히 묘사되어 있었다. 마치 작가가 그와 질의 얘기를 써놓은 것 같았다. 두 어린아이만 집에 있게 되자, 내게 네 것을 보여주면 나도 내 것을 보여줄게, 그렇게 해서 소년은 소녀의 그것을 보았지만 자기 것은 보여주지 않았다. 그게 바로 그와 질 사이에 벌어진 일이었다. 그것은 꾸며낸 스토리에 지나지 않았지만 다른 아이들도 그런 짓을 한다는 것을 알려주었다. 게다가 그것이 그다지 놀라운 일이 아닐 뿐 아니라 아주 정상적인 일처럼 묘사되어 있었다.

그가 느낀 안도감은 정말 엄청난 것이었다. 그는 이제 혼자가 아니
었다. 그는 이제 이성의 몸매에 대해 호기심을 품는 무리에 합류해도
되었다. 그래서 방과후의 고해성사 때 질과의 일을 고백하는 것이 한
결 편해졌다. 신부는 내 고백을 듣고 아무런 논평도 하지 않았다. [11]

나는 S. E. 힌튼S. E. Hinton의 《텍스Tex》라는 책도 건네주었다. 소설
에는 내 고객처럼, 멀리 떠나 있는 아버지가 등장한다. 또 형과의 갈등
에 대한 얘기도 나오는데, 내 고객은 그것을 금방 자신의 스토리로 알
아보았다. 소설에는 주인공이 가게에서 물건을 훔치다가 심하게 곤역
을 치르는 장면이 나온다. 내 고객도 어릴 적에 같은 경험을 했는데,
그는 소설을 읽고 나서야 그것을 고백했다. J. D. 샐린저J. D.Salinger의
《호밀밭의 파수꾼》도 적당할 것 같았다. 청소년기에는 괴짜이고 이질
적인 존재를 다루는 주제가 꽤 친근감을 주기 때문이다.

18세의 독자 테렌스에게는 수 타운센드Sue Townsend의 《애드리안
몰의 비밀일기The Secret Diary of Adrian Mole, Aged 13 3/4》가 엄청나게 도

S. E. 힌튼 미국의 여성소설가. 16살 때 쓴 《아웃사이더》라
는 소설로 잘 알려져 있다. 이 소설은 코폴라 감독에 의해 영
화화되기도 했다.

◐ 《텍스》, 1979년 출간.

움이 되었다. 그는 자신의 성적 느낌, 낭만적 동경, 이혼한 어머니에 대한 적개심으로 오랫동안 괴로워했다. 어머니의 남자친구는 가끔씩 집에 찾아와 어머니와 자고 갔고 그때마다 가정의 프라이버시는 깨어졌다. 십대 초반일 때 테렌스는 아침에 누가 목욕 가운을 입은 채로 주방을 어슬렁거릴지 몰라서 불안해했다.

소설 속의 주인공 애드리안 몰도 엄청난 혼란, 실망, 성장의 고통을 이겨내고 살아남았다. 그는 학교 내에서 벌어진 연애사건으로 크게 고통을 겪지만, 살아남아 나중에 그 얘기를 하게 된다. 테렌스는 이 책에 담긴 유머를 발견할 줄 알았고 자신의 고통스러운 기억을 즐거운 이야기로 바꾸어놓을 수 있게 되었다. 그는 자신이 겪은 역사가 비록 '흔한' 것은 아니지만 '있을 수 없는 일'은 아님을 발견함으로써 자신감을 얻었다. 흔하지 않다고 해도 여전히 '정상적인' 것이 될 수 있다. 다시 말해 일상적이고 조절할 수 있는 인간경험의 영역에 들어갈 수 있다는 것이다.

독자들은 아주 특이하거나 무서울 만큼 '색다른' 경험을 지니고 있

수 타운센드 1946~ . 영국 레세스터 출신의 작가. TV 드라마의 작가로도 활동했다. 대표작 《비밀일기》 외에 《베베더씨의 꿈》《여왕과 나》《유령 아이들》 등을 발표했다.

◑ 《비밀일기》 최현나 역 | 주니어 김영사 | 2002. 5.

을 수 있다. 어린아이는 경험의 폭이 좁을수록 공포의 대상이 넓어진다. 독서는 경험의 폭을 넓혀준다. 설혹 스토리가 독자의 그것과는 다른 특징과 문제를 다룬다고 해도, 스토리 속에 등장하는 인물은 남들과 다르거나 기괴하다는 것이 '정상적인' 것임을 보여준다. 또 그 같은 단계를 무사히 통과하는 것이 가능함을 보여준다.

아이들에게 읽어야 할 책을 읽지 못하게 하는 것은 참으로 유감스러운 일이다. 17세 소녀인 웬디는 마가렛 로렌스Margaret Laurence의 《디바이너The Diviners》라는 장편소설을 읽었다. 이 소설은 어머니와 딸의 관계, 사랑과 감정에 대한 이야기를 풍부하게 그려낸 장편이었다. 웬디는 사랑과 섹스는 아름다운 것이고, 어머니는 딸이 다 이해하기는 어려운 욕구와 느낌을 지닌다는 것을 알고 흥분했다. 웬디는 어머니에게 소설 이야기를 했다. 소설이 감동적이었다는 것과 소설을 읽고 그녀가 느낀 반응을 솔직히 말했다. 그녀는 남자친구 문제, 부모의 승인에 대해 얘기하면서 사랑하는 남자와는 섹스를 해도 괜찮지 않을까 하고 말했다.

《디바이너》, 1974년 출간.

어머니는 딸의 이야기에 충격을 받았다. 그녀는 책을 읽었다. 웬디는 어머니의 진짜 느낌이 어땠는지는 알 길이 없었다. 여하튼 웬디의 어머니는 학교위원회에 찾아가서, 결혼하지 않은 남녀 사이의 섹스를 고무한 그 음란한 소설을 교과과정에서 빼달라고 요청했다. 그리하여 자그마한 소동이 벌어졌다. 몇몇 부모들이 청소년에게 유익한 정보를 담은 그 소설을 금서 리스트에 올려야 한다고 요구한 것이다. 그들은 자녀가 실제로 필요로 하는 것에 대면하기를 바라지 않았다.

주디 블룸의 책에 대해서도 이와 비슷한 일이 벌어졌다. 어떤 현명한 어머니는 교사의 조치를 거스르면서 자신이 직접 서점으로 가서 주디 블룸의 책들을 사 가지고 와 딸에게 건네주었다. 독서의 가치를 모르는 어머니들 또는 이런 책들을 감당하지 못하는 어머니들은 어떻게 해야 좋단 말인가?

나는 신데렐라 소년 하나를 알고 있다. 그는 입양아였고 이름은 앤디였다. 양부모가 아이를 낳기 시작하자 그는 정서적으로 점점 소외되었고, 마침내 착취당하는 이방인 같은 느낌을 품게 되었다. 그는 이런 느낌을 시인하지 않으려고 했다. 그러나 그는 자신이 가장 아낀다는 책 세 권을 자신의 책꽂이에서 뽑아서 내게 보냄으로써 자신이 누구인지를 보여주었다. 나는 책들을 모두 읽고 나서 분명한 메시지를 얻을 수 있었다. 나는 그가 누구이고 내게 무슨 말을 하려고 하는지 알게 되었다.

첫번째 책은 진 C. 조지Jean C. George의 《강의 쥐들River Rats》이었다. 이 책은 두 소년이 자신들만의 힘으로 온갖 모험을 헤쳐나가는 과정을 멋지게 묘사한다. 두 번째 책은 신시아 보이트Cynthia Voigt의 《솔리터리 블루Solitary Blue》로, 어머니의 사랑과 관심을 끌려다가 실패한 외로운 소년의 이야기이다. 이 소년은 아버지의 도움과 학교에서 알게 된 고아가정의 우정으로 시련을 극복한다. 세 번째 책도, 자신이 어디에도 속해 있지 않으며 누구의 배려도 받지 못하는 외톨이라고 느끼면서 스스로의 힘으로 시련을 헤쳐나가는 버림받은 아이의 이야기이다.

내 고객은 드라마틱한 방식으로 자신의 입장을 내게 전달한 것이다. 내게 같은 책을 읽게 함으로써, 그는 자신의 양부모를 비난하지 않고서도 자신의 느낌, 자신의 처지를 훌륭하게 전달했다. 이런 책들을 읽음으로써 그는 자신의 고통과 외로움을 극복했던 것이다.

나는 내가 좋아하는 앤 홀름Ann Holm의 《나는 데이빗이다I Am David》를 그에게 건네주었다. 데이빗은 남동 유럽의 끔찍한 감옥을 탈출해서 단 한 번도 본 적이 없는 자신의 덴마크인 어머니를 찾아 나선다. 이 책은 소년의 고통과 생존을 다룬 멋진 책이다. 이 책을 읽는 독자들은 커다란 감동을 받고서 자신의 고통을 전혀 다른 각도와 전혀 질이 다른 자기연민의 관점에서 살펴보게 된다. 그들은 데이빗에게서 용기를 얻고 그의 생존에서 희망을 본다. 작중인물과의 동일시는 독자로 하여금 독자 자신이 처해 있는 상황을 견딜 만한 것으로 만들어준다. 그리고 그 받아들임을 바탕으로 계획과 행동을 하게 만들어준다.

나는 이 책을 건네줌으로써 앤디에게 몇 가지 메시지를 동시에 전달할 수 있었다. 첫째, 그가 건네준 책들을 놓고 토론하지 않아도, 또 그의 개인적 고통을 거론하지 않아도 내가 그의 심정을 충분히 이해한다는 메시지를 전달할 수 있었다. 둘째, 나는 그의 독서를 존중해주었고 독서를 통해서 치료를 진행한 '과정'을 존중해주었다. 셋째, 버림받고 외롭다는 경험을 정상화시키는 데 도움을 주었다.

십대 중·후반의 아이들은 스스로에게 "나는 누구인가?"라는 질문을 던지기 시작하면서 엄청난 혼란을 겪게 된다. 청소년들은 인종에 대한 편협함과 다른 사람들의 집단, 이성, 다른 관습에 대해 편견을 품게 될 수도 있다. 옛날에는, 어쩌면 오늘날에도 다른 문화권에서는 어린 아이들에게 모험과 흥분이 있었다. 그들의 삶 속에는 극복하고 넘어가야 할 도전이 있었다. 소년과 소녀들은 성인식을 치러야 했고 그제야 비로소 성인으로서 공동체의 일에 정식으로 참여할 수 있었다. 어린아이들은 사냥하는 법을 배웠고 살아나가는 과정에서 용기와 기술과 인내심을 발휘해야 했다.

문명화된 현대사회에서는 자신을 발견할 수 있는 기회가 드물다. 하지만 개인을 시험하고 개인의 기량과 용기, 재주를 탐구하는 일은 개인이 삶을 살아나가는 데 여전히 필요한 일이다. 이제 험악한 날씨를

◐ 《나는 데이빗이다》, 1963년 출간.

이겨내고 맹수를 피하고 기아와 싸워야 하는 일은 대부분 없어졌다. 우리는 이제 스포츠, 캠핑, 카누 타기, 운전 배우기, 각종 시험을 통과하기에 에너지를 투자한다. 그러나 우리의 마음, 우리의 생물학적 유산은 주택 디자인, 교육제도, 교통제도만큼 빠르게 변화하지 못한다.

우리는 동물을 보면 매혹을 느낀다. 심지어 공룡 같은 멸종한 동물도 우리를 매혹한다. 우리가 폭풍우에 매혹되고 나무 타기를 좋아하고 바위에 올라가기를 좋아하는 것은, 우리의 중추신경이 아주 오래 전, 바퀴가 발명되기 훨씬 전의 메시지를 간직하고 있기 때문이다.

독서는 젊은이들이 모험과 위험한 상황 속에서 느끼는 정서에 적절히 반응하는 가치 있는 방법을 가르쳐준다. 무엇보다 공포를 느껴야만 공포를 극복하는 방법을 발견할 수 있다. 동화 속에서 "공포를 찾아 떠난 소년"은 심각한 장애(감정의 결핍)를 앓고 있다. 그는 자신이 공포의 느낌을 되찾아야 한다고 생각한다.

백인소년이 노예인 흑인소년의 탈출을 도와주는 마크 트웨인의 《허클베리 핀》은 북아메리카의 소년들에게 위험과 모험의 느낌을 심어주었다. 이런 책들은 위험한 삶을 사는 사람들도 자신의 생존을 도와주는 내면적 삶을 지니고 있음을 보여준다. 우리는 공포심을 느끼면서도 동시에 용감하게 행동할 수 있음을 배우게 된다. 나는 학생 시절 제

마크 트웨인 1835~1910. 미국 플로리다에서 태어났다. '미국 현대문학의 아버지' 라 불리는 트웨인은 19세기의 대표적 소설가이다. 필명 '마크 트웨인'은 강의 깊이를 재는 단위이다.

임스 써버James Thurber의 글을 아주 좋아했다. 그의 소설《월터 미티의 은밀한 생활The Secret Life of Walter Mitty》은 공상을 즐기는 것이 인간의 특징임을 보여준다. 상상이 때로는 일상생활 속의 자잘한 일보다 더 사실적이고 긴급하다는 것을 보여줄 뿐 아니라 사람들이 한꺼번에 두세 가지의 삶을 산다는 것을 보여주기도 한다.

사람들은 때때로 로봇처럼 보이지만 결코 로봇이 아니다. 여러 학생들은 백일몽을 꿈꾸다가 죄책감을 느꼈기 때문에《월터 미티》가 그들이 좋아하는 스토리가 되었다고 말했다.

십대의 소년, 소녀들은 그들이 속한 가족보다 더 큰 세계에 소속되어 있는 구성원이다. 그들은 자연세계, 식물, 꽃, 나무와 동물, 호수와 시내 그리고 땅과 하늘에 연결되어 있다. 그들은 이런 연결고리에 대해 탐구하기를 좋아하고, 자신을 둘러싼 환경이 자신의 생활에 어떻게 영향을 미치는지 살펴보기를 좋아한다. 그들은 생태환경, 핵 위협, 공기오염, 자신들이 먹는 음식과 식수에 관심을 품는다. 다음은 매튜 아놀드Matthew Arnold의 시인데 젊은이들에게 커다란 영향을 끼쳤다.

도버 해변

오늘밤은 바다가 고요하군요.
만조로군요. 달은 아름다운 자태로
해협 위에 누워 있지요 저 프랑스 해안에 불빛이
명멸하는군요. 영국 해안 절벽이 평온한 만에 서 있어요.
어렴풋이 빛나며 거대하게.

창가로 와요, 밤 공기가 달콤하답니다!

바다가 달빛에 표백된 육지와 만나는

긴 물보라의 해안선으로부터 올라오는 공기가.

귀 기울여 봐요! 파도가 끌어당겼다가, 뛰쳐나가다가

더할 수 없을 만큼 치솟은 물길이 들어올리는 자갈들의

삐걱거리는 포효가 들릴 뿐이에요.

떨리고 느린 리듬으로,

시작했다가는 그치고, 그러다가는 다시 시작하면서

영원한 슬픔을 자아내고 있지요.

옛날 에게해에서 이 소리를 들은 소포클레스의 마음속에도

인간 불행의 혼탁한 썰물과 밀물이 떠올랐겠지요.

우리도 이 먼 북해의 해변에서 이 소리를 들으며

한 가지 생각을 떠올립니다.

신앙의 바다도 예전에 만조였지요.

그래서 그 바다는 지구의 해변 둘레에

눈부신 거들의 주름마냥 접혀 놓여 있었지요.

그러나 지금 나는 다만 들을 뿐이지요.

그 슬픔에 잠긴, 후퇴하는 긴 포효 소리만을.

밤바람의 숨결에 맞추어, 광대무변한 물가로,

노출된 세계의 자갈 깔린 해변으로 퇴각하는 소리를.

아, 님이여, 우리 서로 진실해집시다.

그처럼 다양하고, 그처럼 아름답고, 그처럼 새롭게

꿈나라처럼 우리 눈앞에 펼쳐져 있는 듯한 세계는

실상 아무런 기쁨도, 사랑도, 빛도,

확실성도, 평화도, 고통의 해소도 없소.

우리는 상대방을 분간 못하는 군대들이 야간전투를 벌이는,

공격과 퇴각 나팔 소리 혼잡하게 뒤섞인

황혼 깃들인 전장 같은 곳에 있으니. [2]

대부분의 독자는 문학비평가가 되려는 생각으로 책을 읽는 것이 아니고 그렇게 할 필요도 없다. 독자들은 분위기에 반응하고 일정한 느낌을 얻는다. 단어의 감상이나 의미는 독자가 그것을 어떻게 '느끼느냐'에 달려 있다. 똑같은 단어라고 해도 독자들은 저마다 다른 느낌으로 대한다. 단어의 의미는 독자마다 달라지는 것이다.

한 학생은 위의 시가 엄청나게 가치가 있는 시라고 생각했다. 그녀는 이 시가 외로움을 다루었다고 생각했다. 이 세상은 적개심으로 가득 차 있는 외로운 곳이다. 그녀는 이 세상에 혼자 남아서 저 황량한 들판을 건너가야 하는 사람의 입장을 어느 누가 이해할 수 있겠느냐고 말했다. 오로지 특별한 사람과의 진실한 사랑만이 시련을 이겨내게 한다는 것이다. 이 학생은 오래 전에 자신과 마찬가지로 이런 느낌을 품었던 사람이 있었고 또 그것을 이렇게 적확하게 표현한 것에 놀라워했다.

청소년기에는 진정한 친구를 사귀고 싶은 욕구가 매우 강하다. 중요한 것은, 아놀드의 시를 읽은 학생이 1백 년도 더 전에 이 시를 쓴 사람에게서 특별한 느낌과 생각의 연결고리를 발견한 것이다. 과거와 연결됐다는 의식이 없을 때 외로움은 더 강화된다. 예전의 사람들이

우리와 똑같은 외로움을 겪어나가면서 살아남았다는 사실, 세상에 대한 느낌을 글로 남겨 놓았다는 사실을 발견하면 독자는 희망과 용기를 얻게 된다. 과거와 접촉하는 것은 역경을 이겨내는 데 도움을 준다.

젊은 사람들은 그들의 느낌과 경험이 오늘날에 와서 놓고 보아도 '정상적'일 뿐 아니라 과거에도 같은 선례가 있음을 발견하고 커다란 위안을 얻을 수 있다. 개인이 이 지구상의 사람들 사이에서 편안함을 느끼려면 오랜 연속성의 한 부분이 되어야 한다. 후대의 사람들은, 수도 없는 사람이 예전에 이미 성장과정을 겪고 아이를 낳고 잘 살다가 죽었음을 알면 한결 쉽게 따라할 수 있다.

완전히 새롭고, 낯설고, 다른 어디로부터 갑자기 이곳에 내던져졌다는 느낌은 말할 수 없는 외로움을 안겨줄 것이다. 우리에게 든든한 소속감을 주고 생명에 안전하게 매달릴 수 있게 튼튼한 구명줄을 던져주기에 문학처럼 효과적인 장치도 없다. 스토리가 없다면 과거는 침묵한다.

젊은이에게 가장 이상적인 성장과정은 어른으로서 책임 있는 의사결정을 할 수 있을 만큼 충분한 독립과 자기충족을 성취하는 것이다. 어느 시점까지는 미래를 어느 정도 예측하게 할 수 있는 일을 갖는 것도 유익하다. 인생의 반려자를 선택하려면 평생 지속되는 파트너십의 기반이 되는 자신에 대한 앎, 취향, 우선순위, 태도를 알아보는 능력을 갖추어야 한다. 다른 사람과 함께 스토리를 엮어내려면 우선 자신의 스토리가 제대로 갖추어져 있어야 한다. 자기중심적이기 쉬운 어린아이와 청소년이 성장하는 데는 많은 시간과 에너지가 들어야 한다. 배우자 중 어느 한 사람이 아직 성장과정을 완성하지 못했다면, 이런 에너지를 전환해서 지속적인 파트너십을 형성하는 것은 대단히 어렵고 실제로는 거의 불가능할 것이다.

가령 성의 경우를 한번 살펴보자. 여기서 중요한 것은 성기나 육체적 행위에 관한 것이 아니다. 젠더에서 개인적, 사회적, 생물학적 차이는 신체적인 것 이상의 것이다. 청소년을 위한 성 정보는 대체로 이론적인 것이다. 자위행위는 개인에게서 감정과 판타지를 열어 보여주지만 혼자서 하는 것이다. 애무는 실험적이고 자신과 서로의 몸을 탐색하는 행위이다. 하지만 이성은 정말로 어떤 존재인가? 어떻게 접근해야 하는가? 무엇이 정당하고 안전하고 적절한가? 누가 관계를 지배하는가? 여자 또는 남자가 된다면 어떤 느낌일까? 나는 어떤 기대를 받고 있는가? 나는 사랑에 빠진 건가? 나는 그저 이용당하고 있을 뿐이지는 않는가?

문학이 어떤 식으로 대답을 내놓을 수 있는지 구체적인 사례를 한번 들어보자. 나는 소년 시절 성과 관련해서 두 가지 이미지가 뚜렷하게 남아 있다. 하나는 제인 러셀이 나오는 영화 〈무법자The Outlaw〉이고 다른 하나는 로렌스의 《채털리 부인의 사랑》이다.

마릴린 먼로가 스타가 되기 전 무렵, 엄청나게 커다란 가슴으로 유명해진 영화배우가 제인 러셀이었다. 〈무법자〉라는 영화는 그녀의 가슴이 아니었으면 대중의 기억 속에서 사라졌을 법한 영화였다. 이 영화는 또 러셀이 자신 때문에 열병에 빠진 카우보이와 동침함으로써 그의 생명을 구해주는 장면으로도 유명하다. 나는 섹스가 어떻게 생명을 구해줄 수 있는지 갖은 상상을 동원해봤지만 전혀 이해할 수 없었다. 하지만 그것 때문에 이 영화의 매력이 줄어드는 것은 아니었다. 정보에 굶주린 나와 내 친구들은 갖은 노력 끝에 이 영화를 보게 되었다. 우리의 숨을 멈추게 한 것은 헐렁한 블라우스를 입은 제인 러셀이 몸을 앞으로 숙이면서 유방을 드러내는 2초간의 장면이었다.

우리는 알몸을 한 여자는 말할 것도 없거니와 브래지어를 입지 않은 여자도 본 적이 없었다. 우리는 여성의 아름다움을 그런 쪽으로 상상해본 적이 없었다. 우리는 같은 자리에 앉아 다시 90분을 따분하게 기다렸다가 그 2초의 장면을 다시 보았다. 우리는 사랑, 남녀관계, 상호의 동정과 이해에는 관심이 없었다. 캡틴 프라이데이처럼 우리는 사실만을 원했다. 우리는 정보에 굶주려 있었다. 우리에게는 시각적 정보, 통계적 정보, 실제적 정보, 느낌에 대한 정보, 어른들이 '그것'을 어떻게 하는가 하는 정보가 턱없이 부족했다. 여자들은 그것을 좋아하는가? 그것을 하면 매번 아이가 만들어지는가?

〈무법자〉는 당시로서는 대담한 영화였다. 당시 파리는 여전히 사악한 도시였고 상체를 노출한 웨이트리스는 배급받지 않은 스테이크보다 더 생각해보기 어렵던 시절이었다. 정보를 얻기는 정말 어려웠다. 부모는 그다지 도움이 되지 못했다.(그것은 오늘날도 마찬가지이다.) 부모들은 은밀한 삶을 살았다. 그들은 성의 문제나 그들의 느낌에 대해서 입을 열지 않았다. 그렇다고 학교에서 정보를 주는 것도 아니었다. 교육제도에서는 아무리 기다려도 단 한 줄의 정보도 나오지 않았다. 심지어 셰익스피어의 희곡에서조차 성과 관련된 장면은 삭제될 정도였다. 학교는 아무것도 가르쳐주지 않았다.

그러면 어디서 정보를 얻을 것인가? 나치에게 점령당한 유럽 대륙에서 지하실에 웅크리고 앉아서 BBC나 라디오 프리 유럽을 들으면서 전황을 파악했듯이, 영국의 청소년들은 지하실에 웅크리고 앉아서 성에 관한 이야기를 주고받았다. 하지만 대부분 꾸며낸 이야기였다. 나는 자칭 성 전문가라는 열다섯 살 난 아이의 주위에 둘러앉아 입은 떡 벌리고 눈은 크게 벌어져서는 그가 읽어주던 신혼 초야의 기괴한 이야기를 들었던 기억이 난다. 우리는 그의 지식과 재능에 경이로움을 감추지 못했다. 우리는 그 정도로 필사적이었다.

다른 하나의 이미지인 로렌스의 소설에서 내가 기억하는 부분은 다음의 구절이다. 이것은 《채털리 부인의 사랑》에서 나오는 짧은 에피소드이다.

잠시 동안의 정적이 흐른 후에, 여자는 남근의 신비를 다시 살펴보기 위해 남자가 덮고 있는 이불을 들췄다.

"이머나, 이젠 정말 자그마하네요. 생명의 어린 봉오리처럼 부드러워요." 그녀가 그 부드럽고 자그마한 페니스를 손에 잡으면서 말했다. "정말 사랑스럽지 않아요! 너무나 의젓하면서 너무나 신기해요. 그리고 너무 순결해 보여요! 이것이 내 몸안 깊숙이 들어왔다니 말이에요! 당신은 절대로 이것을 모욕하면 안 돼요. 그는 이제 내 것이기도 해요. 그는 당신의 것만이 아니라 내 것이기도 해요! 너무 사랑스럽고 너무 순결해요!" 그녀는 페니스를 손안에 부드럽게 잡았다.

그는 웃음을 터트렸다.

"우리의 심장을 부드러운 사랑으로 묶어놓은 저 끈을 축복하라."

그가 말했다.

"물론이에요!" 그녀가 말했다. "이게 부드럽고 자그마한 지금에도 나는 내 심장이 이것과 연결되어 있음을 느껴요. 그리고 당신의 털은 얼마나 사랑스러운지요! 아주, 아주 다른 느낌이에요!" [13]

지금 생각해보아도 흥미로운 것은 이 소설에서 기억나는 것은 오로지 이 부분이라는 것이다. 나는 선생이 되어 이 소설을 다시 읽어보고서 그 이미지의 풍부함과 복잡함에 감탄했다.

우리는 우리의 독서에서 우리가 특정 시기에 익혀야 하는 어떤 것을 발견하게 된다. 그러니까 우리의 성장단계에서 특별히 중요하다고 생각되는 것에만 관심을 기울이게 되는 것이다. 물론 그런 단계가 반드시 나이를 따라가는 것만은 아니다. 15세여도 아주 조숙한 사람도 있고 25세여도 아이같이 순진한 사람도 있다. 그러나 14세 소년이 《채털리 부인》을 읽을 때 대체로 집중하는 부분과, 배우자의 선택이라는 문제를 깊이 생각하는 젊은 여성이 이 소설을 읽을 때 집중하는 부분은 크게 다를 수 있다.

몇 년 전 한 학생이 이 소설에 대한 자신의 느낌을 적어 에세이를 제출한 적이 있었다. 그녀는 로렌스의 소설을 읽고서 자신의 성 체험이 잘못된 것이었음을 비로소 깨달았다고 솔직하게 털어놓았다. 그녀는 이렇게 썼다.

"나는 사랑하지도 않는 사람과 섹스를 하는 것이 가장 강력한 체험이라고 생각했다. 또 내 진정한 감정을 억제하는 것이 세련된 섹스라고 생각했다. 나의 섹스는 로렌스가 이 소설에서 주장하는 것과는 정반대의 것이었다. 그것은 기계적인 행위였다.”

그녀에게는 로렌스가 아주 중요한 독서체험이었다. 로렌스 읽기는 그녀가 과거에 품었던 느낌을 분명하게 밝혀주었고 그녀에게 그 느낌을 극복해서 정말로 중요한 것을 분류해보라고 밀어붙였다. 그녀는 사랑이 성관계에서 핵심적 부분임을 알게 되었다. 그 소설은 그녀에게 아주 자연스러운 견해를 제공하는 하나의 ‘권위’가 되었다. 이제 그녀는 용기와 합리성을 되찾아 새로운 섹스를 개척하게 되었다. 로렌스는 사랑에 관한 강력한 스토리의 맥락을 제공했다. 그녀는 스토리의 도움으로 자신의 느낌과 신념을 분명히 하고 다시 조직할 수 있게 되었다. 그녀의 생각과 느낌은 그녀에게만 고유한 것도 아니고 사소하거나 지저분한 것도 아니다.

새로운 남녀관계를 맺고 어른스러운 결정을 내려야 할 때, 남녀관계에서 중요한 섯이 무엇인지 의식하고 배우자의 느낌과 생각을 배려하는 것은 아주 중요한 일이다. 우리는 어디서 도움을 얻어야 할까? 피드백을 얻지 못한다면 우리는 우리가 무엇을 생각하는지 어떻게 알 수 있는가? 우리는 누구에게 말할 수 있는가? 누가 우리에게 말해줄 것인가? 이럴 때 문학은 아주 풍부한 정보의 원천으로서 우리에게 도움을 준다. 흥미로운 소설과 시는 낯선 사람들이 생각하고 행동하는 것을 우리에게 알려준다. 위에 인용한 여학생의 경우에서 보았듯이, 소설은 우리를 ‘대변’할 수 있다.

한 젊은 여자는 20대 초반에 어니스트 헤밍웨이의 《무기여 잘 있거라》가 자신에게 아주 중요한 소설이었다고 말했다. 이 소설은 젊은 군인이 전쟁터에서 간호사와 함께 달아나 중립국 스위스에서 행복한 사랑의 생활을 하려고 하다가 결국에는 여자가 죽는 바람에 실패한다는 우울한 그림을 그려낸다.

두 남녀의 사랑은 완벽하고 전원적이었지만 캐서린은 아이를 낳다가 죽고 헨리는 병원에서 나와 빗속을 걸어간다. 신시아는 이 소설이 마치 그녀의 이야기인 양 마음에 들어했다. 그녀의 친구들은 이 소설이 너무 우울한 분위기에 젖어 있다고 말했다. 신시아는 자기도 이 소설이 우울하다고 생각했지만 그것이 문제는 아니라고 말했다. 그녀는, 주인공이 고통을 받으면 받을수록 그를 더 사랑하게 되었다고 말했다.

우리는 거품의 세계에서 산다. 젊은이를 숭배하고 근심걱정 없는 해변의 미녀를 사랑한다. 행복을 약속하는 맥주광고가 넘쳐나고, 디즈니식 해피엔딩을 그리는 세계에서 산다. 이처럼 유쾌한 것만 강조하는 풍조가 우리의 세상을 더 끔찍하게 무서운 곳으로 만들 수 있다. 우리는 여러 면에서 병든 사회에 살고 있다. 나는, 우리가 안은 많은 문제 ― 결손가정, 범죄, 불평등 등 ― 는 거짓과 기만과 함께 살아야 하는 데서 생긴 병증의 결과라고 생각한다. 많은 사람이 음주, 약물, 섹스, 심지어 종교 등으로 그런 느낌과 고통을 죽이려고 한다. 이런 회피는 절망의 사이클을 불러올 뿐이다. 우리 자신에 대해서 잘 알고 삶과 우리 자신의 관계를 잘 인식할 때 우리는 병증에서 치유될 수 있다. 현실, 공포, 사랑하는 사람이 병에 걸리거나 사고를 당할 가능성, 상실의 공포 등에 솔직하게 직면할 때, 우리 디즈니 세계의 어처구니없는 쾌활함이 실은 거짓임을을 깨닫게 될 것이다.

성인이 되기를 준비하는 청소년은, 위안거리를 찾는 데만 탐닉하다가는 나중에 커다란 대가를 치르게 된다는 것을 깨달아야 한다. 허망한 유쾌함을 끊임없이 제공하면서 우리의 절실한 느낌과 불안을 외면하는 오락물은 따지고 보면 우리를 모욕하는 것이다. 우리의 공포는 표현되고 이해되고 실제로 연습되어야 한다. 그래야 우리의 자아는 그 스토리에 의해 깨달음을 얻게 된다.

신시아는 《무기여 잘 있거라》를 읽고서 깨달음을 얻었다. 그 소설은 인생의 고통과 실망에 대한 진실이 무엇인지 알고 싶어하는 그녀의 내적 욕망을 충족시켰다. 그녀는 TV 미디어의 피상적 표피 밑으로 뚫고 들어가 깊은 느낌의 핵심을 얻으려고 했다. 고통을 두려워한다면 어떻게 남들의 일에 민감해질 수 있겠는가? 모든 것을 은폐하고 공포와 희망을 사소한 것으로 치부해버린다면 어떻게 진정한 인간관계를

어니스트 헤밍웨이 1899~1961. 피츠제럴드와 더불어 미국의 '잃어버린 세대Lost Generation'를 대표하는 작가. 헤밍웨이는 당대 미국의 가장 유명한 작가였을 뿐 아니라, 미국문학을 가장 널리 해외에 보급시킨 작가이기도 하다. 스페인 내전 때는 공화군에 가담하여 참전하기도 했다. 《노인과 바다》로 퓰리처상과 노벨상을 수상했다. 1961년 엽총사고로 갑자기 죽었는데, 자살로 추측된다.

○ 《무기여 잘 있거라》, 1929년 출간.

맺으며, 또 남들을 배려할 수 있겠는가?

모든 것을 사소하고 간단하게 만들려는 시도는 우리와 우리의 인간 관계에 피해를 입힐 뿐 아니라 우리의 세상, 우리 종의 생존을 위협한다. 우리는 수다를 떨고 생각 없이 웃다가 대량학살과 핵 파괴의 길로 들어설 수도 있다. 매디슨 애비뉴(미국의 광고 대행사들이 몰려 있는 뉴욕의 거리로, 미국의 광고업계를 가리키는 말로 종종 쓰인다. | 옮긴이)의 지원을 받아 우리의 정서체계를 모두 폐쇄해버리거나, 또는 적어도 마치 폐쇄한 것처럼 행동한다면 말이다.

1. David Lodge, 《Out of Shelter》(Harmondsworth: Penguin, 1970), p.50.

2. Matthew Arnold, 〈Dover Beach〉 in 《The Norton Anthology of English Literature》, Third Edition, Vol.2. ed. M. H. Abrams, et al.(New York: Norton, 1974).

3. D. H. Lawrence, 《Lady Chatterley's Lover》(Harmondsworth: Penguin, 1980), p.219.

이럴 땐 이런 책

《월든》 헨리 데이빗 소로우 저 | 강승영 역 | 이레 | 2001년.

소로우는 인두세를 거부하다가 구속되었을 때 "나는 누구에게 강요받기 위하여 이 세상에 태어난 것은 아니다. 나는 내 방식대로 숨을 쉬고 내 방식대로 살아 갈 것이다"라고 말했다. 이 작품은 헨리 데이빗 소로우가 월든 호숫가에 있는 숲 속에서 2년 반 동안 이러한 개인의 독립을 실험한 기록이다. 이 책은 꼭 처음부터 읽지 않아도, 어디를 펼쳐도 매혹적인 경구로 가득 차 있어 우리의 시선을 넓디 너른 대지로 향하게 해준다. 영어로 출판된 책 중에 가장 훌륭한 책이라는 찬사를 받으며 지금도 미국 대학생들의 졸업선물로 가장 많이 선택된다는 걸작 중의 걸작.

《Go》 가네시로 카즈키 저 | 김난주 역 | 현대문학북스 | 2000년.

일본 최고의 대중문학에 수여되는 나오키문학상을 수상하며 일본문단에 데뷔한 한국계 작가의 자전적 성장소설. 조총련계 민족학교를 다니며, 또래의 아이들처럼 장난치며 아무런 거리낌 없이 자란 재일동포 3세인 주인공은 마르크스주의자였던 아버지의 정치적 전향과 일본인들의 차별, 상류층 일본인 소녀와의 연애 등을 겪으며, 자신의 정체성에 대해 새로이 고민하게 된다. 우리에게는 잘 알려져 있지 않은 조총련계 재일한인들의 애환도 소설을 통해 드러난다. 자칫 무겁게 흘려버릴 주세를 기발한 뷰머감각과 쿨한 필치로 풀어내고 있어, 일독 후의 뒤끝이 깔끔하다. 영화로도 만들어져 국내에 개봉되기도 했다.

《19세》 이순원 저 | 세계사 | 1999년.

서 대관령 너머에는 어떤 세계가 펼쳐져 있을까? 열세 살짜리 강원도 소년 정수에게 서울이 있다는 산 너머 저쪽은 미지와 동경의 세계이다. 빨리 어른이 되지 못해 안달이 난 그는, 어른이 된다는 것은 곧 경제적 독립이라 결론을 내리고, 가장 안정적인 직업은 은행원이라는 당시의 통념에 따라 상업고등학교로 진학한다. 하지만 왼손잡이인 그는 주판을 제대로 못 다뤘던 탓에 학교를 그만두고 대관령 언저리에서 고랭지 채소를 재배하는 농사를 짓는다. 거듭되는 가출과 방황, 실수의 연속 끝에 다시 학교로 돌아오는 정수는 어느덧 19살이 되어버린다. 작가 이순원의 자전적인 성장소설인 이 《19세》는 그리도 빨리 어른의 세계로 내닫고 싶어했던 소년 시절의 기억을 통해 그 시절에 대한 간절한 그리움과 향수를 건넨다.

《거짓의 날들 1, 2》 나딘 고디머 저 | 왕은철 역 | 책세상 | 2000년.

노벨문학상 수상작가 나딘 고디머의 첫번째 장편소설. 그녀의 후기작들이 아파르트헤이트(인종격리정책)에 대한 비판적 메시지를 담으면서 정치성을 띤 소설들이었다면, 뒤늦게 우리나라에 소개된 이 소설은 평자들로부터 '최고의 여성 성장소설'로 꼽히며, 세계적으로도 가장 많이 알려진 자전적 소설이다. 이 소설은 작가의 분신이며 화자인 소녀 헬렌 쇼가 어린 시절을 보낸 애서튼의 광산, 처음 집을 떠나 여행하는 남부해안의 바다와 스스로의 삶을 개척하러 떠났던 도시 요하네스버그를 배경으로 한 3부작이다. 부모가 지닌 부르주아적이고 이기적이며 인종차별적인 백인 우월의식에 반항하는 헬렌을 통해 여성이 갖는 성적 호기심과 연애 그리고 반항과 고뇌 등을 사춘기 소녀의 시적 감수성으로 훌륭하게 그려내고 있다.

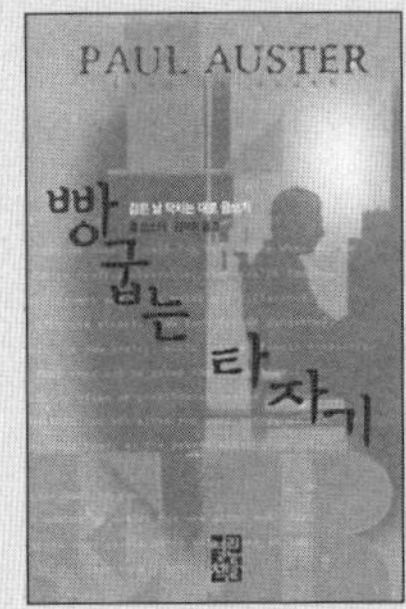

《빵굽는 타자기》 폴 오스터 저 | 김석희 역 | 열린책들 | 2000년.

글쓰기에 대한 열망과 재능을 가진 20대 젊은이가 있다. 하지만 그 앞에 놓여진 현실은 신산하기만 하다. 극심한 가난을 견뎌내며 깡마른 체구로 세상을 떠돌던 이 젊은이는 이제는 평단과 대중의 지지를 한 몸에 받는 전세계적인 대작가로 성장한 폴 오스터이다. 그의 다른 소설에서 자주 등장하는 극단적인 자기 방기와 밑바닥 인생의 묘사가 작가의 젊은 시절의 체험에서 비롯되고 있음을 이 자전적 에세이는 보여준다. 부랑자, 유조선 노동자, 포르노 소설 대필자, 북 베트남 헌법의 번역자, 돈이 될까 고안해본 카드 게임 '액션 베이스볼', 가명으로 썼던 탐정소설 《스퀴즈 플레이》등은 이 책에서 확인할 수 있는 오스터의 지난한 삶의 이력이자 흔적이다. 원제가 'Hand to Mouth'인데, '빵굽는 타자기'라는 멋진 제목을 뽑아낸 누군가의 재치가 놀랍다.

제4부

어른으로 산다는 것의 어려움

문학은 우리에게 현실과 그것의 복잡성을 보여주고

인생의 함정을 가르쳐준다. 그리고 생존방법을 가르쳐준다.

9
결혼

결혼은 불완전하고 낯선 사람과 침대를 함께 쓰겠다는 약속이다. 이 계약은 엄청난 신뢰가 밑바탕이 되어야 한다. 신뢰가 아니라면 엄청난 용기라도 있어야 한다. 이 결혼이라는 아이디어는 너무나 특이하고 부자연스러워 보여서 자세히 들여다보지 않을 수가 없다. 아주 합리적인 한 사람이 개인적 평온함과 자유, 자기만을 책임지는 즐거움, 새벽 두 시에 깨어 프렌치 프라이를 만들어 먹은 다음 다시 침대로 돌아가 널브러질 수 있는 자유를 모두 포기하고 다른 사람과 결혼을 하는 것이다.

왜 많은 사람이 이 모든 것을 포기하고 굳이 결혼을 해서 누가 아침을 지을 것인가, 크리스마스 휴가는 어디서 보낼 것인가, 왜 결혼기념일이나 생일을 잊어버렸는가 같은 문제로 배우자와 논쟁을 하는가? 짝을 지으려는 행위, 평생의 반려자를 찾으려는 대부분의 행위는 깊은 생물학적, 사회생물학적 충동에서 나온다. 다른 종들도 마찬가지지만 인간의 짝짓기 욕망은 번식을 하려는 유전적 프로그램에 뿌리를 둔다. 동기나 욕망을 어떻게 설명하든 간에, 성적 흥분을 느껴 배우자와 성교를 하고 싶어하는 욕망은 번식의 프로그램을 내장한 우리의 유전자가 그렇게 하라고 시키기 때문이다.

우리의 유전자 디자인은 우리가 콘돔을 사용할 수도 있음을 알지 못하며, 단지 성교가 더 많은 인간을 만들어내리라는 판단 아래서 움직일 뿐이다. 유전자는 오로지 종의 생존에만 관심이 있을 뿐, 개인의 죽음에 대해서는 관심이 없다. 짝짓기를 하려는 욕망은 강력한 생물학적 기반 위에 구축된 것이다.

신의 축복 아래 결혼하고 그것을 오래 유지해야 한다는 종교적 압력은 아마도 섹스는 다산성과 관련되어 있고 신은 다산성을 축복한다는 고대의 믿음에서 나온 것이다. 대부분의 종교는 섹스가 지닌 쾌락의 측면은 인정하지 않으며 번식의 목적만 강조한다. 그리고 결혼은 번식을 돕기 위한 것이다. 따라서 섹스는 결혼한 부부에게만 허용된다. 그래서 결혼을 하지 않은 상태에서 아이를 임신한 십대 소녀는 바로 결혼시켜야 한다는 아이디어가 나온다.

정부는 문제가 복잡해지는 것을 바라지 않기 때문에 사람들이 결혼하기를 바란다. 부모는 손자들이 유전자와 함께 이른바 가문의 이름을 이어가기를 바란다. 그러나 가문의 이름은 유전자의 계보에 붙이는 딱지에 지나지 않는다. 이 모든 외부적 압력이 짝짓기를 하려는 내적 압력과 결합한다.

인간은 번식의 욕망 이상의 존재이다. 인간은 말하기를 좋아한다. 인간은 복잡한 언어를 가졌으며 그것을 통해 의사소통을 한다. 인간이, 자기가 누구인지 파악하려면 피드백이 있어야 한다. 인간은 자신의 말이 제대로 전달되었는지, 자신의 입장이 충분히 이해되었는지 파악하기 위해 남들의 반응을 살핀다. 인간은 자신의 경험을 남들과 공유하기 위해 의사소통을 하고 싶어한다. 인간은 경험을 언어로 바꿈으로써 소통의 효과를 달성한다. 의사소통을 위해 인간은 배우자, 좀 더 구체적으로는 같은 방법으로 언어를 사용하는 배우자를 원한다. 그런데 너무 사적인 나머지 소통의 효과를 이루어내지 못하는 언어는 정신병의 징후이다.

파트너십을 형성하고 생각과 느낌을 전달하는 가장 인간적인 방식은 언어이다. 사람들은 동반자 관계와 대화할 상대를 얻기 위해 결혼한다. 반드시 '결혼'을 해야만 그런 목적을 달성할 수 있는 것이냐는 반론이 제기될 수도 있다. 대답은 신뢰라는 말 속에 놓여 있다. 결혼은 개인적인 약속이면서 동시에 '나'와 '하나'에서 '우리'로 옮겨가 동맹을 이루겠다는 공식적 선언이다. 결혼은 하나의 의식이다. 결혼이 최상의 것이 되는 것은 신뢰가 바탕이 될 때이다. 자기의 말을 상대방에게 전달하고 이해시키며 느낌과 생각을 존중받으려면 높은 신뢰가 형성되어 있어야 한다. 거기에 하나 더 추가하면 서로 열심히 협력해야 한다. 결혼을 한다는 것은 대가를 치르겠다는 뜻이다. 신뢰의 전제조건은 정직인데, 남에게 정직해지려면 먼저 자신에게 정직해져야 한다. 이것은 참으로 실천하기가 어려운 일이다.

끊임없는 증거와 증명을 통해 신뢰가 강화될 때 우정은 지속된다. 결혼생활의 신뢰는 만지기(성적 친밀감)와 말하기·듣기라는 두 의사소통 방식으로 증명되고 강화되고 배양된다. 서로 만져주고 서로 이야기를 들어주는 가운데 신뢰가 생겨나고 그것이 반복되면 신뢰는 더 단단하게 쌓여간다.

결혼에는 엄청난 협력과 이해가 필요하다. 결혼을 제대로 유지하는 방법을 알아내려면 어디로 가봐야 하는가? 신뢰의 장애물은 무엇인가? 우리 사회에서 결혼성공률은 왜 95퍼센트에 이르지 못하는가? 대답은 간단하다. 사람들은 과거에 학습한 것에 기대어 배우자를 선택하기 때문이다. 그런데 과거의 학습내용을 검토하지 않은 채 결혼하는 사람들은 필요, 공포, 판타지를 근거로 배우자를 선택하게 된다.

구체적인 사례를 들어보자. 린이라는 젊은 여자는 독재자로 군림하는 아버지가 어머니를 학대하던 가정에서 자랐다. 린의 기억에 아버지는 집에서는 가족을 괴롭히고 그렇지 않을 때는 집을 비울 때뿐이었나. 여기에 린은 어떻게 반응했는가? 그녀는 갈등의 현장에서 능을 놀리고 판타지의 세계로 빠져들었다. 대부분의 젊은이가 사랑과 성공에 대해 자신만의 판타지 로맨스를 어느 정도 지니기는 하지만, 린은 자신의 생활을 아예 모두 판타지로 만들어버렸다.

그녀는 부, 권력, 친절, 외모, 그녀에 대한 존경을 갖춘 완벽한 남자와 결혼하겠다는 생각을 품고 있었다. 그녀가 배우자에 대해 세운 선정 기준은 그런 판타지의 결과였으므로, 그녀는 결혼 후에 충격을 받을 수밖에 없었다. 그녀의 남편은 친절하고 자상했지만, 알고 보니 자기 주장이 꽤 강하고 고집이 셌다. 그가 인간적 약점을 보이자 린은 새로운 판타지의 땅을 꿈꾸면서 남편에게서 정신적으로 멀어지기 시작했고 때로는 육체적으로도 멀어졌다.

그녀는 남편에게 화를 내기도 했다. 그녀는 결혼한 지 여러 해가 지난 후에야 남편과 함께 심리치료를 받아야겠다고 생각했다. 그녀는 과거에 부모에게서 받은 영향이 자신의 성격에 어떤 결과를 미쳤는지 검토하겠다고 나섰다. 그녀가 결혼 전에 치료를 받았으면 결혼 후에 겪은 고통과 위기를 다소 피할 수 있었을 것이다.

우리는 과거의 경험을 바탕으로 해서 새로운 경험을 이해하고 조직하려고 한다. 북아메리카에 이주하고 나서도, 한동안 나는 경찰이나 공장의 사이렌 소리를 들으면 2차대전 때 런던에서 들었던 공습경보가 생각나서 두려움에 떨었다. 이 새로운 사이렌 소리를 새로 학습한 경험의 리스트에 추가하기 전까지 나는 두려움에서 자유로울 수 없었다.

또 다른 사례를 들어보자. 톰이라는 젊은 남자는 자신이 동성애자라고 밝혔다. 우리가 사는 세상에서 자신의 동성애 성향을 고백한다는 것은 결코 쉬운 일이 아니다. 설상가상으로 그의 어머니는 자신이 레즈비언임을 발견하고 남편을 떠났다. 어머니가 여자 애인과 함께 살았기 때문에 톰은 두 여자와 함께 살게 되었다.

톰은 아버지가 자신을 증오하고 거부했다고 말했다. 아버지는 톰을 부끄럽게 여겨서 말조차 하지 않으려 한다고 했다. 이것이 톰이 파악한 사태의 내용이었다. 나와 계속 대화를 나누고 아버지와 가상으로 대화를 나누는 연습을 한 끝에 그는 다른 가능성을 생각하게 되었다.

그는 과거의 사건을 새롭게 검토했고 새로운 버전을 추가했다. 마침내 톰은 아버지에게 전화를 걸었고 그를 방문해서 대화를 나누었다.

과거는 이제 다른 모습으로 다가왔다. 아버지는 결혼에 실패하여 매우 위축되어 있는 상태였다. 아내 하나 자기를 사랑하게 하지 못하는 남자가 과연 무엇을 할 수 있겠는가? 아버지는 자기자신이 동성애자일지도 모른다는 두려움에 빠져 있었다. 그래서 그는 아들에게 동정과 지원, 이해를 제공할 수가 없었다. 동성애자에 대해 너무 많이 알게 되는 것이 두렵다는 것과 자신이 아들을 잘 키우지 못했다는 부끄러움이 뒤섞인 결과였다. 아버지가 느낀 수치심과 당황은 그 자신을 향한 것이었는데 톰은 그것이 아들인 자신에게로 향한 것이라고 오해했던 것이다.

톰은 이제 아버지를 새롭게 이해하고 아버지를 동정하면서 친밀한 부자관계를 다시 정립할 수 있었다. 그러자 톰은 인생에 대해 더 좋은 느낌을 품게 되었다. 자기연민과 우울함은 사라지고 용기와 희망이 생겨났다. 니는 이것을 가리켜 스토리 다시 쓰기라고 부른다. 모든 사람은 결국 하나의 스토리, 잘 정돈된 경험의 덩어리인 것이다. 사람들은 자신의 과거를 하나의 스토리로 조직한다. 그런데 한 가지 나쁜 것은 우리가 부모의 실수를 되풀이하는 경향이 있다는 것이다. 하지만 좋은 소식도 있다. 스토리는 얼마든지 새로 쓸 수 있는 것이어서, 새로운 경험을 적절하게 수용할 수 있다는 것이다.

기존의 스토리를 조심스럽게 세심히 점검하면 변화를 가져올 수 있고 그리하여 고정관념의 감옥에서 해방될 수 있다. 결혼은 그런 변화를 가져올 수 있는 아주 좋은 기회이다. 하지만 결혼은 종종 기존의 문제를 더욱 강화하고 만다. 결혼은 두 스토리가 서로 적응할 것을 요구한다. 변화를 거부하는 완고한 스토리는 배우자의 스토리에 일방적으로 자신을 강요한다. "당신은 내 식대로 해야 돼. 내 식으로 하든지 아니면 이 집에서 나가든지"라는 말은 한 스토리가 다른 스토리를 일방적으로 제압하는 모습을 보여준다.

모드와 맥의 결혼을 예로 들어보자. 모드는 맥의 마음에 들어 있는 기존의 스토리에 자신을 맞추어야 했다. 맥이 모드의 견해를 받아들이는 방식으로 자신의 스토리를 다시 쓸 수 없다면, 또 모드의 스토리를 있는 그대로 받아들일 수 없다면, 모드는 '맥에 의한 모드의 버전'이 되고 말 것이다. 이렇게 되면 모드는 자신의 스토리를 포기하거나 아니면 맥과 엄청난 갈등을 겪거나 둘 중 하나를 선택해야 하고, 힘 겨루기와 서로 비난하고 소외시키는 일이 뒤따르게 될 것이다.

모드는 어쩌면 맥의 버전을 받아들일 수도 있다. 자신이 누구인지, 자기가 무엇을 원하는지, 자기의 느낌이 어떤지 모르는 상태에서 결혼했기 때문이다. 맥이 바라는 대로 하면 자신의 모든 권리를 맥에게 넘겨주는 셈이 되어 일방적으로 그의 통제에 따라야 할 것이다. 이런 일방적인 지배관계가 오래 지속될 때 양측 모두에게서 분노가 터져나오는 것은 필연적인 일이다.

문학은 결혼생활에서 일어나는 갖가지 사정에 강력한 변화촉진제가 될 수 있다. 자신의 결혼에 대해 선명한 그림을 얻기는 대단히 어렵다. 남의 결혼에 대해 진실을 파악한다는 것은 거의 불가능하다. 이런 말을 자주 듣는다. "'그 사람들'이 이혼했다고? 우리 카운티에서 제일 잉꼬부부라고 생각했는데." "존은 언제나 이상적인 남편이었어. 그런데 메리가 그를 버리고 떠났다니!" 심리치료사가 볼 때 외양은 늘 기만적이다. 우리는 우리가 아는 부부들의 삶에 관해 판타지를 품으며, 멋진 로맨스를 그들에게 투사하고 싶어한다.

나는 '완벽하게' 보이는 젊은 부부를 알고 있다. 그들은 결혼한 지 5년이 되었고 남편은 잘 생겼으며 아내는 예뻤다. 그들은 아직 아이가 없었고 아름다운 집에 멋진 개를 기르고 있었다. 나는 혼잣말을 했다. "그들은 서로 정말 즐겁겠지. 주말이면 벽난로 옆에서 함께 음악을 듣고 가끔 사랑을 나누고 목이 길다란 키안티 포도주 병을 반짝거리는 크리스탈 잔 옆에 놓고 촛불을 켜놓고 스파게티를 먹겠지." 그러나 실제로 그들은 서로를 경계했다. 여가시간에는 어색해하면서 서로 가까이 있기를 피했고 잡일과 집안수리로 시간을 때우려 했다. 그러면서 아이를 언제, 몇 명 나을지 하는 문제를 놓고 티격태격 싸웠다. 문학은 우리에게 현실과 그것의 복잡성을 보여주고 인생의 함정을 가르쳐준다. 그리고 생존방법을 가르쳐준다.

결혼에 대해 가장 잘못된 믿음 중 하나는 일단 결혼만 하면 결혼 전에 있던 문제가 마법처럼 풀린다는 것이다. 그러니까 결혼만 하면 깨끗하게 새 출발을 할 수 있다고 보는 것이다. 그러나 결혼은 결코 마법의 지팡이가 아니다. 이미 몸에 익은 완강한 태도는 설교나 교재로 바뀌지 않는다. 결혼생활을 통찰하려면 스토리의 정서를 느끼고 허구적 시뮬레이션을 몸소 체험해야 한다.

나는 한 부부에게 《미친 주부의 일기》를 읽으라고 건네주었다. 이 소설은 '나는 곧 미칠 것만 같아'라고 느끼는 감정이 얼마나 보편적이고 일상적인지 보여준다. 이 소설을 함께 읽는 부부는 그들 바깥에 있는 동일한 체험에 집중하게 된다. 부부가 그들 자신의 삶을 설명하는 것이 아니라, 그들 앞에 산뜻하게 제시된 다른 사람의 스토리에 각자의 반응을 말할 수 있는 것이다.

직접적으로는 자기 스토리가 아니기 때문에 부부는 방어를 덜 하게 되고 혼란도 덜 느낀다. 또 자신들이 어떤 스토리를 토론하고 있는지 분명히 인식하게 된다. 부부는 서로 충돌하지 않으면서도 자신들의 문제를 반영하는 모델에 대면하게 된다.

독서는 '공유된' 체험이기 때문에 부부를 더 가깝게 한다. 같은 스토리를 읽는다는 것은 같은 일을 함께 한다는 뜻이다. 책은 공유된 참조, 공유된 언어, 다른 체험을 지시하는 공통의 방식이 된다. 때때로 어떤 스토리는 배우자(남편 또는 아내)에게 자신(아내 또는 남편)의 느낌을 아주 정확하게 전달해준다. 부부는 자신의 느낌을 배우자에게 전달하기 위해 책의 한 부분을 인용하기도 한다. 배우자를 무서워하거나 배우자에게 수줍어하는 사람은 책 속에서 자신의 메시지를 전달하는 방법을 찾는 것이다.

내가 수 코프먼의 책을 읽으라고 권했던 그 부부는 '의사소통의 문제'가 있었다. 아내는 자신의 고민을 제대로 설명하지 못했다. 반면 남편은 바쁘고 활동적인 사람으로서 아내에게 부족한 것이 있을 수 있음을 전혀 이해하지 못했다. 《미친 주부의 일기》에서 젊은 아내의 결혼생활은 순전히 무관심 때문에 붕괴되고 있었다.

그녀는 아이들을 돌보고 사교생활을 꾸리고 남편의 필요에 부응하는 과정에서 자신이 함정에 빠져버린 것 같은 느낌을 품게 되었다. 그녀는 자신이라는 존재가 '알려져 있지 않고' 자신의 입장이 고려되지 않고 자신은 아무래도 상관없는 시시한 존재라는 느낌을 품고 있다. 그녀의 마음은 무엇 하나 발휘되지 못한다. 그녀의 창조성은 표현되지 않는다. 그녀의 생각과 느낌은 무시된다. 부부는 서로의 자아를 공유할 시간이 없고 그녀는 자신이 누구인지 표현할 시간이 없고 생활, 가족, 친구에 관해 자신의 느낌을 말할 시간이 없다.

그녀의 남편은 자신이 아내와 자식들을 위해 열심히 일한다고 생각한다. 그래서 어떻게 하면 아내에게서 그녀의 느낌을 솔직히 털어놓게 하는 신뢰를 얻을 수 있을는지는 곰곰이 생각하지 않는다. 남편은 아내가 자신의 수입과 성공을 당연히 감사하게 여길 것으로 기대했다. 그녀는 이상하게도 자신의 의사를 제대로 표현하지 못했다. 그 때문에 그녀는 일기를 쓴다. 그렇게 해서 정신이상이 되는 것은 예방했지만, 그렇다고 남편에게 그만큼 더 가까이 다가간 것은 아니었다.

나는 이 소설을 베티와 샘에게 주었다. 베티는 당황스럽다는 반응을 보였다. 재미있기는 하지만 그 책이 자신들과 무슨 상관이 있단 말인가? 소설 속의 아내는 혼외정사를 실험하면서 그것이 자신의 우울증과 외로움을 덜어주리라고 생각한다. 그녀는 혼외정사의 상대자에게서 좋은 대접을 받지 못했다. 하지만 그 경험은 그녀의 침묵을 깨트렸고 그녀의 결혼에 건강한 위기의식을 조성했다.

베티는 소설에 대한 소감을 말하지 않으려 했다. 그녀는 비밀이 있었고 샘의 질투와 분노를 매우 두려워하고 있었다. 더욱이 그녀는 내가 남편과 한 편이 되어 자기를 비난하지 않을까 우려했다. 남자들끼리 작당하여 가뜩이나 쓰러진 여인을 더 짓밟지나 않을까 생각하는 것 같았다. 사실 그녀는 어떤 이유인가로 죄책감을 느끼기 전부터 이미 자신이 비난받고 있다는 느낌을 품었다.

소설은 좀처럼 사라지지 않던 베티의 여러 문제를 베티 자신에게 폭로했다. 베티는 나와 단독으로 면담할 때 자신의 문제를 고백했다. 그녀는 그 소설이 그녀를 '폭로'했을 뿐 아니라 그녀를 당황하게 했고 남편 앞에 그녀 자신을 드러내게 했다. 베티가 소설 속 여인의 절망을 이해한다고 말하면, 자신이 불행하다는 것을 스스로 드러내는 셈이 되고 혼외정사의 유혹을 받았음도 폭로하는 셈이 된다. 그것이 그녀를 두렵게 했다.

동시에 소설을 읽음으로써, 그녀는 자신의 결혼생활에 질투심과 은밀함이 작용하고 있음을 알게 되었다. 소설은 아주 은밀하게 밀봉되어 있던 영역을 개봉하는 수단이 되었다. 우리는 무서운 느낌과 불만을 직접적으로 공격한 것이 아니었다. 비교의 대상이 되는 허구의 상황을 가져다가 그 느낌과 불만의 뚜껑을 연 것이다. 그 소설이 실제로 일어날 수 있는 상황을 그리고 있는지는 그다지 큰 문제가 아니다. 중요한 것은 소설 속에 논평과 반응의 계기가 적절히 마련되어 있어서 베티가 자신을 폭로할 수 있게 했다는 점이다.

소설을 함께 읽는 것은 의사소통의 채널을 마련해준다. 그것은 배우자의 직접적 스토리가 아니라 허구의 상황이기 때문에 훨씬 안전하게 의사소통을 돕는다. 나는 의사소통에 문제가 있는 부부들에게 캐서린 앤 포터Katherine Anne Porter의 소설 《밧줄Rope》을 읽으라고 자주 추천한다. 이 소설은 부부 사이의 대화에서 자주 일어나는 비난의 사이클을 절묘하게 포착한다. 어느 날 아내 또는 남편이 공격을 개시한다. 공격당하는 측은 방어에 나서고 방어의 일환으로 반격을 가한다. 작가는 부부가 대화를 하다 보면 자주 내비치는 불쾌한 어조와 냉소, 좌절을 잘 묘사한다.

어떤 부부가 시골로 이사를 간다. 그들은 차도 냉장고도 없다. 소설의 배경은 1930년, 즉 대공황기이다. 가장 가까운 구멍가게도 부부가 사는 집에서는 4마일이나 떨어져 있다. 남편은 가게에 물건을 사러갔다가 아내가 부탁한 커피를 빠트린 채 돌아온다. 그는 구매 리스트에 없었던 25야드 길이의 밧줄을 사 가지고 온다. 이것이 이 소설 속에서 부부 싸움을 일으키는 촉매가 된다.

그녀의 안색은 밧줄을 보더니 싹 바뀌었다. 그녀는 커피를 사오라고 했더니 그것 대신 쓸모 없는 밧줄을 사왔다고 그에게 말했다. 그녀는 집안을 사람이 살 만한 곳으로 만들려고 이토록 애를 쓰고 있는데 남편은 너무 무성의하다고 소리를 질렀다. 그녀는 너무나 외롭고 절망적인 듯 보였다. 그는 밧줄 하나 때문에 이런 싸움이 벌어졌다는 것을 믿을 수가 없었다. 도대체 뭐가 잘못됐단 말인가?

물론 그는 숨을 고르면서 잠시 딴 데를 가서 있다가 올 수도 있었다. 가령 5분 정도? 그렇다. 그는 그렇게 해줄 의사가 있었다. 그녀가 바란다면 무한정 가 있다 올 수도 있었다. 정말이었다. 그는 아예 집을 나가 영원히 돌아오지 않았으면 딱 좋을 듯싶었다. 그녀는 평생을 가야 왜 그가 집에 붙어 있는지 그 이유를 모를 것이었다. 그것은 아주 좋은 기회였다. 그녀는 철로에서 몇 마일 떨어진 이곳에 갇혀 있었다. 집은 절반쯤 비어 있고 그녀의 주머니에는 땡전도 없고 할 일은 태산같이 많았다. 그로서는 집에서 몰래 사라져줄 좋은 기회였다. 그녀는 집안일을 다 해놓을 때까지 그가 읍내에 머무르지 않은 것이 놀라웠다. 그것이 그가 보통 때 쓰던 수법이었던 것이다.

하지만 그는 이번 일은 너무 심하다는 생각이 들었다. 선을 약간 벗어났다는 느낌이었다. 그녀가 이해를 해줄지는 모르겠지만 말이다. 그는 왜 지난 여름 읍내에 머물렀던가? 그녀에게 돈을 부쳐주려고 이런 저런 일 대여섯 가지를 하느라 머물렀던 것이다. 그게 전부였다. 그녀는 그렇게 하지 않으면 그가 돈을 부치지 못한다는 것을 잘 알고 있었다. 당시에는 그녀도 수긍했다. 그에게는 그때가 그녀 혼자서 집안일을 하게 한 유일한 때였다.

오, 그는 그것을 증조 할머니에게 말해주고 싶었다. 할머니는 그가 왜 읍내에 나가 있는지 자기 마음대로 상상했다. 그것은 상상을 넘어 확신에 가까운 것이었다. 그러니 할머니는 또 그 얘기를 꺼낼 것이었다. 안 그럴 리가 있겠는가? 할머니가 무슨 생각을 하든 그냥 내버려둘 수밖에 없었다. 그는 이제 설명하기도 지겨웠다. 이상하게 보일지 모르지만 그는 완전히 걸려든 것이었고 어떻게 하는 수가 없었다. 할머니에게 그것을 진지하게 받아들이게 하는 것은 불가능했다. 할머니는 남자들이 어떻다는 것을 잘 알고 있었다. 남자가 단 1

분이라도 혼자 있으면 틀림없이 어떤 여자가 나타나 그를 납치하는 것이다. 남자는 그녀의 요구를 거절해서 그녀의 마음을 아프게 하는 일은 해서는 안 되었다! [11]

커피 사오는 것을 잊어버린 것 때문에 아내는 남편이 이렇다고 해석하는 것이다. "난 당신과 당신의 욕구에 대해서는 전혀 신경 쓰지 않아." 밧줄은 남성적인 자기탐닉인 것이다. 우리는 여기서 여러 역할이 연출되고 있음을 본다. 부부 모두 피해자의 역할을 한다. 배신당하고 무시당하는 아내가 등장하는가 하면 공처가 남편이 등장한다. 오랫동안 고통을 당한 남편 대 비합리적인 아내. 그들은 서로에 대한 비난, 과거, 방어, 비탄을 넘어서지 못한다. 그것은 뻔한 방식으로 자꾸만 되풀이되는 것이다.

나는 이 소설을 앨과 트루디 부부에게 주었다. 그들은 앞에서 3주에 걸쳐 이 소설 속과 같은 상황을 연출했고 나는 아무리 애를 써도 그들을 말리지 못했다. 이 소설을 읽고 그들이 제일 먼저 보인 반응은 자신과 성이 같은 모델과 자신을 동일시해서 소설 속의 상대방을 비난하는 것이었다.

나는 이 부부에게 상대방이 어떤 방식으로 행동하면 다른 결과가 나올지 말해보라고 요청했다. 남편은 소설 속의 '그'가 커피를 잊어버린 것에 대해 아내에게 사과하지 않았다고 지적했다. 아내는 왜 '그녀'가 그와 함께 걸어가 커피를 사오지 않았는지 알고 싶어했다. 아내는 그들의 낡고 고정되어 있는 역할방식에 의문을 표시했다.

이 부부는 자기들의 문제보다는 '저기 저 바깥'에 있는 상황을 토론함으로써 자신들의 사고방식을 바꾸기 시작했다. 그들은 그들의 행동에 대해 깊은 통찰을 얻었을 뿐 아니라 대안이 되는 행동을 실천했다. 그들은 그들의 대화를 되돌아보기 시작했다. 그들은 반동적인 행동을 보이던 역할에서 벗어나 그런 역할이 발생한 과정을 토론하게 되었다. 그들은 서로에 대해 두려워하고, 불안해하고 방어적인 태도를 취해왔음을 알고 깜짝 놀랐다.

다른 파트너십도 마찬가지이지만 특히 결혼은 정직, 신뢰, 협상이 필요한 것이다. 그래서 팀워크를 다룬 이야기, 어려움을 극복한 이야기, 아끼고 희생하는 이야기는 독자들의 마음속에 자신이 경험하고 있는 결혼생활을 연관짓게 한다. 나는 성인학생들로만 구성된 학급에 스티븐 크레인Stephen Crane의 《오픈 보트The Open Boat》라는 소설을 권했다. 이 소설은 바다에서 배가 난파되어 구명선에 올라탄 사람들이 겪는 위기를 묘사하고 있다.

주로 여성으로 구성되어 있던 그 학급은 이 소설에 아주 강력하게 반응했다. 놀랍게도 그들은 뱃사람들의 행동을 가정 내 구성원들의 행동에 비유했다. 그들이 이룬 협력, 살아남기 위해 함께 일하기, 친절, 사랑, 동정이 훌륭한 가족 구성원이 보이는 행동과 똑같다는 것이었다. 그들은 목표를 추구하기 위해 뱃사람들이 보여준 헌신과 결단에 감동을 받았다고 말했다.

부부는 흔히 서로 질투를 한다. 질투가 수반하는 행동은 소유욕이다. 긴밀한 파트너십에서는 배타성이 어느 정도 인정된다. 하지만 질투가 일상적인 걱정거리가 되면 반드시 갈등이 일어난다. 질투의 느낌에는 다음 같은 기본적 배경이 있다. 자기자신을 낮추어본다든지 배우자에게 일방적으로 의존한다든지 배우자에게서 끊임없이 승인을 받아야 한다든지 현재의 좋은 생활이 곧 사라지지 않을까 하고 생각하는 것이다.

질투심이 많은 파트너는 그것의 근원을 살펴보려 하지 않고, 질투심을 일으키는 상황을 장악하고 조종하려 든다. 고대의 고전에서 현대의 대중가요에 이르기까지, 문학은 보물 같은 아내를 안전하게 숨겨놓으려고 애쓰는 남편을 풍자하는 내용으로 가득 차 있다.

좋은 결혼생활의 핵심요소는 느낌에 대한 믿음, 섹스에 대한 믿음, 경제적 문제에 대한 배려이다. 자신감 넘치고 정서적으로 독립되어 있는 배우자는 파트너에게도 독립심을 갖추라고 권장한다. 억지로 사랑을 짜내기보다는 자유롭게 주어지는 공통의 사랑을 누리는 것이다. 질투심은 가정의 어두운 비밀이 될 수 있고 모든 비밀이 그렇듯 가족 간의 관계를 오랜 세월 동안 왜곡시킨다. 질투심이 강한 파드너는 질투심을 인정하는 것은 곧 자기가 2류 인생임을 인정하는 것이 된다고 생각한다. 또 자신이 제 매력에 대해 늘 걱정하고 있음을 인정하는 셈이 되는 것이라고 생각한다.

이런 은밀한 질투와 그에 따른 고통을 다룬 소설이 헨리 로스Henry Roth의 《그것을 잠이라고 하자Call it Sleep》이다. 질투심에 빠진 많은 남편이 아이의 아빠를 의심하는 경우가 있다. 이렇게 되면 가족은 엄청난 고초를 겪게 된다. 아내와 아이는 설명되지 않는 분노의 분풀이 대상이 되는 것이다. 미국소설인 《그것을 잠이라고 하자》는 이런 은밀한 믿음의 종말을 아주 자세하게 묘사한다. 그것은 부부관계를 파괴하고 그런 믿음을 가진 남자를 더할 수 없이 황폐하게 만든다.

버나드 쇼Bernard Shaw의 희곡 《피그말리온Pygmalion》(이제는 〈마이 페어 레이디〉라는 뮤지컬로 더 잘 알려져 있다)은 그리스 신화에 바탕을 두고 있다. 예술가는 자기가 만든 조각에 생명을 부여한다. 그녀는 그의 창조물이다. 하지만 일단 그 조각상이 인간으로 둔갑하자, 모든 것이 복잡하게 꼬이기 시작한다. 인간이 된다는 것은 곧 자기만의 마음을 가지게 된다는 뜻이기 때문이다. 사랑은 결코 강요할 수 없다.

질투와 비밀의 파괴적 힘을 잘 그려낸 작가로는 내서니얼 호손 Nathaniel Hawthorne도 있다. 호손의 《주홍 글씨Scarlet Letter》는 종교와 지역공동체와 관련해서 간통의 문제를 더할 나위없이 완벽하게 파헤친다. 여러 해 동안 혼자 살아서 자신을 독신이라고 생각하는 헤스터 프린은 퓨리턴 목사와 관계를 맺어 아이를 낳는다. 목사는 자신이 아이의 아버지임을 인정하지 않는다. 헤스터의 전 남편이 몰래 돌아와 끔

헨리 로스 1906~1995. 오스트리아-헝가리 제국에서 출생. 후에 미국으로 이주한 유태계 작가이다.

◐ 《그것을 잠이라고 하자》, 1934년 출간.

198

찍한 복수극을 꾸민다. 식민지 시대를 다룬 이 고전은 죄의식, 사랑, 성적 열정, 페미니즘, 종교적 위선을 자세히 그려낸다.

혼외정사의 옳고 그름, 대가와 이익에 대해 자기자신과 남들을 상대로 토론을 벌이는 것은 별 소득을 안겨주지 못할 것이다. 외롭고 무시당하고 좌절을 느끼고 학대당하는 배우자는 신경을 써주고 자상하고 존중해주는 애인에게 마음이 끌리게 되어 있다. 죄책감은 애정과 동정을 죽여버리는 독약이 될 수 있다.

소유욕이 강한 남편은 끊임없이 무엇인가를 요구한다. 그런 남편의 비위를 맞추어 그런 대로 결혼생활을 꾸려나가려고 드는 아내는 자기

버나드 쇼 1856~1950. 1856년 아일랜드의 더블린 출생으로 세계적인 극작가이다. 19세기 후반에서 20세기 초반에 이르는 반세기 동안 영국 드라마에서 가장 위대한 존재였으며 1925년에는 노벨문학상을 수상하기도 했다.

◐ 《피그말리온》, 1913년 발표. 1914년에 초연한 5막짜리 희곡.

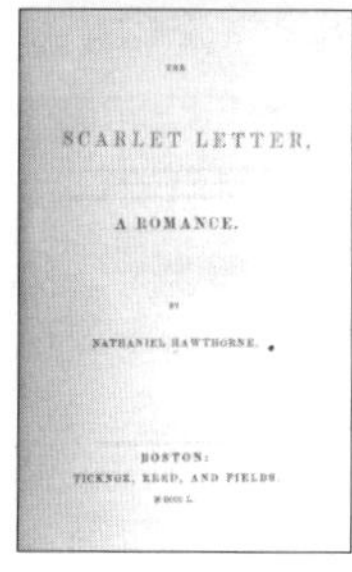

내서니얼 호손 1804~1864. 미국의 대표적인 소설가인 그는 미국 매사추세츠주 세일럼에서 태어났다. 엄격한 청교도 집안에서 태어난 그는 어린 시절부터 청교도의 사상과 생활태도에 깊이 빠져 있었다. 그는 인간에 대한 폭넓은 관찰과 깊은 사고를 가지고 감동적인 작품을 많이 남겼다. 그의 대표작으로는 《두 번 들려주는 이야기》《일곱 박공의 집》《대리석의 목신상》《주홍글씨》 등이 있다.

◐ 《주홍 글씨》, 1850년 출간.

자신에게 엄청난 상처를 입히기가 쉽다. 호손의 멋진 소설 《모반The Birthmark》은 소유와 통제의 게임에 사로잡힌 남녀의 결말을 잘 보여준다. 셰익스피어의 《오델로》도 질투심을 다룬 고전이다. 여기에는 아내를 의심하다가 결국 그녀를 죽이게 된다는 이야기가 그려져 있다. 질투심은 이 고상한 영웅에게 비극적인 결점이었다.

미국의 물질주의를 배경으로 질투심과 정욕을 다룬 또 다른 소설은 F. 스콧 피츠제럴드F. Scott Fitzgerald의 《위대한 개츠비The Great Gatsby》이다. 이 소설은 비록 거의 80년 전에 쓰여졌지만 오늘날의 자유로운 여피 스타일의 생활을 묘사하는 데도 딱 들어맞는 소설이다. 무한한 희망을 품은 개츠비는 아름다운 여인 데이지를 얻으려고 자기자신을

◑ **F. 스콧 피츠제럴드** 1896~1940. 1920년에 자전적 소설 《낙원의 이쪽》을 발표해 비평가들로부터 찬사를 받았을 뿐 아니라 미국 대중으로부터 선풍적인 인기를 끌었다. 그러나 부와 명성은 방탕한 생활로 이어졌고, 피츠제럴드는 정신적, 육체적으로 파탄의 지경에 이르렀다. 그런 여건에서도 1925년에 《위대한 개츠비》를 탈고해 일약 미국문학의 총아로 떠올랐다. 당대 미국인의 허위의식과 잃어버린 순수를 그린 《위대한 개츠비》는 재즈, 헤밍웨이와 더불어 시대의 조류가 되었다. 《밤은 부드러워라》가 실패한 후 내리막길을 걷던 그는 경제적 궁핍과 알코올 중독, 아내의 정신분열증으로 고통받다 1940년 《최후의 대군》을 집필하던 중 심장마비로 사망했다.

《The Great Gatsby》, 1925년 출간. 국내에 번역된 것으로는 《위대한 개츠비》 정현종 역 | 문예출판사 | 1998.

내던진다. 그는 그녀를 차지하려면 돈이 많아야 한다고 생각한다. 그는 돈을 버는 과정에서 불법적인 거래에 참여하게 된다. 그는 자신의 잃어버린 사랑을 되찾으려고 애쓰다가 목숨을 잃는다.

결혼생활은 종종 가치와 신념, 도덕의 문제와는 상관없는 것처럼 흘러간다. 두 배우자가 특정한 태도, 가장 중요한 것에 대한 느낌, 자신들이 가장 좋아하는 것에 대해 마치 전혀 의식하지 않는 듯 살아가는 것이다. 그래서 사람들은 인생의 가치와 목적, 신념을 다루는 진지한 질문에 때로는 당황해한다. 우리의 문화에서는 많은 사람이 느낌과 배려, 역사, 운명에서 절연된 로봇처럼 행동한다. 자기의 느낌과 배우자의 느낌에 대한 존중, 타협에 대한 정직한 태도는 인생에서 중요한 의미를 차지한다. 당신의 느낌과 연결될 수 있는 책을 찾아보라. 독서를 통해 당신의 느낌과 상황에 대한 인식을 예리하게 다듬어보라. 당신의 배우자와 함께 독서를 공유하라. 독서는 당신이 얘기하고 싶었으나 미처 직접 거론하지 못한 여러 문제를 제기해줄 것이다.

1. Katherine Anne Porter, 《Rope》, in 《Flowering Judas and Other Stories》 (New York: Modern Library, 1935).

《신화의 힘》 조셉 캠벨 · 빌 모이어스 대담 | 이윤기 역 | 이끌리오 | 2002년.

이 작품은 조셉 캠벨이 신화에 관해 말년에 빌 모이어스와 나눈 TV 대담을 엮은 책이다. 인간이 성장해나가는 데 소용되는 신화와 제의의 이야기가 매혹적으로 펼쳐지는 가운데, 결혼에 대한 이야기도 눈길을 끈다. 캠벨은 둘이 하나가 된다는 경이에 주목해 결혼을 일종의 제의로 본다. 그 과정에서 서로가 얼마나 완벽한지는 문제가 되지 않는다. 그것보다는 서로 다른 두 존재가 하나가 되려면 각자 자신의 내면에 대해 얼마나 정성을 기울이고 있고 독립적인 자아를 제대로 세웠는지가 문제가 된다. 성숙한 개인이 자신의 반려자를 알아볼 줄 아는 눈을 가질 수 있으며 서로 인정하면서 하나의 삶을 꾸려갈 수 있다는 깨달음을 주는 내용이 담겨 있는 책이다.

《아내의 상자》 은희경 저 |《제22회 이상문학상 수상집》 수록 | 문학사상사 | 1998년.

작가 은희경은 이상문학상 역사상 전대미문으로 데뷔한 지 3년 만에《아내의 상자》로 상을 수상했다. 짧은 시간에 영예로운 상을 수상하기 전에도 은희경은 이미 여러 편의 히트작을 냈다.《아내의 상자》의 화자는 남편, 즉 남자이다. 예의 그 위악적인 시치미 작전과 서늘한 유머를 기억하는 독자들은 그 시도에 흥미를 느끼고, 읽고 나서는 역시, 하는 마음을 갖게 된다. 이 작품에서 아이를 못 낳는 불임증은 아내가 갖고 있지만, 점점 좁아져가만 가는 자의식의 상자 속에서 불모지가 되어가는 사람은 남편이나 아내나 할 것 없다. 읽는 사람에게 치부를 들킨 듯한 느낌이 들게 하는 여전한 '짓꽂음' 속에서 인간존재의 타고난 비극을 차분하게 응시할 수 있게 해주는 작품.

《남편과 아내》 체루야 살레브 저 | 김혜은 역 | 푸른숲 | 2002년.

흔치 않게 접하는 이스라엘의 소설. 결혼 13년째의 어느 날 남편은 몸에 마비 증상이 왔다고 아내에게 말한다. 그러나 우디와 나아마의 관계가 무너지기 시작한 것은 남편 우디의 마비가 출발점은 아니었다. 기쁨이든 상처든 서로 가장 쉽고 크게 영향을 주고받으면서도, 바로 그 이유 때문에 오히려 문제가 생겼을 때는 끊임없이 회피하는 부부관계의 말로가 어떻게 되는지를 잘 보여주는 작품이다. 이 작품은 대면하지 않고 기억 속에 봉합해버린 상처는 언젠가 반드시 고름이 되어 비어져 나오고 만다고 말한다. 작가 살레브는 단단히 쌓아올리기에는 엄청난 공이 들고, 무너지는 것은 때로 허망할 정도로 쉬운 부부관계와 나아가 인간관계의 비극을 드러낸다.

《종이시계》 앤 타일러 저 | 장영희 역 | 문예출판사 | 2003년.

결혼을 하여 매일 붙어사는 사람들은 무엇을 하며 살까 하는 생각이 새삼스럽게 든다면 이 책을 보면 될 듯하다. 생존해 있는 미국작가 중에 존 업다이크, 존 어빙, 스티븐 킹 등과 함께 가장 훌륭하다고 평가받는 앤 타일러의 대표작이다. 결혼한 지 30년 가까이 되어가는 부부가 친구의 장례식에 가기 위해 자동차를 타고 나선다. 이 책은 그로부터 14시간 동안 벌어지는 일을 다루고 있다. 영화로 치면 로드무비인데, 그런 영화에서는 별별 일이 잘도 일어나지만, 이 책에서는 작은 파열음을 내는 사건이나마 변변히 일어나지 않는다. 부부의 일상이란 늘 반복이고 이야깃거리로 만들 만한 것도 그다지 없다. 그 반복되고 아무것도 일어나지 않을 것만 같은 일상 속에 부부는 곧잘 서로 상처를 낸다. 그럼에도 30년 동안 쌓아올린 '사랑 아닌 사랑'이 사실은 소중하고 애틋한 금자탑이었음을 보여준다. 아무나 결혼을 하지만, 안타깝게도 아무나 서로 사랑하면서 같이 늙어가지는 못한다. 앤 타일러는 이 작품으로 퓰리처상을 수상했다.

《사랑을 선택하는 특별한 기준》 김형경 저 | 문이당 | 2001년.

자전적 소설 《세월》로 독립적인 자아를 지닌 여성과 그를 둘러싼 조건이나 굴레를 간접적으로나마 이미 살핀 작가는 이 소설에서 다른 여성들에 대한 동료의식을 본격적으로 드러낸다. 두 여자 주인공은 그야말로 수술대 위로 올라가는데, 사회적인 것뿐 아니라 정신분석학까지 동원하여 여성심리를 세밀화로 그려냄으로써 남자는 압제자, 여자는 피압박자라는 선에서 얘기를 끝내고 마는 둔한 이분법에서 벗어난다. 전작들보다 한결 평화로워진 듯한 느낌을 주는 이 작품은, 겉으로는 아무리 달라 보여도 모든 여자는 속내에는 어떤 끈으로 이어져 있다는 이야기와 인간관계에 대한 이야기를 시원한 수다를 통해 다독거리듯 이끌어낸다.

10

별거, 이혼 그리고 또 다른 기회

이혼이나 별거를 피할 수 없게 될 경우 당신은 어떻게 할 것인가? 나는 최근에 이혼했거나 이혼 수속중인 사람들을 상대로 얼마 전에 간담회를 했다. 그들은 나에게 이혼과 관련하여 겪게 되는 상실에 따르는 다양한 감정을 말해주었다. 무엇보다도 그들은 자신들이 이혼할 상황에 있거나 이혼했다는 사실을 부인하려 했다. 그들은 결국은 다 잘 되리라는 막연한 희망에 매달리며 현실을 부정했다. 그들은, 배우자가 곧 정신을 차려서 자신이 너무나 섭섭해한다는 것을 깨닫고 선물 꾸러미를 한아름 안고 집으로 되돌아오리라고 생각했다. 그들은 아직 찾지 못해서 그렇지, 어떤 마술 같은 처방을 찾으면 이 고통이 싹 사라지고 행복이 다시 찾아오리라고 생각했다.

그들은 대체로 분노에 빠져 있었고 적개심도 어느 정도 품고 있었다. 그들은 배우자에게 분노하고 있었다. 배우자가 자신을 배신했을 뿐 아니라 자신의 가치를 못 알아본다는 것이었다. 한마디로 배우자가 생판 딴 사람으로 변해버렸다는 것이다. 어쩌면 결혼의 규칙이 갑자기 변해버렸는지도 모르고 새로운 목표나 욕망이 떠올랐는지도 몰랐다. 그들은 결혼생활이 예전 그대로 유지되지 못한다고 가슴 아파했다. 그들은 실패했다는 느낌, 많은 것을 투자했는데도 버림받았다는 느낌에 그들 자신을 향해서도 분노하고 있었다.

이러한 분노는 부모나 자녀에게까지 전염된다. 별거중인 부부는 자녀들에게 죄책감을 느낀다. 그들은 미래를 두려워하고 점점 늘어나는 경제적 스트레스에 버거워한다. 그들은 슬프고 우울하며 자신감을 잃어버린다. 나는 그들에게, 정말로 피할 수 없는 이혼이라면 아예 하나의 멋진 기회라고 생각하기를 권했다. 자유와 재생의 기회, 개인적으로 진정하게 성숙할 수 있는 계기, 다시 집을 떠나는 기분을 느껴보는 것이다. 처음에 그들은 이 낙관적 메시지를 차갑게 거부했다. 용감함과 모험, 독립과 자신을 자신의 힘으로 통제함으로의 초대에 대부분의 사람이 엄두를 내지 않았다. 많은 사람이 과거에 매달리려고 했고 모진 운명을 원망하며 외로움과 참담함 속에 빠져들려고 했다.

'결혼'을 그대로 유지하는 방법의 하나는 마음속에서 아예 독립정신을 몰아내 버리는 것이다. 결혼을 위해 자기자신을 내버린 사람, 자기성장과 독립을 포기하는 대신 결혼을 선택한 사람에게는 그 방법이 딱 어울린다. 많은 사람이 자신의 지위, 돈, 사랑, 승인, 일, 역할을 놓고 지나치게 배우자에게 의존한다. 이 경우 결혼은 책임회피의 수단이 될 수 있다. 배우자에게 너무 많은 권한을 위임해버리면, 자기 이미

지나 역할에 관해 배우자에게 더욱 더 매달리게 된다.

많은 사람이 젊은 시절에 집을 떠나보는 적도, 완전한 성장의 경험도, 혼자 살아보는 경험도 없이 결혼을 한다. 개인으로서 겪는 인생경험, 도전 받거나 시험받아본 경험, 자신의 재주와 장점을 발견해본 경험도 없이 결혼을 하는 것이다.

만약 피할 수 없다면, 이혼 또는 별거를 오히려, 과거로 되돌아가 잃어버린 성장의 단계를 보완하는 전화위복의 계기로 삼아보면 어떨까 한다. 배우자와는 상관없이, 당신이 정말로 누구이며 당신이 어떻게 느끼고 생각하고 믿고 꿈꾸고 욕망하는지를 아는 것은 인생에서 매우 핵심이 되는 과제이다.

이런 목표를 달성하는 데서 독서는 어떻게 도움이 될까? 우선 배우자의 상실, 독신, 별거, 이혼을 다룬 소설이 있다. 주디스 게스트Judith Guest의 《보통 사람들Ordinary People》《제2의 천국Second Heaven》은 잘못된 부부관계를 정리하고 정돈하려는 사람들이 기울이는 노력을 잘 보여준다. 우리는 이 책들에서 우울함, 슬픔, 분노, 좌절이 정상적인 감정이며 더러는 가치 있는 경험임을 알게 된다.

어떤 슬픔과 좌절은 삶의 속도를 늦추어서 내면을 들여다보게 하고 그리하여 우리 자신을 더 잘 알게 해준다. 우리는 이런 기회를 통해 우리가 누구인지, 우리가 원하는 것이 무엇인지, 우리에게 가치 있는 것이 무엇인지 살펴보게 된다. 고통은 우리에게 좀더 정직해질 것을 요구한다. 우리의 결혼은 무엇이 잘못되었는가? 자녀에 대해서는 어떻게 느끼고 있는가? 이 결혼은 우리의 영혼에 이로운가? 서로 거짓말을 했는가? 서로 학대하거나 착취했는가? 이용당하거나 위협받거나 함정에 갇히거나 감옥에 들어 있는 듯한 느낌을 가졌는가?

도리스 레싱Doris Lessing은 《19호실로 가다To Room Nineteen》라는 아주 인상적인 소설을 썼다. 이 소설은 결국 아내의 자살로 끝을 맺는다. 소설의 결말로 가면서 우리는 아주 완벽하게 통제된 중산층 부부의 결혼이 점점 더 메마르게 되어가는 과정을 목격한다. 겉으로 드러나는 것만이 문제가 되고 그 누구의 말도 '이해'되지 않는다. 소설 속의 부부는 인생을 완벽하게 설계한 것 같지만 우리는 아내의 영혼이 무자비하게 시들어가는 것을 목격한다.

본질적이고 유전적인 '나'를 자기파괴의 길로 몰고 가는 일은 실제로 일어난다. 몇몇 여성은 레싱의 소설에서 강력한 경고를 발견했다. 한 여성은 나에게 써낸 에세이에서 이렇게 말했다. "나는 스토리 속으로 들어가 여주인공을 부여잡고 흔들어대면서 자신을 다잡으라고 말해주고 싶었다. 누군가와 얘기를 해서 자신의 입장을 드러내라고 권유하고 싶었다." 또 다른 여성은 이렇게 썼다.

도리스 레싱 1919~ . 이란에서 출생한 영국 여성작가. 부모와 함께 아프리카로 이주하여 1949년 런던에 정주하기까지 25년 정도를 로데지아에서 지냈다. 1950년에 첫 소설 《풀잎은 노래한다》를 발표했다. 그후 다방면에 걸쳐 수많은 작품을 발표하며 페미니즘 문학의 대가이자 1950년대를 대표하는 작가로 활약했다. 노벨문학상 후보로 자주 거론될 만큼 현대 영국문학계의 가장 중심에 있는 작가이기도 하다.

《19호실로 가다》를 읽을 때까지는 그냥 그려려니 글자를 따라 읽었을 뿐, 이곳에서 독서를 하면서 어떤 느낌이나 생각을 지녀본 적이 별로 없었다. 이 소설을 읽으면서 나는 충격을 받았고 나 자신의 이야기를 읽고 있다는 느낌이 들었다. 나도 이렇게 되었을지 모른다는 생각을 했다. 나는 이제 이혼한 지 6년째가 되는데 이 소설을 읽기 전까지는 내가 얼마나 아슬아슬하게 위기를 모면했는지 깨닫지 못했다. 나는 그 동안 침체되어 있었다. 하지만 이제 더 이상 이혼한 것에 대해 죄책감을 느끼지 않는다. 그런 불행한 결혼생활이라면 나는 다시는 하고 싶지 않다.

또 다른 여성은 이렇게 썼다. "이 결혼은 너무 성공적이고 너무나 완벽한 중산층 생활에 기반을 두고 있었고 고통이 별로 없었다. 그래서 그 안에는 갈등 같은 게 없었다." 에리카 종Erica Jong의 《비행 공포증Fear of Flying》이나 노라 에프론Nora Ephron의 《질투Heartburn》는 자기존중심과 정직의 중요성을 잘 보여주었기 때문에 관심을 끄는 소설이 되었다. 얼마나 많은 여성이 지위, 존경, 안전, 금전과 바꾸어 자기의 개인적 성장을 희생시키고 있는가?

만약 처음에……

사람들은 왜 자기자신을 그토록 학대하는가? 많은 사람이 결혼이 인생의 끝이자 최종목표인 듯 생각한다. 이제부터 우리는 앞으로 영원히 행복하게 살리라고 생각한다. 인생은 완성되고 행복은 보장되었으며 우리의 운명, 부모, 교사, 친구들은 만족스러워한다. 하지만 일은 그렇게 뜻대로 돌아가지 않는다. 만족감을 느끼지 못할 때, 우리의 인생, 사회, 건강이 별거를 요구할 때, 우리의 배우자가 사고 또는 자발적 의사로 우리를 떠났을 때, 우리는 우리 자신을 책망한다.

안타까운 일은, 이혼한 사람들이 보통 '수치감'을 느낀다는 것이다. 사람들은 독신이 되면 이런 저런 이유로 인해 변명하고, 실패하고 남을 실망시켰다는 느낌을 지닌다. 상실, 급격한 변화, 좋은 것이 사라졌다는 느낌도 수반된다. 과도기를 넘기는 데는 시간, 일, 용기, 생각, 정직함이 해독제가 되어준다. 또 다양한 활동, 친구, 대화, 독서도 도움을 준다. 이혼이 사별과 다른 점은 당황, 실망감, 자책감의 강한 엄습이다. 물론 늘 그렇다는 얘기는 아니다. 때로는 진정한 안도감 또는 탈출에 성공했다는 의기양양함도 느낄 수 있다.

문제는, 이런 모든 느낌이 종종 한꺼번에 섞여서 존재하기 때문에 대단히 혼란스러워진다는 것이다. 어쨌거나 결혼의 실패는 일반적인 반응으로 열패감, 사회적 부적응, 공포를 유발한다. 이혼한 사람은 때때로 과거를 낭만적인 시각으로 회상하거나 아주 혼란감을 느끼거나 통제감을 상실한 듯 느낀다. 자신이 자기뿐 아니라 다른 사람들의 기대를 모두 저버린 '실패한 인생'이라는 생각을 품는다. 앞날을 내다볼 희망도 없고, 미래를 설계할 힘도 없다. 그리고 의아해하기도 한다. 뭐가 잘못되었지?, 왜 이렇게 되어야 했지?, 하고 생각하는 것이다.

결혼을 인생의 최종목표라고 생각한 데다가 주례사, 결혼선물, 달콤한 신혼여행의 추억이 겹쳐 있으니, 당사자가 수많은 사람의 기대를 배신했으며 기만 또는 유기 당했다는 느낌을 품는 것도 무리는 아니다. 게다가 어린아이들의 문제도 있다. 부모의 사랑이 필요한 아이들은 당연히 변화, 불안정, '이상적' 가정의 상실을 싫어한다. 어린아이들은 부모들이 거짓으로 연출하는 화목함에 종종 속아넘어갔으므로 영문 모를 갑작스러운 이혼에 엄청나게 분노하게 된다.

모든 사정을 감안할 때, 한번 결혼에 실패한 사람이 재혼의 문제에 아주 신중해지는 것은 당연하다. 그럼 옛날의 과오를 다시 겪지 않을 수 있는 방법을 어떻게 찾아내야 할까? 다른 사람들의 결혼에 관한 진실을 알아내기는 매우 어려운 일이다. 어느 나라의 속담에 이런 말이 있다. "그들의 침대 밑에서 자보지 않는 한, 그들의 일을 알 수가 없다." 우리는 소문, 속담, 격언에서 이런 저런 신화와 미신을 얻어듣는다. 예를 들어 "황급히 결혼하고 천천히 후회하라" 따위가 그것이다. 하지만 이런 것은 주로 경고성의 말로 작은 도움을 줄 뿐이다.

그럼 디킨스의 소설을 예로 들어보자. 디킨스의 많은 소설에는 결혼생활의 초상화가 생생하게 묘사된다. 어떤 것은 디킨스의 관찰과 인상의 종합에서, 어떤 것은 디킨스의 실제경험에서 나온 것이다. 가령 픽윅이나 데이빗 카퍼필드의 결혼생활이 그렇다. 많은 작가가, 다양한 결혼―정략결혼, 중매결혼, 새디스틱한 결혼, 행복한 결혼―에 대한 우리의 지식에 정보를 추가해주고 결혼생활의 갈등, 배신, 오해에 대한 정보도 풍성하게 제공한다. 이를테면 토마스 하디의 소설은 대부분 결혼생활에 관한 것이다. 조지 엘리엇, 제인 오스틴, 브론테 자매도 그렇고 셰익스피어 드라마의 상당 부분이 결혼한 사람들의 생활을 다룬다.

결혼은 신비한 현상이기 때문에 인간의 행위 중 가장 흥미로운 것으로 남아 있다. 우리의 결혼생활이 어떻게 진행될지 살펴보고 싶다면 먼저 다른 사람의 결혼에 대해 읽어야 한다. 경험을 얻기 위해 결혼을 수도 없이 직접 반복해볼 수는 없기 때문이다. 설령 당신이 할리우드 배우처럼 결혼 마라톤 선수라고 해도 불가능하다.

요즘은 이혼하기가 한결 쉬워졌다. 이혼은 불행한 결혼생활을 하는 많은 사람에게 하나의 대안이 되었다. 과거에 이혼은 돈 많은 사람이나 하는 것이었다. 디킨스는 《시련의 시절Hard Times》에서 이혼문제를 아주 소상하게 다룬다. 가난한 사람들은 이혼은 꿈도 꾸지 못했다. 경제적 장애 외에도 이혼에 대한 종교적, 사회적 금기가 너무나 강했다. 불행한 결혼생활을 하는 사람들도 이혼을 해야겠다는 생각은 감히 하지 못했다. 결혼 침대가 곧 장례 침대였다. 어릴 적에 이런 말을 들은 기억이 난다. "가난이 문으로 들어올 때, 사랑은 창 밖으로 달아난다."

이제 이혼이 흔해지면서 많은 아이가 친부모 외에 의붓 부모를 두게 되었다. 많은 작가가 결혼을 끝내고 또 다른 결혼으로 이행하는 과정의 고통과 혼란을 소설로 써냈다. 나는 이혼, 별거, 재혼, 의붓 부모 노릇에 관한 멋진 소설을 많이 읽었다. 로버트 스미스Robert K. Smith의 《제인의 집Jane's House》은 죽은 아내의 집으로 들어가 그녀의 집, 침대, 주방, 그녀의 역할을 맡아야 하는 한 여자의 초상화를 제대로 묘사해냈다. 나는 소설의 주인공과 비슷한 상황에 있는 한 여성을 알았는데, 그녀는 나에게 이렇게 말했다. "그 책은 커다란 위안이었어요. 아니

계시였어요. 내 삶의 이유와 설명을 거기서 발견했어요. 나는 이제 내가 돌아버리지 않겠다고 느껴요."

낸시 테이어Nancy Thayer의 《계모 되기Stepping》, 앨리스 먼로의 《너는 네가 누구라고 생각하니?Who Do You Think You Are?》《내가 당신에게 말하려고 했던 것Something I've Been Meaning to Tell You》, 제임스 캐롤James Carrol의 《단층선Fault Lines》도 이런 주제를 다룬다. 바비 앤 메이슨 Bobbie Ann Mason, 오드리 토마스Audrey Thomas, 앨리스 워커Alice Walker, 레이먼드 카버Raymond Carver, 도리스 레싱Doris Lessing 같은 현대작가들의 스토리는 현대의 문제를 다양하게 다루면서 논평을 가한다.

당신은 이런 작가들의 소설을 읽으면서 어디에서 공감을 할 수 있는지, 느끼는 것은 무엇인지, 원하는 것, 당신이 구체적으로 할 수 있는 것이 무엇인지를 발견할 수 있다. 자신이 심하게 소외된 존재라는 생각을 멈추지 않으면 당신은 혼란과 고통 속에 갇혀버리고 말 것이다. 당신은 독서를 통해 다른 사람들도 당신과 유사한 느낌과 문제를 겪었음을 발견할 수 있다. 그렇게 해서 당신은 사람들의 공동체 속으로 들어가게 된다.

레이먼드 카버 1938~1988. 미국의 대표적인 단편소설 작가. 국내에 번역된 작품으로는 《부탁이니 제발 조용히 해줘》《숏컷》 등이 있다. 쉬운 단어와 극도로 간결한 문장 속에 삶의 비밀과 진실을 절묘하게 드러내는 짧은 소설들로 유명한 작가이다.

이럴 땐 이런 책

《꽃의 기억》 김인숙 저 | 문학동네 | 1999년

《꽃의 기억》의 화자 박경진은 일곱 살짜리 딸아이를 둔 이혼녀이며 화랑에서 일하는 큐레이터. 그녀는 결혼과 출산 그리고 이혼을 겪으며 맥없이 허물어졌고, 허물어진 자신을 다시 일으켜 세울 그 어떤 것도 발견할 수 없는 아득한 시간 속에서 쓸쓸하게 살아간다. 그런 그녀의 주변에 세 명의 남자가 다가오면서 이야기는 전개된다. 한 이혼녀가 욕망과 유혹 사이에서 갈등하며 내면 깊숙이 잠복해버린 자신의 낯선 욕망을 만나고, 길을 잃어버린 사람들이 궁극에 도달할 수 있는 자존의 길 혹은 그 생명력에 천착하는 소설이다.

《내 생에 꼭 하루뿐일 그날》 전경린 저 | 문학동네 | 1999년.

불륜 모티브는 지난 몇 년간 우리 문단 30대 여성작가들의 주된 관심사였다. 최근 '밀애'라는 제목으로 영화로도 만들어진 《내 생의 하루뿐인 그날》은 평론가들이 '불륜소설'이라는 용어까지 만들어냈던 이 시절의 주된 경향을 대표하는 작품이다. '스물한 살에 만난 남자'와 함께 살면서, 서로의 생을 걸고 사랑하며 살리라 생각했던 주인공 '미흔'은 남편의 외도를 알고서는 자신의 삶이 허깨비였다는 것을 깨닫는다. 그에 따른 상실감과 우울증을 치료하기 위해 한적한 교외로 떠나 살게 된 '미흔'은 그곳에서 새로운 남자를 만난다. 자신의 삶과 동일시했던 사람에게 받은 상처를 다시 한번 다른 사랑에 인생을 걸고 치유한다는 설정이 다소 낭만적이고 진부하다 해도, 그 속에는 여성 스스로도 자신의 욕망을 충족시킬 권리가 있으며, 그 전제조거이 더 이상 결혼우 아니라는 새로운 목소리가 담겨 있다.

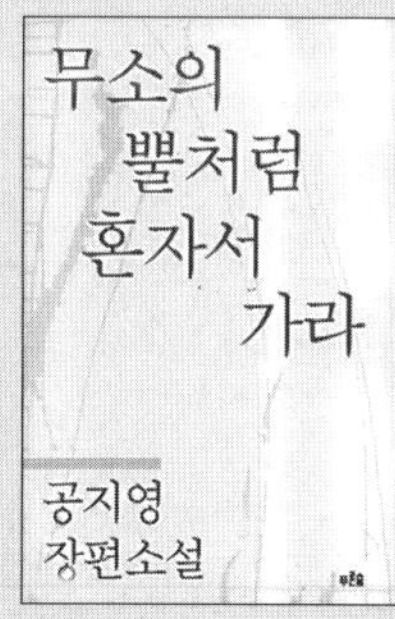

《무소의 뿔처럼 혼자서 가라》 공지영 저 | 푸른숲 | 1998년.

'착한여자'에 대한 환상과 '능력 있는 여자' 또는 '똑똑한 여자'에 대한 편견. 이 두 가지 이율배반적인 가치를 동시에 요구받고 있는 이 땅의 여성들이 지니는 혼란과 고통을 생생하게 풀어내는 소설이다. 이 땅에 살고 있는 여성들에게 가해지는 차별과 억압을 사회 전반의 문제로 끌어올려 페미니즘에 관한 논의를 촉발시킨 작품으로 출간 당시 사회적 반향이 엄청났다. 소설은 대학 동창인 혜완, 영선, 경혜 등 30대 세 여성을 중심으로 그녀들의 결혼생활과 헤어짐의 과정에 초점을 두고 전개되며, 여성들에게 사랑과 결혼이 어떤 의미를 주는지, 남성중심 사회의 벽 앞에서 여성의 자아가 어떻게 소멸되어가는지, 일하는 여성들이 겪는 갈등은 해결될 수 없는 것인지를 생각해보게 한다.

《나는 그녀를 사랑했네》 안나 가발다 저 | 이세욱 역 | 문학세계사 | 2002년.

한 남자와 한 여자가 있었다. 둘은 사랑했다. 그래서 '행복한 모험'을 했다. 결혼도 하고 두 아이도 만들고……. 그러던 어느 날 남자가 집을 나갔다. 아내보다 더 사랑하는 여자가 생겼기 때문이다. 슬픔을 주체하지 못하는 며느리에게 떠나버린 남자의 아버지가 말을 건넨다. 냉철한 원칙주의자였던 시아버지의 입에서 터져나온 말은 자신의 또 다른 사랑 이야기이다. 마흔 다섯의 나이에 사업차 만난 여자와 5년 넘게 나누었던 가슴 절절한 사랑의 회고담. 그때 그는 그 여자와 인생을 다시 시작할 수만 있다면 모든 걸 다 버려도 좋겠다는 생각을 했다. 하지만 시아버지는 사랑을 잃는 대신 가정을 지켰다. 욕망에 충실하기보다는 사회적인 약속을 선택한 것이다. 가정을 지킨 대신 결코 행복하지 않았던 시아버지. 그리고 사랑을 찾아 가정을 버린 남편 때문에 고통스러워하는 며느리. 과연 무엇이 옳은 일이었을까. 소설은 어느 것이 옳다고 할 수 없는 것, 때로 인생은 선택의 문제가 아님을 나지막이 들려준다. 프랑스의 떠오르는 별 안나 가발다의 첫번째 장편소설이다.

《타인의 아이들》 조안나 트롤로프 저 | 권은정 역 | 문학동네 | 2000년.

한국의 이혼률은 이제 세계 최고 수준이다. 그 말은 단 한 번의 결혼으로 맺어진 가족관계가 결코 무너뜨릴 수 없는 불변의 성채로 남는 시대는 지났다는 얘기다. 이혼으로 깨진 가족관계는 재혼으로 새롭게 맺어지기도 한다. 물론 친부모와 친형제자매들로 이뤄진 가족만이 '정상적인 것이다'라는 통념이 아직도 강력하기는 하다. 하지만 새엄마 또는 새아빠와 그들의 자식들과 한 집에서 살게 되는 경우가 더 이상 눈에 설 일도 아니다. 영국작가 트롤로프의 이 소설은 이혼과 재혼으로 얽혀 있는 복잡한 가족관계 속으로 들어가 이 시대의 가족의 자리가 어디에 있는지 살펴본다. 이 작품 속에서는 혈연의 요청보다도 더 강하게 사랑의 실천을 부르고, 서로의 삶을 관용하는 '진짜' 가족이 모습을 드러낸다.

11

죽음은 끝이 아닌 삶의 일부

결혼의 끝인 이혼은 원해서 했든 아니든 일종의 상실이다. 따라서 그것에는 비탄 같은 경험이 따라온다. 상실을 극복하는 데는 시간이 걸린다. 느낌이라는 것은 멈추라고 해서 멈출 수 있는 것이 아니다. 슬픔이란 것은 우회할 방법도 없고 또 일정 기간 겪었다고 영원히 잊어버릴 수 있는 것도 아니다. 그림자의 계곡을 통과하는 유일한 방법은 계곡의 한가운데로 걸어가는 것이다. 이것은 어려운 일이다. 사람들이 고통스러운 현실을 피하고 싶어하는 것은 당연한 반응이다.

깊은 슬픔에 빠지면 독서하기가 불가능할 때도 있을 것이다. 상실을 묘사한 책을 읽기가 더없이 어려울 때도 있겠고, 반대로 기분전환용 독서는 기분에 맞지 않아 읽지 못할 때도 있을 것이다. 느낌을 경험하고 싶을 때, 생각하고 싶을 때, 혼자 있고 싶을 때, 슬픔을 함께 나누어줄 생존자와 함께 있고 싶을 때가 있을 것이다. 이런 때 가장 바람직한 읽을 거리가 깊은 위안을 주는 구약성서의 《전도서》일지도 모른다. 독서도 일임을 기억해야 한다. 독서를 제대로 하자면 생각과 에너지, 집중이 필요하다.

독서는 때로는 감당하기 어려운 생각과 기억, 연상을 불러일으킨다. 사람들에게는 슬픔에 매달릴 시간, 잃어버린 사랑에 집착하는 시간이 있어야 한다. 당신이 당신 자신의 어느 한 부분을 잃어버렸다고 생각한다면 아픔, 분노, 박탈감, 버림받은 느낌을 품을 것이다.

이 세상에는 다양한 종류의 상실이 있지만, 가장 견디기 어려운 상실은 화목한 부부관계를 유지하던 사랑하는 배우자가 갑자기 세상을 떠나는 것이다. 우리 인간에게는 생로병사의 공동체에 참가해야 할 때가 반드시 온다. 그러나 고통에서 조금만 뒤로 물러서서 보면 모든 인간이 공유하는 죽음의 큰 그림을 볼 수 있다. 이것을 통해 '슬픔 그룹'은 성공을 거둔다.

슬픔 그룹은 정서적으로 비슷한 상황 속에 있는 사람들의 모임이다. 이 그룹의 사람들이 모여 서로 이해하고 도와주다 보면 외로움을

제임스 에이지 1909~1955. 미국의 배우이자 작가. 《가족의 죽음 앞에서》로 1958년 퓰리처상을 수상했다.

○ 《가족의 죽음 앞에서》, 1957년 출간.

덜 느낀다. 같은 이유로, 죽음과 상실에 대한 독서는 집단적으로 수행될 때 혜택이 더욱 커진다. 똑같은 책에 여러 사람이 보이는 반응은 공유된 체험의 한 부분이 되기 때문이다.

나는 슬픔과 생존을 그린 책 중에 제임스 에이지James Agee의《가족의 죽음 앞에서A Death in the Family》만큼 탁월한 책을 보지 못했다. 꽤 두꺼운 이 '문학적' 소설은 부분적으로 천천히 읽는 것이 좋다. 이 책을 읽다 보면 여러 사람이 함께 공유하고 기록할 수 있는 계시와 반응을 얻을 수 있을 것이다. 이 같은 독서방식의 목적은 책 읽는 사람의 지각범위를 넓히고, 외로움을 덜며, 개인적 상실의 아픈 고통에서 벗어나자는 것이다. 아무도 당신의 특별한 고통을 알 수는 없다.

사랑하는 배우자를 떠나보내고 하루하루를 힘들게 보내는 심정, 그 사람과 함께 했던 기억과 공포를 알지 못하는 것이다. 그러나 당신만이 겪었던 구체적인 일을 비록 다른 사람이 알 수는 없지만, 그와 유사한 고통, 유사한 느낌, 유사한 박탈감은 남들에게도 널리 알려져 있다.

상실에 고통을 받고 있는 것이 오로지 당신만이 아님을 아는 것이 중요하다. 다음은 에밀리 디킨슨의 시이다. 이 시는 커다란 상실을 견디고 살아남은 자의 무감각을 생생하게 묘사한다.

큰 아픔이 가면서 감각은 굳어져
옵니다.
신경이 무덤처럼 엄숙하게
내리누를 때

굳어버린 심장이 입을 뗍니다.

"아픔을 이긴 이가 그분(그리스도 | 옮긴이)이던가?"

"어제의 일이던가,

수세기 전의 일이던가?"

기계적인 발은 의족처럼

땅인지 허공인지 그 어딘지

구분도 못하면서 돌고 돌아 이윽고

돌처럼 싸늘한 평정의 땅(무덤)에 이릅니다.

그리하여 납처럼 무겁게 가라앉는 시간.

이것을 이기고 다시 사는 자

이 시간을 회상하노라면

눈밭의 얼어죽은 자가

눈을 회상할 때처럼 떠오르는

처음의 한기,

그 다음의 무감각,

그리고 모든 것을 놓아버리는 망각. [11]

이 시를 크게 소리내어 읽어보라. 단어나 어구의 의미는 신경 쓰지 말고 시 전체의 느낌·감각을 파악해보라. 시인은 슬픔이 한 단계씩 깊어질 때 따라오는 뼈아픈 무감각을 아주 절묘하게 묘사한다. 슬픔의 느낌이 절묘한 언어를 구사하는 시 속에 인상적인 방식으로 인식되고 구현되어 있음을 아는 건 누구에게나 가치 있는 일이다. 슬픔 속에 있는 사람이 자신의 표현되지 못한 느낌을 문학의 힘을 빌어 표현하는 것은 소중한 일이다. 자신의 느낌을 이처럼 멋지게 표현하는 재주를 지닌 사람은 인류의 귀중한 자산이다. 그들은 우리가 이루어내야 하는 적응과 생존을 돕는다. 대부분의 사람은 자기자신을 적절하게 표현하는 것을 대단히 어려워한다. 그래서 우리는 소설가나 시인 같은 전문가가 우리를 도와주기를 바라는 것이다.

콘스탄스 그린Constance C. Greene의 감동적인 아동소설 《항의하라 Beat the Turtle Drum》는 가까운 가족(이 경우는 여동생)의 죽음에 직면해서 겪는 무감각, 비현실성, 믿어지지 않음을 생생하게 전달한다. 형제의 죽음은 엄청난 파괴력을 지닐 수 있다. 부모의 슬픔과 가족이 입게 되는 트라우마에 가려 어린아이의 고통과 놀람은 무시되기가 쉽다.

도리스 부캐넌 스미스Doris Buchanan Smith의 《검은 딸기의 맛A Taste of Blackberries》은 유년기의 아이가 겪는 슬픔을 인상적으로 그렸다. 이 소설은 친구의 죽음을 다룬다. 문학은 이러한 고통을 알아보고 인정해주는 귀중한 수단이다. 문학은 슬픔의 느낌을 해방시키고 그것을 제대로 이해하게 한다. 부모들은 소설을 이용해서 아이들이 슬픔을 극복하는 것을 도와줄 수 있다. 교사와 상담교사들은 슬픔에 빠진 학생의 상황에 민감하게 반응해야 하고, 슬픔을 극복하는 기반이 될 수 있는 독서 프로그램을 짜야 한다.

헤밍웨이의 《무기여 잘 있거라》의 결말은 문학사상 가장 유명한 죽음 장면의 하나이며 완벽한 로맨스의 종말을 그려낸다. 살아남은 애인 헨리는 우리에게 무감각과 절망, 공허감을 전달한다. 나는 갓 결혼을 했던 대학원생 시절에 《무기여 잘 있거라》를 처음 읽었다. 나는 마지막 장면이 너무나 우울하고 또 조금 무섭기까지 했기 때문에 일부러 우스운 얘기를 생각해내서 편안해지고 싶었다. 나는 리처드 고든Richard Gordon의 《집으로 들어간 의사Doctor in the House》에 나오는 희극적 장면을 떠올렸다. 이 책은 영국의 의과대학생을 다룬 코믹한 소설이다.

한 의과 대학생이 마네킹으로 만든 아이와 임산부를 놓고 족집게를 이용하여 아이 받는 능력을 시험받게 되었다. 의대생이 아이의 머리에 족집게를 갖다대고 잡아당겼다. 그러나 아이는 나오지 않았다. 그는 한쪽 무릎은 마네킹 어머니에게 대고 한쪽 발은 의자에 붙인 다음, 있는 힘을 다해서 잡아당겼다. 마침내 아이가 나왔고 의대생과 족집게는 뒤쪽으로 튕겨 나갔다. 검사관은 족집게를 집어들더니 방의 한 구석에 멍하니 누워 있는 학생에게 다가가 말했다. "자, 이 족집게로 애 아버지의 머리를 내리치게. 그러면 일가족을 깨끗이 몰살하는 것이 될 테니까."

《무기여 잘 있거라》는 내 안에 들어 있었으나 내가 인정하지 않고 표현하지 않아서 불안으로 변모되어 있던 상실의 공포를 적절히 표현해준 작품이었다. 상실과 슬픔을 다룬 또 다른 작품으로는 헨리 제임스Henry James의 멋진 소설 《정글 속의 맹수The Beast in the Jungle》를 들

헨리 제임스 1843~1916. 미국에서 태어나서 나중에 영국에 귀화했다. 국내에 번역된 작품으로 《아메리칸》《데이지 밀러》《여인의 초상》 등이 있다.

수 있다. 이 소설의 주인공은 자신의 바로 곁에 있는 사랑스러운 여인을 알아보지 못하는 사람이다. 그는 자기 일에 너무나 몰두하는 사람이었기 때문에 그의 친구이자 신임하는 비서가 그의 운명임을 깨닫지 못하는 것이다.

그녀가 죽었을 때 그는 그녀를 잃는다. 그는 그녀의 무덤가에 서서 생각에 잠겨 있다가 진실을 깨닫게 된다. 그는 겪어보지도 못한 채 엄청나게 소중한 사람을 잃어버렸음을 알게 되었다. 그는 또 다른 무덤가에 커다란 슬픔에 빠져 있는 한 남자가 있음을 본다. 그는 처음에는 자신이 왜 슬픈지 잘 이해하지 못한다.

무엇이 저 남자를 사로잡히게 했는가, 그것의 상실로 저처럼 피 흘리게 하고 그러나 여전히 살아남아 있게 한 것은 무엇이었나?

그것은 그에게 고통을 주었다. 무엇인가 그, 존 마처가 가지지 못한 것이었다. 그것은 존 마처가 맞이할 삭막한 종말의 증거였다. 그것이야말로 열정의 의미였는데 그는 열정을 느껴본 적이 없다. 그는 살아남았고 지지부진하게 고민했지만, 그의 깊은 고뇌는 어디에서 왔단 말인가? 이른바 엄청난 사태란 이런 질문의 결과가 급습해오는 것을 두고 하는 얘기이다. 그가 방금 본 광경은 마치 화염으로 된 글자로 새긴 듯 그가 완전히, 그리고 광기의 상태에서 상실해버린 어떤 것을 일러주었다. 그리고 그가 상실한 것은 화염에 휩싸인 기차가 되어 내면으로 고동치는 고뇌를 안겨주었다.

그는 사랑 받던 어떤 여자의 죽음 앞에 조문하는 사람들을 무덤덤히 지켜보았을 뿐이다. 그는 그녀가 지내온 삶의 바깥만 보았지, 안

쪽을 깨닫지는 못했다. 그는 그 낯선 사람의 얼굴에 나타난 의미를 아주 확신했기 때문에, 이제 그것은 연기가 피어오르는 횃불처럼 그를 도발했다. 그것에 대한 깨달음은 경험의 날개를 타고 그에게 온 것은 아니었다. 그것은 그를 스쳐지나갔다. 우연을 무시하고 사고 따위는 신경 쓰지 않는다는 듯 그를 살짝 밀치면서 당황하게 했다. 하지만 일단 깨달음이 시작되자, 그것은 꼭대기까지 불이 불으면서 타올랐다. 그가 이제 서서 바라보고 있는 것은 그의 삶의 끝없는 공허함이었다.

그는 응시하다가 고통 속에서 깊은숨을 들이쉬었다. 그는 어찌할 바를 모르는 채 돌아섰다. 이제 그의 앞에는 전보다 더 날카로운 상처 자국을 지닌 그의 스토리의 열린 페이지가 펼쳐져 있었다. 테이블 위의 이름은 그의 이웃들의 행렬이 그랬던 것처럼 그에게 강렬한 타격을 가했다. 그것은 그의 얼굴 전체에다 대고 이렇게 말했다. 그가 정말로 상실한 것은 그녀였다. [2]

이 문장은 상실에 대한 설명으로서는 충격적일 만큼 강렬하다. 사랑하는 사람의 상실이 아니라 사랑할 수 있는 기회의 상실 말이다. 사랑하는 사람의 상실은 피할 수 없을 때도 있지만, 너무 늦기 전에 사랑할 수 있는 용기는 누구나 발휘할 수 있다. 표현되지 않은 감정에 대한 이야기가 나온 김에 정서의 생리적 결과에 대해 몇 마디 덧붙이고 싶다. 많은 질병이 정서적 불안과 관계가 있다고 알려져 있다. 장기간에 걸친 정서적 스트레스는 질병이나 육체적 고통, 부상의 요인이 될 수 있다. 말하자면 관측하기가 좀더 쉬운 질병, 가령 궤양, 암, 편두통, 어지럼증, 고혈압, 식욕부진, 섭식장애, 기타 다양한 문제를 일으킨다.

이런 신체적 결과는 막연히 '스트레스'라고 통칭되는 것과 깊은 관계에 있다. 스트레스에 따른 불편, 갈등, 긴장, 압박감, 공황, 통제불능은 일련의 신체반응을 일으킨다. 분노, 좌절, 슬픔, 자기모멸이 자기자신을 향해 공격의 화살을 날리는 것이다. 자살은 때때로 남을 죽이고 싶다는 억압된 욕망의 분출인가 하면, 문제를 일으킨 자기자신의 어떤 부분에 대한 분노의 표출이기도 하다. 표현되지 않은 분노는 무시해 버린다고 해서 저절로 사라지는 것이 아니다.

몸은 정신이 인정하기 거부한 것을 인정한다. 그래서 주먹을 꼭 쥐거나, 어깨를 구부리거나, 목과 얼굴 근육이 팽팽해지거나, 숨쉬기가 어려워지는 것이다. 독서는 정서적 표현의 중요한 수단이 될 수 있다. 책은 독자들에게, 반드시 겉으로 표출해야 할 느낌, 상황 또는 생각을 비춰주는 거울이 될 수 있다. 정서를 의식 속에 떠오르게 함으로써 맺힌 느낌이 주는 한을 풀어주는 것이다.

우리가 슬퍼해야 할 상실에는 여러 종류가 있다. 죽음은 그중 한 가지이다. 그외에 직업, 주택, 사지四肢, 금전, 기량의 상실같이 엄청난 고통과 슬픔을 불러오는 것도 많다. 상실에는 정상화시키는 반응과 적응, 이해, 수용이 필요하다. 상실은 희생자에게 어떤 공통적인 반응을 일으킨다. 분노의 느낌, "왜 하필이면 나인가?" 하는 억울함, 위축, 공포, 실패, 미래에 대한 불안이 엄습하는 것이다. 커다란 상처를 입었으므로, 재기전을 벌일 생각은 전혀 하지 않고 현실에서 물러나 우울해하기만 한다. 이런 시련을 극복하고 허리춤을 졸라매며 다시 삶의 마당으로 나아가면 생존자의 반열에 들어가게 되는 것이다. 상실을 겪는 바로 그 순간에는 이렇게 마음을 먹는 것이 필요하다.

고통이 자기자신에게만 벌어지는 일이 아님을 알아야 한다. 고통은 우리를 인간이라는 종의 한 부분으로 만든다. 오늘날 이에 대한 동류의식을 성취해주는 구체적인 움직임으로 그룹이 만들어지기도 한다. 그룹은 공통의 필요나 상황을 지닌 사람들이 서로의 스토리를 공유하면서 지원과 신임, 공동체의식을 심어준다. 강간 피해자 그룹, 근친상간 피해자 그룹, 편부모 그룹, 장애자 그룹은 모두 효과적인 기능을 발휘하고 있다.

그런데 놀라운 사실이 하나 있다면, 그들이 문학을 별로 활용하지 않는다는 것이다. 소설이나 시는 공개적으로 발설하기 어려운 느낌이나 경험을 고백하고 공유하는 데 아주 효과적인 수단이 될 수 있다. 수년 동안 비밀로 지켜온 고통스러운 경험을 남 앞에서 얘기하는 것은 매우 난감한 일이다. 마음속에서는 깊숙이 느끼지만 막연한 정서를 언어로 표현하는 것은 대단히 어렵다. 마가렛 로렌스의 《디바이너》에는 반응을 환기하는 멋진 문장들이 있다. 다음은 한 사례이다.

"여기 세상을 떠난 우리 형제의 영혼을 전능하신 하느님께서 기꺼이 받아들여주실 것이기에 우리는 여기 이 땅에다 그의 시신을 묻는 바이다."

그 젊은 신참목사는 다소 어색해하면서 중얼거렸다. 크리스티 로건은 분명 그의 형제가 아니었다. 하지만 그것은 결코 그 목사의 잘

못도 아니었다. 어쩌면 그도 크리스티가 누구인지 의아해할 것이었다. 모랙이 지나간 세월을 모두 표현할 수 있었으면 목사도 알고 싶어했을 것이다. 하지만 여기 이 자리에서는 그럴 수가 없다.

이어 목사와 상여꾼(모두 모르는 사람으로서 헥터가 데려온 사람들이었다)은 떠나갔다. 이제 모랙, 헥터 조나스 그리고 또 다른 어떤 사람 이렇게 셋만 남았다.

스코티 그랜트는 모랙이 생각한 것처럼 그다지 나이가 많지는 않았다. 그는 60대 초반의 잘생긴 남자였다. 평생을 농부로 보낸 사람답게 목과 팔이 검붉게 그을려 있었다. 평생 붙여먹던 땅을 팔았거나, 아니면 자식들에게 넘겨주었으면 좋았겠지만 그에게 그럴 가능성은 별로 없어 보였다. 그는 목을 터놓은 푸른색 작업복 셔츠에 다림질하지 않은 회색 바지를 입고 있었다. 아무래도 상관없었다. 이런 상황에서 킬트(kilt, 스코틀랜드의 고지에서 남자나 군인이 입는 치마로, 체크 무늬에 세로 주름이 들어감. | 옮긴이)를 입고 있다면 그게 더 우스울 것이었다. 하지만 그런 우스꽝스러운 상황이 연출될지도 모를 일이었다. 크리스티라면 웃음을 터트렸을까?

"정말 내가 이 일을 했으면 합니까?" 스코티가 확신하지 못하겠다는 목소리로 물었다.

아직 슬퍼할 수가 없었던 모랙은 분노의 눈빛으로 그를 쳐다보았다. 하지만 그녀는 그에게 분노를 퍼부어서는 안 되었다.

"네, 그랜트 씨, 부탁합니다."

그는 백파이프를 치켜들었다. 이어 목관악기의 낮은 웅얼거림이 흘러나왔다. 그는 무덤 주위의 땅을 밟으면서 백파이프를 연주했다. 모랙은 이제 이것이야말로 크리스티의 진정한 장례식이라고 확신했다.

"그는 키가 아주 큰 사람이었지. 목소리는 드럼 같았고 마음은 어린아이 같았지. 두둑한 배짱과 확신을 지녔던 사람이었지."

백파이프 연주자는 아주 오래된 피브로크 곡(스코틀랜드인들이 백파이프로 연주하는 씩씩한 곡. | 옮긴이)인 〈숲 속의 꽃〉을 연주했다. 그것은 망자를 위한 비탄의 곡이었다. 그리고 크리스티 로건의 무덤 위에서 연주되고 있었다. 모랙은 그제야 깊은 상실감에 빠져들기 시작했다. [13]

당신의 의식을 고양시키는 스토리는 전에는 서로 연결되지 않았던 느낌과 생각 속으로 당신을 빠트린다. 독자에게 이러한 연결은 아주 중요한 것이므로 반드시 환영해야 하고 진지하게 검토해봐야 한다. 최근에 나는 에디트라는 젊은 여성과 상담하게 되었다. 에디트는 아버지와 큰 갈등을 느끼고 있었다. 자신이 선택한 직업을 못마땅하게 생각하는 아버지를 만족시켜야 하는 것과 자신이 하고 싶은 일을 하려는 욕망 사이에서 일어난 갈등이었다. 그녀는 아버지의 사랑과 배려를 잃고 싶지 않았다. 그러나 우리에게는 유년 시절을 끝내야 하는 때가 온다. 때때로 이 일은 아주 어렵다.

에디트는 콘스탄스 베레스포드-하우Constance Beresford-Howe의 《이브의 책The Book of Eve》을 읽었다. 이 소설의 여주인공은 60대인데 결혼생활을 박차고 나와 자유와 가난을 선택했다. 에디트는 이 여주인공보다 훨씬 젊었다. 에디트는 자신이 나이 들었을 때를 생각했다. 아버지의 승인을 잃는 일과 평생하고 싶은 일을 잃는 것을 비교해보면서, 그녀는 자기가 하고 싶은 일을 하지 못하면 엄청난 후회가 밀려올 것 같다고 느꼈다. 그러자 하고 싶은 일을 하겠다는 자신의 선택이 정말 잘한 일이라는 안도감이 몰려왔다. 그녀의 아버지는 그녀가 하는 일까지 함께 사랑해주든지, 아니면 아예 그녀를 사랑하지 말든지 둘 중 하나를 선택해야 할 것이었다.

에디트는 자신이 현재 처한 상황과 표면적으로는 아무런 관련도 없는 그 책에서 승인과 지원을 얻었다. 자신의 딜레마를 삶 전체라는 큰 그림 속에 집어넣어 봄으로써, 그녀는 자신의 성장단계를 내다볼 수 있었고 지금 해야 할 일이 무엇인지 알게 되었다.

때로는 상실이 수반되는 고통스러운 결단을 내려야 할 때가 있다. 많은 사람이 자신이 살아온 땅과 언어를 버리고 자유와 안전을 위해 낯설고 물선 땅에서 다시 정착하려고 애쓴다. 캐나다와 미국은 이민자의 나라이다. 몰리 토고브Morley Torgov의 《아브람스키 변주곡The Abramsky Variations》은 할아버지, 아버지, 손자로 이어지는 3세대가 새로운 나라 캐나다와 와서 뿌리를 내리고 정착해가는 과정을 그린 탁월하면서 재미난 소설이다.

이 책은 할아버지가 겪어온 고통을 잘 이해하지 못하는 이민자의 손주들에게 유익한 책이다. 아이가 선조의 문화권과 다른 문화권에서 성장할 때 세대간의 차이는 점점 더 벌어지게 된다. 이민자의 아이들이 부모의 시련과 어려움을 다룬 소설을 읽으면 큰 도움이 된다. 사실 파악이 아니라 느낌을 통해, 소설의 대화, 묘사, 내면 풍경을 통해 실제적인 감각을 익힘으로써 부모를 진정으로 이해하게 된다.

나는 얼마 전에 한 라디오 방송의 전화 연결쇼에 초대손님으로 나간 적이 있었다. 청취자들이 전화를 걸어 자신들의 인생에 결정적 영향을 미쳤거나, 특별한 시기에 큰 도움이 되었던 책이나 시에 대해서 말하는 코너였다. 많은 사람이 전화를 걸어왔는데, 그중에서 상실과 언어에 관한 이야기를 한 사람은 셋이었다. 한 여성 청취자는 돌아가신 아버지에게 "사랑해요"라는 말을 하지 못해 매우 가슴 아파하고 있었다. 그러다가 그녀는 로렌스 크레이그 그린Lawrence Craig Green이 쓴 시를 발견하게 되었다.

> 사람들은 사랑해, 라는 말을 잘 하지 않지.
> 한다고 해도 너무 늦게 하거나
> 사랑이 떠나버리네.
> 그래서 내가 당신에게 사랑해, 라고 말할 때,
> 그건 당신이 결코 떠나가지 않으리라고
> 믿는다는 뜻이 아니야.
> 단지 당신이 내 곁을 떠날 필요가 없기를 바랄 뿐.

이 시는 그녀에게 여러 효과를 불러일으켰다. 이 시는 그녀의 무드와 후회를 잘 표현하고 있다. 사랑은 때로 말로 표현해야 함을 인정해주고 있고 그녀가 가슴 아파한 것이 공연한 일은 아님을 보여주었다. 이 시는 그녀에게 가족에게는 자신의 느낌을 직접적으로 말하지 않아도 어떤 느낌을 공유할 수 있음도 보여주었다. 이 시는 그녀의 마음을

'대변'하고 있는 것이다. 이 시를 계기로 다르게 행동할 수 있었기에 그녀가 지녔던 후회와 좌절의 느낌은 결코 낭비된 것이 아니었다. 그녀는 이 경험을 거울 삼아 자녀들이 감정표현을 하지 않아 후회하는 일이 없게 가르칠 수 있었다. 그녀는 적시에 자신을 도와준 그 시에 고마워하고 즐거워하고 있었다.

우리는 작가 넬라 벤슨Nella Benson에게도 전화를 받았다. 그녀는 미국의 독자에게 받은 팬레터를 우리와 함께 나누고 싶어했다. 편지는 감옥의 재소자가 벤슨의 소설《아마란트Amaranth》를 읽고서 커다란 위안을 받았음은 물론 깊은 생각거리를 얻었다는 내용으로 이루어져 있었다. 벤슨은 아들을 잃은 후유증을 치료하려고 그 소설을 썼다고 설명했다.

물론 죽음이나 심각한 상실은 우리를 뒤돌아보게 한다. 살아남은 사람들은 그러한 재난을 막을 수 있는 길이 없었던가를 반드시 물어보게 된다. 그들은 해야 했는데 하지 않은 일과 말해야 했는데 하지 않은 말을 기억한다. 그러면서 자신을 책망한다. 그들은 세상을 떠난 사람이 좀더 조심하지 않았음을 안타까워한다. 그들은 좋은 시절과 나쁜 시절을 꼼꼼히 살피면서 의미 있는 형태로 스토리를 재조직하려고 한다.

무장강도로 5년형에 처해진 재소자도 자신의 과거를 다시 돌아보는 과정을 가졌다. "나는 자유를 잃어버렸다." 그는 그렇게 추론할 것이다. "앞으로 5년간은 아내와 가족도 자유롭게 만날 수 없다. 나는 평판과 직장, 자존심을 잃어버렸다. 어쩌다가 이렇게 되었나? 어디서부터 내가 잘못되기 시작했나? 범죄를 저지르기 전 나의 삶은 어떠했던가?

이 시련이 끝난 뒤 나는 내 인생을 어떻게 재건할 것인가?' 곰곰이 생각하게 된 재소자는 벤슨의 소설에 감사한다는 편지를 보냈다. 그녀는 고통받고 외로워하는 사람에게 자신의 소설로 희망의 메시지를 전달한 것이었다.

세 번째 전화는 미시간주 디트로이트에 사는 남자에게서 걸려왔다. 그는 자신이 읽은 소설을 얘기하면서 아직도 거기서 얻은 경험이 믿어지지 않는다는 듯한 말투로 말했다. 그가 놀라서 머리를 흔드는 것이 눈앞에 보이는 듯했다. 그는 몇 년 전 아주 불운한 시절을 겪었다고 말했다. 실직을 했는데 일자리는 다시 찾기 어려웠고 게다가 부부 사이도 원만하지 못했다.

아주 우울하던 시절에 그는 브라이언 무어Brian Moore의 《진저 코피의 행운The Luck of Ginger Coffey》이라는 소설을 읽게 되었다. 아일랜드에서 캐나다로 이민 와서 힘겹게 살아남은 사람의 이야기였다. 디트로이트의 남자는, 이 소설에서 고생하는 사람이 자신뿐이 아님과 코피처럼 자신도 상황이 나아질 수 있으리라는 희망을 얻었다고 말했다.

이 소설은 재미있고 아이러닉하면서도 독자의 느낌과 상황을 잘 표현해놓고 있다. 소설은 그에게 절망적인 상황을 조금 비껴나서 객관적으로 보게 해주었고 희망을 품게 해주었다. 자신이 대책 없는 희생자라는 생각을 바꾸게 되자 그의 상황도 따라서 바뀌기 시작했다. 자기자신을 희생자, 피해자, 만만한 목표물, 나쁜 사람으로 생각하게 되면 실제로도 그렇게 된다.

독서가 그 마법적인 힘을 발휘하려면, 많은 경우에 시간이 걸린다.

독서의 효과를 우리의 스토리 속에 받아들이는 데는 시간이 걸린다는
이야기이다. 바로 이 때문에 이 분야에 대한 연구는 대단히 까다로운
일이다. 독서의 전반적인 효과는 시간을 두고서 독자의 생각과 느낌
에 변화를 일으키기 때문에 아주 천천히 드러난다. 그리고 독서로 바
뀐 사고방식이 구체적 결과로 나타나기까지 또다시 시간이 걸린다.
다르게 말해서 어떤 체험이 발생하는 데는 시간이 든다. 독서로 변화
된 '내'가 이 세상에 반응한 결과 또는 그에 따른 변화는 아주 천천히
경험으로만 나타나는 것이다.

　슬픔에 대해 한마디만 더 하자. 나는 대학원생이었을 때 다음의 시
를 공부했다.

존 화이트사이드의 딸을 위한 만가

그 작은 몸이 그토록 날렵하였고
그 발걸음이 그토록 가벼웠기에
그 애의 갑작스러운 죽음이
우리 모두를 놀라게 했음은 당연했다.

아이의 전쟁놀이 소리는 높은 창까지 들려왔다.
우리는 과수원의 나무 사이로 또는 그 너머로 보았다.
아이가 자기 그림자와 싸우거나
연못으로 돌진하는 것을.

게으른 거위들은 눈빛 구름처럼

녹색 풀밭 위에 흰 눈을 떨구며

졸린 듯, 그리고 저 잘난 듯 나아가다

멈추면서 슬픈 듯 구구 소리를 내었다.

아, 아이의 피곤을 모르는 마음이여,

아이는 막대를 들고

정오에 꾸는 사과 꿈에서 거위들을 깨어나게 했다.

거위들은 푸른 하늘 아래 뒤뚱거리며 달려갔다!

그러나 이제 조종이 울리고 우리는 준비가 되었다.

우리는 장례의 집에 근엄한 표정으로 모여

아이의 죽음 앞에 할 말을 잃어버린다.

아이는 관대에 얌전히 누운 채 아무 말이 없다. [14]

　　당시 나는 이 시를 잘 이해하지 못했다. 젊었지만 이 시를 충분히 이해할 수 있는 입장에 있던 동료 대학원생이 나에게 설명을 해주었다. 그는 세 살 난 딸을 뇌막염으로 잃었다. 눈을 먹고 감염되었다는 것이었다. 나는 충격을 받았고 그에게 깊은 조의를 표시했다.

　　당시 아이가 없던 나는 그 시를 통해 내 동료와 잠시 더 가까워진 느낌이 들었다. 이제 나도 자식을 두고 보니 자식 잃은 부모라면 이 시를 토론하는 것은 고사하고 읽을 힘조차 있을까 하는 생각이 든다. 말하자면 정작 그런 힘을 발휘하는 것은 고통을 당한 사람들이다. 최악의 사태를 당했지만 남들과 함께 상실의 고통을 기꺼이 나누고 느끼려 하는 사람들이 있는 것이다. 그리고 문학은 고통의 형언할 수 없는 신음과 절규에 소리와 그림을 제공한다.

죽음의 효용을 말하는 것 또는 언젠가는 그 끔찍한 상실을 맞이해야 한다고 상상하는 것은 어쩌면 불경한 일일지도 모른다. 우리는 사랑하는 사람, 아이, 배우자, 우리 자신의 일부를 잃어버리는 고통에는 절대 면역되지 않는다. 슬픔에 빠진 사람은 한동안 위로해주기도 힘들다. 그러나 자신의 세계관을 생각하고 준비하고 정돈하는 사람들은 남의 슬픔에서 교훈을 얻을 수 있을 것이다.

영국의 유명한 두뇌외과의인 J. Z. 영J. Z. Young은 은퇴한 후에 쓴 저서에서 죽음에 대해 이렇게 말했다. "죽음은 인생이라는 프로그램의 한 부분이다. 이것은 어리석거나 역설적인, 또는 비관적인 견해가 아니다. 우리는 1년생 식물에서 하루살이에 이르기까지, 다른 생명체의 프로그램된 죽음에 대해서는 익숙하다. 우리는 그들이 제때에 죽는 것이 타당한 일임을 알고 있다."[5]

우리에게 먼저 찾아오든, 또는 다른 사람에게 먼저 찾아오든 죽음은 어느 때가 됐건 누구에게나 찾아온다. 최악의 공포를 정면으로 대면하는 것은 뜻깊은 일이다. 실제로 겪는 슬픔의 고통과 공포를 줄여주지 못한다고 해도, 공포에 대면하는 것은 적어도 현재의 불안을 덜어서 다른 사람들에 대한 동정심을 높여주고, 계절의 사이클과 유한한 종의 순환에 발맞추어 살게 하고, 우리의 인생과 인간관계의 즐거움과 진지함을 더욱 깊게 할 것이다. 존 던은 스토리와 인생의 연결관계에 대해 잘 알고 있었음이 틀림없다.

모든 인류는 하나의 저자에게서 나왔고 또한 하나의 전집이다. 한 사람이 죽는다는 것은 한 챕터가 그 책에서 뜯겨져 나가는 것이 아니라 더 좋은 언어로 번역된다는 것이다. 그리고 모든 챕터는 번역되어야 한다. 하느님은 다양한 번역자를 고용했다. 어떤 부분은 '나이'에 의해 번역되고, 어떤 부분은 '질병'에 의해 번역되는가 하면 어떤 부분은 '전쟁'과 '정의'에 의해서 번역된다. 그리하여 그 책은 도서관으로 가는데 모든 책은 서로에게 열린 채 보관된다. 설교 때의 종소리가 목사에게만 울리는 것이 아니라 교회에 오는 모든 신자에게 울리는 것처럼, 이 종은 우리 모두에게 울리는 것이다. [6]

1. Emily Dickinson, 《J.341》 in 《The American Tradition in Literature》, Vol.2, ed. Sculley Bradley, et al.(New York: Random House, 1981).

2. Henry James, 《The Beast in the Jungle》, in 《Story》, ed. Boyd Litizinger and Joyce Carol Oates(Lexington: D.C. Heath, 1985).

3. Margaret Laurence, 《The Diviners》(Toronto: McClleland and Stewart, 1974), pp.328-29.

4. John Crowe Ransom, 《Bells for John Whiteside's Daughter》, in 《The American Tradition in Literature》, Vol.2.

5. J.Z.Young, 《Programs of the Brain》(Oxford: Oxford University Press, 1978), p.28.

6. John Donne, 《XVII, Meditation》, in 《The Complete Poetry and Selected Prose of John Donne》, ed. Charles M. Coffin(New York: Modern Library, 1952).

이럴 땐 이런 책

《키친》 요시모토 바나나 저 | 김난주 역 | 민음사 | 1999년.

이 책의 주인공들은 죽음 앞에서 쿨하지 않다. 상처는 있는 그대로 드러난다. 쿨하고, 적어도 아닌 척 숨기기에 20대 초반이라는 나이는 여전히 너무 젊은 것이다. 어린 시절, 기억할 수 없다는 이유로 스쳐지나간 부모의 죽음이 있었고, 미카게는 할머니 손에 자라난다. 그리고, 결국 할머니인 탓에 할머니는 죽는다. 가족의 이야기인 이 소설은 그저 사랑하는 사람들의 이야기이기도 하다. 가족처럼 사랑하고 싶어, 하는 얘기. 달콤하고도 끔찍한 욕망. 나를 사랑해주었던 사람들의 죽음과 그 죽음 속에 속하지 못한 나. 죽음은 항상 무엇인가로 남는다. 꽃이나 나무처럼. 그도 아니면 꽃으로, 나무로. 가꿈이 필요한 요리나 나무 같은 것으로. 휴학중인 여대생 사쿠라이 미카게가 유일한 가족이었던 할머니마저 죽은 뒤 천애고아가 된 상태에서 정신적 홀로서기에 이르는 과정을 감각적 단문들로 그린 요시모토 바나나의 대표작.

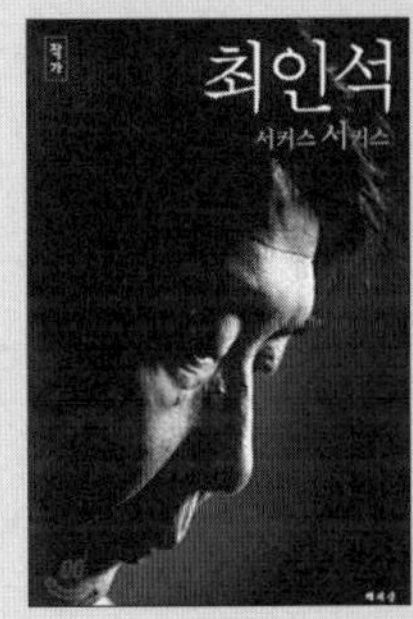

《서커스 서커스》 최인석 저 | 책세상 | 2002년.

급작스런 교통사고로 외아들 승호를 잃은 중년의 아버지 상준은 아들의 자취를 좇아 인터넷의 세계로 뛰어든다. 아들에게 시종일관 '강자의 삶'만 요구했던 그이지만, 아들이 죽고 나서야 아들의 삶을 이해하게 된다. 쉼 없이 달려오다 아들의 죽음으로 비로소 놀아보게 된 세상은, 돈 때문에 원조교제를 하는 여자아이, 신용카드 빚에 허덕이는 조카의 일그러진 초상 등으로 대표되는, 추악한 욕망 덩어리로 점철된 풍경. 작가는 보기에는 화려한 서커스 공연 배후에 숨겨진 배우들의 그늘처럼, 우리가 발을 담그고 있는 현실의 이면에 드리워진 물신주의의 요지경을 간파하라고 요구한다. 문학의 위기에 대한 우려감을 정면으로 돌파하기 위해 기획된 책세상 《작가》 시리즈 1차분 중 한 권이다.

《당신의 물고기》 함정임 | 민음사 | 2000년.

작가 함정임이 쓴 사랑과 죽음에 관한 일곱 편의 중단편 모음집. "이 작품을 계기로 그동안 나를 압도해왔던 남편의 그림자를 벗어나고 싶었다"는 고백처럼, 작가는 죽음이라는 상처를 부여 받고 그로부터 벗어나려고 몸부림치는 약한 영혼들의 삶과 정면으로 부딪치는 정공법을 구사한다. 자신의 몫을 줄기차게 이어 달라는 남편의 다짐 때문이었을까. 작가는 소설쓰기를 통해 스스로를 치유하려고 노력한다. 노력은 머리를 휘젓는 다짐으로 나타나기도 하고, 가끔은 스스로를 타박하는 주문으로 드러나기도 한다. 표제가 된 중편을 비롯하여 수록된 작품 모두 죽음 또한 삶을 유지시키는 현실 중의 하나로 받아들이려는 자세를 보인다.

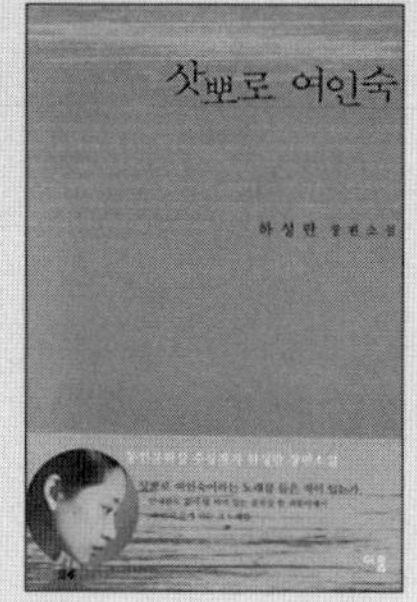

《삿뽀로 여인숙》 하성란 저 | 이룸 | 2000년.

한쪽 귀를 잃고 화장된 쌍둥이 남동생. 기묘하게도 어느 날부터 왼쪽 귀에서 이명이 들리기 시작한 누나 진명. 잃어버린 남동생의 귀가 자신의 귀가 된 것 마냥 다른 사람들에게는 전혀 들리지 않는 '고스케'라는 남자의 음성이 들려온다. 수학여행에서 동생이 샀던 작은 종 네 개의 흔적을 좇아 삿포로 여인숙까지 달려가는 누나의 심리를 통해 '현실과 이상' '실재와 허상'의 간극 허물기를 본격적으로 시도하는 작가 하성란의 장편소설. 시재한 동생의 죽음이 뿔뿔이 흩어진 기억으로 인해 허상 같아 보이고, 이명으로 다가왔던 흐릿한 '고스케'의 존재감은 실제 인물로 형상화된다. 의미는 파편처럼 흩어져 있지만, 오밀조밀한 글맛이 오히려 부담 없이 가독성을 높이는 책이다.

《모리와 함께한 화요일》 공경희 역 | 미치 앨봄 저 | 세종서적 | 2002년.

디트로이트에서 가장 바쁜 직업 중의 하나인 스포츠 기자 출신의 저자는 대학 졸업 후 16년 만에 자신의 스승인 모리 교수가 루게릭병으로 죽어가는 것을 TV를 통해 알게 된다. 그리고 그들의 만남. 매주 화요일에 열린 노교수와 제자의 토론을 통해, 가족, 결혼, 화해, 용서, 슬픔, 죽음 등에 다가서는 저널리스트 제자는 스승의 장례식장에서 졸업논문 대신 한 권의 책을 펴낸다. 다가선 죽음 앞에서 생을 이야기하는 슬픈 만남이지만, 때로는 체념이 더 숭고한 희망으로 다가오는 것임을 감동적으로 그려낸 아주 밝은 스토리의 작품. 이 책은 언제든지 죽을 수도 있다는 확실한 운명을 지닌 사람이, 남은 시간을 인간의 삶을 위해 할애하는 아름다운 나눔을 보여주는 예로 다가온다.

제5부
우리 시대의 문제와 책읽기

놀라운 점은, 필요한 책을 찾아내는 방법을 잘 몰라도
사람들이 그것을 결국은 찾아낸다는 것이다.
그리고 더 중요한 것은 사람들이 '자기가 읽은 것에서
자기가 필요로 하는 것을 발견한다'는 것이다.

12

금지된 것에 저항하기

우리는 자칫 잘못하다 보면, 간단한 메시지를 수동적으로 받아들이고 우리의 주관을 포기하면서 다른 사람의 지시에 우리 자신을 내맡기는 사람이 될 수 있다. 반대로 더 많은 정보를 요구하여 철저히 읽으면서 비판적으로 검토하여 적극적으로 대책을 세우는 사람이 될 수도 있다. 이러한 차이는 독서를 하느냐 하지 않느냐로 결정된다. 반대세력을 죽이거나 투옥한 후 독재정권을 수립한 세력이 제일 먼저 하는 일은 각종 읽기 자료를 통제하고, 정부가 관리하는 출판사 외에 모든 민영 출판사를 철폐하고, 모든 간행물을 단속하는 일이다. 이렇게 해서 그들은 사람들이 체제에 순응하게 강요한다.

그들이 시와 소설도 통제하려고 들까? 물론 어떤 사람은 과연 그렇게까지 할 필요가 있겠는가 하고 반문할지도 모른다. 소설은 허구에 지나지 않는 것이 아닌가. 허구를 심각하게 생각할 사람은 아무도 없다. 또 시로 말할 것 같으면 요즈음 누가 월스트리트(뉴욕의 금융가)에서 시를 읽겠는가 말이다. 하지만 이런 주장에 현혹되어서는 안 된다. 소설과 시야말로 사람의 마음을 변화시키는 것이다.

어떤 사람은 해리엇 비처 스토Harriet Beecher Stowe의 《톰 아저씨의 오두막Uncle Tom's Cabin》이 미국의 남북전쟁에 시동을 걸었다고 말한다. 이 소설이 노예제도에 대한 일반대중의 의식에 커다란 변화를 가져온 의미심장한 요인이었음은 아무도 부정하지 않는다. 플라톤은 이상국가를 논한 책인 《국가》에서 시를 금지해야 한다고 주장했다.

러시아 혁명을 다룬 보리스 빠스쩨르나끄Boris Pasternak의 《닥터 지바고Doctor Zhivago》는 소련에서 수십 년 동안 출판 금지가 되어 있었다. 로렌스의 《채털리 부인의 사랑》은 성의 문제에 관한 침묵의 규율을 깨트리고 귀족제를 모독했다는 이유로 영국에서 판금이 되었다. 빅토리아 시대의 영국에서, 찰스 디킨스, 개스켈 부인Mrs. Gaskell, 찰스 킹슬리Charles Kingsley, 샬로트 영Charlotte M. Yonge, 조지 엘리엇의 소설

해리엇 비처 스토 1811~1896. 미국 코네티컷주 리치필드 출생. 신학자인 L. 비처의 딸로 이웃 켄터키주에 있는 노예들의 비참한 상태를 속속들이 알고 있었다. 1836년 신학교 교수인 C. 스토와 결혼하고 1850년에 동부의 메인주로 이사했다. 이 해에 발효된 도망 노예단속법안으로 노예제도에 대한 그녀의 분노는 더욱 커졌다. 노예제도에 대한 그녀의 인도주의적인 분노가 《톰 아저씨의 오두막》을 발표하게 했다.

❂ 《톰 아저씨의 오두막》, 1852년 출간.

은 여자들이 겪고 있던 고통의 완화와 작업환경의 향상에 획기적인 전기를 마련했다. 벤저민 디즈레일리Benjamin Disraeli 수상의 소설들은 사람들에게 사회적 변화를 받아들이는 마음가짐을 안겨주었다는 점에서 그의 정치적 행위보다 더 영향력이 있었다.

영국 최초의 공공교육법은, 선거로 운영되는 민주주의에서는 우선 국민이 글을 읽을 줄 알아야 한다고 규정했다. 그런데 여기서, 국민이 오로지 정부가 읽으라고 유도하는 것만 읽어야 한다면 어떻게 될까? 우리는 그런 일은 있을 수 없다고 말한다. 민주국가의 정부는 자유로운 생각을 검열하지 않는다고 말한다. 그렇다고 자유로운 표현을 보장하기 위해 정부가 별도의 노력을 기울이는 것도 아니다.

이 문제를 좀더 자세히 살펴보자. 이른바 자유시장이라는 곳에서는 출판물이 발행인의 판단에 따라 시장에 나오게 된다. 발행인은 신문사, 출판사, 잡지사를 소유한 사람을 말한다. 여기에서도 역시 경제의 논리가 개입한다. 그들은 모두 돈을 벌려고 사업을 한다. 언론이란 것

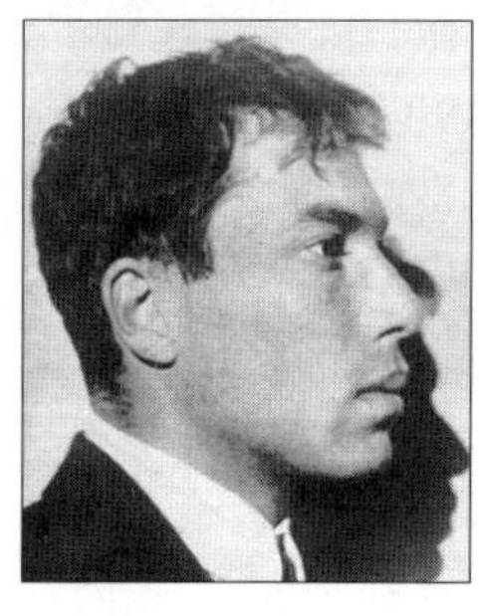

보리스 빠스쩨르나끄 1890~1960. 소련의 시인이며 소설가. 화가인 아버지와 피아니스트인 어머니의 사이에서 태어나 예술의 짙은 분위기 속에서 성장했다. 1958년 혁명에 대한 인텔리겐차의 위화감을 주제로 한 장편소설 《닥터 지바고》로 노벨문학상의 수상자로 선정되었으나 국내의 정치적 압력으로 수상을 고사했다.

은 언뜻 자유로운 듯 보이지만 실은 시장의 수요에 따라 자기규제를 한다. 그리하여 독자는 자신이 바라는 것만 얻게 되는 것이 아니다. 그들은 주어진 것을 읽게 된다. 주어진 것을 바탕으로 정보를 얻고 교육을 받으며 사상을 형성하는 것이다.

머리를 쓴다는 것은 번거로운 일이다. 특히 낯선 것일수록 더욱 골치가 아프다. 간단한 아이디어가 복잡한 아이디어보다 훨씬 힘이 덜 든다. 무엇이든지 대규모로 다루기를 좋아하는 사람들은 사람들의 마음을 계몽하고 발전시키는 교육에는 별로 관심이 없다. 공공 서비스에 대한 목표는 없고 오로지 이익에만 목표가 있는 것이다. 이익을 올리려면 기존의 정신상태를 뒤흔들지 않는 것이 중요하다. 동요되기를 거부하는 마음은 친숙하고 편안한 것만 계속해서 받아들인다. 그러나 안락함은 우리를 잠들게 한다. 의지, 남들과 달라지려는 자유, 창조력이 서서히 사라지고 만다는 것이다.

우리가 잠들어 있는 동안 우리를 둘러싼 환경은 마구 파괴된다. 우리가 무심하게 있는 동안 동료 인간들이 학대를 당하고, 삶에 대한 창조성, 느낌, 흥분은 쇠잔해진다. 자유선거와 언론자유만 있으면 우리의 자유가 보장된 거나 마찬가지라고 생각한다면 큰 오산이다. 정부는 엉뚱한 정보를 슬쩍 흘려 국민을 얼마든지 조종할 수 있기 때문이다.

문학은 복합적 정보의 일차적 원천이다. 문학은 우리의 경험을 감성적 언어와 결합시켜서 관찰로 나온 데이터, 관찰할 수 있는 세상의 세부사항을 인상적이고 믿음직스러운 정보로 바꾸어주는 힘이다. 사실 독재정권은 다른 체제를 다룬 책의 출판은 얼마든지 허용할지도 모른다. 이런 책들은 각종 통계자료, 그래프, 차트, 주석으로 가득 찬 추상적 담론이기 때문에 정서적 호소력이 별로 없다. 하지만 독재정부는 자유로운 사랑, 자본주의 또는 공산주의에 대한 매력적인 그림을 드러내 독자의 정서를 환기시키는 소설은 출판을 금지할 것이다. 실제로 그런 이유로 많은 소설이 판금되었다.

많은 소설이 정보를 취하는 데 대한 억압과 우민정치의 위험성을 폭로했고, 광신에 가까운 단순한 마음과 기술, 기계에 대한 무조건적인 숭배를 비난했다. 조지 오웰의 《1984년》을 보면, 정보의 통제가 곧 국민의 통제로 이어진다. 모든 미디어는 정부의 미디어로서 복무하는 측면이 있다. 언어는 여러 가지로 해석될 수 있는 가능성과 정서적 함의를 제거하기 위해 다시 디자인된다.

역사는 날마다 새로운 버전으로 바뀐다. "개인의 정체성은 국가의 정체성으로 대체된다." 모든 사람이 똑같은 것을 믿어야 한다. 행동은 구호에 따라 결정된다. 국가의 선전이 개인의 사상, 지혜, 전통을 대신한다. 생각, 질문, 토론, 의문, 배려, 느낌, 개인적 관계 등을 완전히 무시하는 완전한 복종의 길로 들어서게 되면 우리는 머지 않아 오웰이 말하는 국가, 곧 반反 유토피아, 죽음에 도달하게 될 것이다.

고문, 테러, 경찰의 불법연행이나 야간의 갑작스러운 실종 등 이런 무시무시한 짓을 하지 않고서도 사람들을 통제할 방법은 얼마든지 있다. 사람들에게 마약을 주어 쾌락 속에서 잠들게 하는 것이다. 올더스 헉슬리Aldous Huxley의 《멋진 신세계Brave New World》는 쾌락으로 로봇이 되어버린 시민들의 국가를 보여준다. 시민들은 모든 고통과 골칫

거리에서 해방되어서는, 실험실에서 만들어진 복제 노동자의 시중을 받는다. 이 사회에서는 동일성이 삶의 목표가 되고 심지어 생물학적 기반도 다시 프로그램되어 다양성은 제거된다.

이 사회에서 문학은 생각과 느낌을 촉발시킨다는 이유로 제거되고, 대신 아무런 생각 없이 쾌감만을 즐길 수 있는 각종 오락이 제공된다. 섹스도 마찬가지이다. 섹스는 생식, 문화, 인간관계, 장기적 목표 등에 성가심을 받는 일이 전혀 없이 오로지 쾌락에만 이바지하는 물건이 되었다. 헉슬리는, 쾌락이 공작이나 국가적 통제 못지 않게 사람을 로봇으로 만들 수 있음을 보여준다.

독재국가는 국민들을 아무 생각도 없고 행복하지도 불행하지도 않고 창조적이지도 않은 기계적 로봇으로 만들기만 하면 될 뿐, 그것이 국가의 테러에 따른 것이냐 아니면 국가의 교묘한 조종에 따른 것이냐는 별 문제가 되지 않는다. 국민을 로봇으로 만들 수 있으면 그뿐인 것이다. 여기서 우리는 그런 국가들이 문학을 제거했다는 사실에 주목해야 한다.

올더스 헉슬리 1894~1963. 영국의 소설가이자 비평가로, 현대문명에 절망하고 좌절하는 지식인의 의식세계를 신랄한 풍자와 예리한 비판으로 서술하며 극도의 절제와 지적 기교 그리고 새로운 접근법으로 20세기 영국을 대표하는 작가로 자리잡았다.

◑ 《멋진 신세계》, 1932년 출간. 《멋진 신세계 외》, 이성규, 허정애 공역 | 범우사 | 1989년.

레이 브래드베리가 SF소설 《화씨 451》에서 묘사한 멍청한 사회 역시 문학을 제거했다. 브래드베리가 묘사한 사회에서 책읽기는 불법이고 소방서는 책을 제거하거나 불태우는 일을 한다. 자신이 갖고 있는 책을 자진 신고하지 않은 사람은 사형에 처해진다. 책이 치워진 벽마다, 연속극이 계속 흘러나오는 TV가 설치된다. 연속극은 시청자의 독립된 생활을 대체하여 프로그램 속에 있는 삶으로 바꾸어놓는다. 이것은 결국 광기와 자살로 치닫는다.

현대의 추세가 가져올 수도 있는 궁극적 결과를 설득력 있게 보여주는 것은 커트 보네거트Kurt Vonnegut의 《자동 피아노Player Piano》이다. 소설 속의 피아노는 연주자가 필요 없다. 이 책은 기계사회에서 잉

커트 보네거트 1922~ . 1960년대를 풍미한 '반문화운동 counter-culture'의 기수 중 하나이자, 미국 풍자문학사에 '우주적인 농담'이라는 새로운 기법을 창출해낸 작가. 국내에 번역된 책으로는 《챔피온들의 아침식사》《자동 피아노》《갈라파고스》《고양이 요람》 등이 있다. 평균적인 미국인을 주인공으로 설정하여 블랙코미디 기법으로 반전 메시지를 완곡하게 전달한 그의 대표작 《제5 도살장》은 〈스팅〉을 만든 조지 로이 힐 감독이 영화화했다. 어두운 세상을 조롱하는 냉소로 컬트의 수장이라는 명성을 얻었지만, 언제나 휴머니티의 따뜻함을 믿고 있는 커트 보네거트, 이제는 "현존하는 최상급의 미국작가"라는 평을 듣는 위치에 올랐지만, 정작 우리나라에서 그의 글맛을 접하기는 그다지 쉬운 일이 아니다. 1980년대부터 번역본이 꾸준히 나오고 있지만, 단 한 번도 재판에 들어간 일이 없으니 말이다.

여 인력으로 남은 노동자들과 일을 하지 않고 살게 된 많은 사람에 대해 이야기하고 있다. 이 사회의 시민은 분노하고 절망하고 자기자신이 아무 쓸모도 없는 존재라고 생각한다. 신기하고 교묘한 부속품을 만들어낸 장본인인 사람들이 이제는 그들 자신을 쓸모 없는 부품으로 만들고 있는 것이다.

위에서 말한 책은 모두 경고를 담고 있다. 특히 픽션을 포함하여 각종 읽을거리를 읽지 않는 사람은 자신의 세상에 대한 본질적인 정보를 포기하는 것이다. 자신의 세상과 그 세상과 자신의 관계, 다른 사람들의 생각과 느낌, 이런 모든 것에 대한 정보를 상실하는 것이다.

그것을 상상하라!

시와 소설을 읽는 것은 그 어떤 활동보다 알차며 잘 기억되고 즐겁게 받아들일 수 있는 정보를 제공한다. 그뿐인가. 당신 스스로 당신의 생활을 창조적으로 통제하여 좀더 인간다운 사람이 되게 하는 것이다. 독서는 당신의 상상력을 훈련시키고 향상시킨다. 그 작동방식은 이렇다. 당신이 픽션 속에서 읽게 되는 언어는 당신의 감각을 활발하게 가동시킨다. 당신은 그림을 볼 수 있고 소리를 들을 수 있다. 당신이 텍스트에 이런 그림과 소리, 냄새를 '공급'하려면 먼저 당신의 기억창고를 동원해야 한다. 당신 자신만이 그 텍스트에 '당신의' 읽기 재료를 공급할 수 있기 때문이다. 이렇게 하여 당신은 기억을 연습시키게 된다.

문학은 당신이 당신의 기억을 가동시키게 도와준다. 그 기억과 관련된 느낌을 풀어주는 핵심적인 열쇠가 당신의 기억인데 문학은 그런 느낌을 앞으로 불러내어 특화해주기 때문이다. 잘 기억나는 사건, 인물, 장소에는 강력한 느낌이 부착되어 있다.

자, 이제 당신은 독서를 해나간다. 당신의 기억은 당신이 읽는 언어에 필요한 정보를 공급하면서 만족스럽고 강력한 데이터 뱅크처럼 작동한다. 하지만 이 모든 과정은 결코 자동적으로 이루어지는 것이 아니다. 실은 별로 그렇지가 않다! 당신이 읽는 자료는 당신이 겪는 일상생활의 정확한 복사판이 아니기 때문에(설사 그런 스토리가 있다고 하더라도 그것이 당신의 흥미를 끄는 것은 잠시 동안만일 것이다. 그런 스토리는 당신을 단 하나의 스토리에 가두는 셈밖에 되지 않기 때문이다) 당신은 새로운 정보에 적응을 해야 한다. 작가가 공급하는 재료와 당신이 내어놓을 수 있는 재료가 서로 딱 맞지 않으므로 조정을 해야 하는 것이다. 바로 여기서 상상력이 필요하게 된다. 당신이 잘 모르는 것을 이해하기 위하여 당신이 이미 알고 있는 것을 동원하는 것, 이게 바로 상상이다.

서로 잘 어울리지 않는 것을 한데 놓으려고 할 때(잘 어울리지 않는 이유는 전에 결합시켜본 적이 별로 없어서이다) 우리는 상상력을 이용한다. 어떤 패턴이 일단 익숙해지면 어려운 부분(또는 즐거움이나 자극)은 끝나고 그때부터는 단지 기억에 의존하면 될 뿐이다. 상상은 문제를 해결하기 위한 정신적 과정이다. 어린아이들은 나무 조각을 쌓아올릴 때나 어떻게 하면 손에 장난감 일곱 개를 한꺼번에 쥐고서 문을 열 수 있는지를 알아내려고 할 때 상상력을 발휘한다.

이닦기에는 상상력이 전혀 필요하지 않다. 하지만 야생지대를 카누로 여행하게 되었는데 칫솔을 갖고 오지 않은 경우이면 사정은 달라진다. 상상력이 없으면 우리는 발명이나 예방, 내용을 공급하는 일을 할 수가 없다. 상상력을 활발하게 가동시키기에 가장 좋은 방법은 시와 소설을 열심히 읽는 것이다. 시와 소설을 읽으면서 그 내용을 이해하려면 쉴새 없이 상상력을 가동해야 하기 때문이다.

다음은 랠프 구스타프슨Ralph Gustafson의 시이다. 이 시는 잘 연결되지 않는 이미지를 서로 결합시킴으로써 참신한 자극을 준다.

자, 이제 우리 가서 신선한 공기를 쐬며
버스를 세우고 차비를 냅시다,

이층 자리에 앉아 사랑을 꿈꾸며
도심의 거리를 부드럽게 들이키며.

여름이 이 도시에 찾아와
콘크리트 잔디밭에 황금이 꽃피게 하고

연인들의 정맥에 황금을 솟구치게 하고.
수백만 개의 창문을 황금빛으로 깨뜨립니다.

그리고 여름의 태양이 질 때,
우리, 보도 위에 주저앉도록 해요

주방의 의자에 앉아서는
당신을 위해 노래 불러주는 라디오를 듣고요.

그리고, 내 사랑, 당신은 나와 함께 주택지구의 하늘에 뜬

은하수의 가느다란 길을 쳐다보도록 해요. [11]

　　그리고 다음은 디킨스의 장편소설《블리크 하우스Bleak House》의 첫
머리에 나오는 장면이다. 이 장면은 도덕적으로 안개에 휩싸인 사회
의 풍경을 생생하게 전달한다. 어떤 장면이 시각적 집중과 확대를 노
리고 있는지 또 그것이 당신의 마음속에서 어떤 세부사항을 환기하는
지 잘 살펴보라. 이것을 낭독하는 것이 당신의 심리에 어떤 영향을 미
치는지 살펴보라.

　　어디에서나 안개였다. 초록의 작은 섬과 초원 사이를 흐르는 강의
상류에도 안개였다. 선적용 계단과 거대한(그러면서 지저분한) 도시
의 오염된 부두에 휘감겨 더럽혀진 강물이 흐르는 하류에서도 안개
는 계속됐다. 에섹스 늪지에도, 켄트의 고지대에도 안개였다.
　안개는 석탄 수송선의 빈틈에도 스며들었다. 안개는 선착장에도,
커다란 배의 삭구索具에도 어른거렸다. 안개는 바지선과 소형선박의
뱃전 위에서도 흐느적거렸다. 연금생활자 수용소의 벽난로 옆에서
기침으로 헐떡거리는 늙은 그리니치 연금생활자의 눈과 목구멍에도
안개가 스며들었다.
　비좁은 선실에 앉아 화를 내며 오후의 파이프를 꺼내는 선장의 파
이프에도 안개가 내려왔다. 갑판에서 몸을 부르르 떨고 있는 견습선
원의 손가락과 발가락 위에도 안개가 스며들었다. 난간 너머로 안개
의 하늘을 쳐다보던 다리 위의 행인들은 그들의 주위가 온통 안개뿐

이라고 생각했다. 그들은 풍선 속에 갇혀 안개의 구름 속에 매달리
기라도 한 듯한 느낌이었다. [12]

언어의 힘

메타포(은유)는 머릿속에 있는 이미지를 살짝 옮겨 어떤 것을 다른 것
으로 둔갑시키는 언어의 힘이다. 예를 들어 위에서 인용한 구스타프
슨의 시에서는 "도심의 거리를 부드럽게 들이키며"라는 구절이 나오
는데, 이것은 눈이 하는 일을 입으로 무언가를 마시는 동작으로 전이
시킨 것이다. 이것이 가능하려면 도심의 거리는 마실 수 있는 것이 되
어야 한다. 즉 딱딱한 것에서 인체가 기분 좋게 흡수할 수 있는 액체로
바뀌어야 하는 것이다. 물론 이것은 현실적으로 불가능하다. 하지만
심리적으로는 체험이 가능하다고 묘사하는 것이다.

달리 말해서 우리는 언어를 사용하여 몸-마음의 체험, 곧 느껴진 체
험을 가능하게 한다. 이 느껴진 체험이야말로 세상을 굴리는 힘이다.
고체가 액체가 되는가 하면 눈이 애무를 하고 실망감이 혀의 씁쓸한
맛으로 바뀌는 것이 구체적 사례이다.

이런 체험을 설명하는 데 도움을 주고 자리 매겨주는 언어가 바로
은유의 언어이다. 시인과 소설가는 언어를 이런 식으로 작동하는 데
특별한 재주가 있는 사람들이다. 그들은 자신의 경험을 세밀히 검토
하여 그것에 새로운 이름을 붙여주는 언어를 발견하며 그것을 전달할
수 있는 형태로 바꾼다. 우리는 독서에서 언어를 배운다. 또 하나 중요

한 기능이 은유에 있다. 은유는 시간을 붕괴시킨다. 언어는 전후의 순서에 따라 움직인다. 구문은 그 속의 단어들이 일정한 순서를 따라 형성되어야만 의미를 발생시킨다. 그런데 은유는 이중 노출 또는 몽타주처럼 일상적 언어와는 다른 기능을 발휘한다. 그것은 두 이미지를 동시에 발생시켜 각 이미지를 서로 보충한다. 다음은 구체적 사례로서 애비 박서Avi Boxer라는 시인의 시에서 뽑아온 것인데, 애인의 부재에서 느끼는 외로움을 표현한다.

나는 빈 화분에 물을 줍니다.
장미나무의 그루터기에 붕대를 감습니다.
그리고 느릅나무의 썩어가는 가지를
잘라냅니다.
천창을 쳐다보며 한숨을 쉬면서. [13]

은유는 두 사물을 뒤섞으면서 그 두 개가 동시에 발생하게 한다. 여기서 "썩어가는 가지를 잘라냅니다"는 질병과 절단(잊기)의 이미지를 원예의 이미지와 결합시킨다. 이미지들의 덩어리는 더 많은 효과를 자아낸다. 죽어가는 느릅나무와 그늘진 천창 아래 한숨 짓는 시인의 분위기는 교묘하게 호응한다.

우리가 독서를 하면서 텍스트에 의미를 부여하는 동안 언어는 우리에게 많은 기교, 장치, 기적을 가르쳐준다. 독서를 하면서 우리는 두 가지 중요한 혜택을 얻는다.

1. 우리는 우리가 읽은 것으로 우리의 삶과 느낌의 신비를 풀어헤
   칠 수 있다.
2. 우리는 우리의 커뮤니케이션에 소용될 언어의 힘을 획득한다.

언어에 은유와 이미지를 추가함으로써, 우리는 제 입장을 잘 표현하
고 의사소통을 생생하게 하며 너무 익숙하여 죽어버린 언어에 생기를
불어넣을 수 있다. 소설과 시는 우리에게 새로운 언어를 제공함으로
써 우리 자신을 한층 효과적으로 표현할 수 있게 도와준다. 자신의 입
장을 잘 전달하고 남의 주목을 받고 변화를 일으키게 해주는 것이다.
생생하게 살아 있으려면 우리에게는 메타포가 필요하다.

1. Ralph Gustafson, 〈City Song〉 in 《Love Where the Nights Are Long》, sel.
   Irving Layton(Toronto: McClelland & Stewart, 1962).

2. Charles Dickens, 《Bleak House》(London: Oxford University Press, 1948).

3. Avi Boxer, 〈Letter in Late September〉 in 《Love Where the Nights Are
   Long》.

이럴 땐 이런 책

《빵가게 재습격》 무라카미 하루키 저 │ 권남희 역 │ 창해 │ 2002년.

하루키의 팬이라면 장편소설 《양을 둘러싼 모험》과 《세계의 끝과 하드보일드 원더랜드》《상실의 시대》《댄스 댄스 댄스》를 짚지 않고 넘어갈 수가 없을 것이며, 수필집 《무라카미 하루키 수필집 1, 2, 3》과 《먼북소리》《슬픈 외국어》를 빼놓을 수 없을 것이다. 좋아하든 그다지 탐탐해하지 않든 우리 시대에 가장 많이 읽히는 작가 중 하나가 하루키라는 것은 부정할 수가 없겠는데, 장편, 산문 등등을 모두 합쳐서 하루키의 작품 중에서 재미로만 따지면 단연코 압권인 것이 단편집 《빵가게 재습격》이다. 하루키는 말을 줄여 짧게 짧게 끊어 가면 유머스럽기 그지없는 모습을 보여준다. 표제작 《빵가게 재습격》에 '재'라는 글자가 붙어 있는 것은 하루키가 그냥 붙인 것이 아니고, 실제로 《빵가게 습격》이라는 '전편'에서 따온 것이다. 하루키의 옛 단편들을 모은 《무라카미 하루키 걸작단편선》에 들어 있는 이 작품도 대단히 만만치가 않아서, '속편'에 대한 기대치를 애시당초 낮출 정도이다. 그러나 학생 시절의 빵가게 습격 사건을 뒤로 하고 세월이 흘러 결혼도 하고 그렇게 지내던 '내'가 한밤중에 가공할 만한 힘으로 습격해오는 공복감을 이기지 못해 다시 빵가게(이번에는 맥도널드이긴 하지만)를 습격하는 《빵가게 재습격》도 여전히 재기발랄하고 짓궂다. 하루키가 세상을 대하는 영악함은 언제나 얄밉다기보다는 부러운 종류의 것이다. 표제작과 더불어 다섯 편의 단편이 실려 있다.

《눈먼 자들의 도시》 주제 사라마구 저 │ 정영목 역 │ 해냄 │ 2002년

"스케일이나 스타일에서 성경에 버금가는, 잊어지지 않을 대작." "조지 오웰의 《1984》, 카프카의 《심판》, 카뮈의 《페스트》를 능가하는 우리 시대의 우화." 출간 당시 이 책에 대해 세상이 보낸 찬사이다. 소설은 도시 전체의 사람들이 갑자기 앞을 볼 수 없는 전염병에 걸린다는 가상 장치를 통해, 인간본성과 현대사회에 대한 새로운 통찰을 보여준다. 실명은 인간성의 상실을 의미한다. 전염을 막기 위해 강제수용조치를 내린 정치인, 수용소에 격리되고서도 각자의 이익만을 챙기려는 인간들, 이들에게 무차별 총격을 가하는 군인들의 폭력, 창궐하는 폭도들은 인간본성의 추잡함과 야만적인 폭력성을 드러낸다. 이 암울한 현실에 대해 희망의 끈을 완전히 놓을 만큼 작가가 비관적인 것은 아니다. 유일하게 눈이 멀지 않은 '의사의 아내'가 행하는 휴머니즘은 '눈먼 자들의 도시'라는 가정이 따뜻한 인간사회를 꿈꾸는 작가의 역설임을 보여준다.

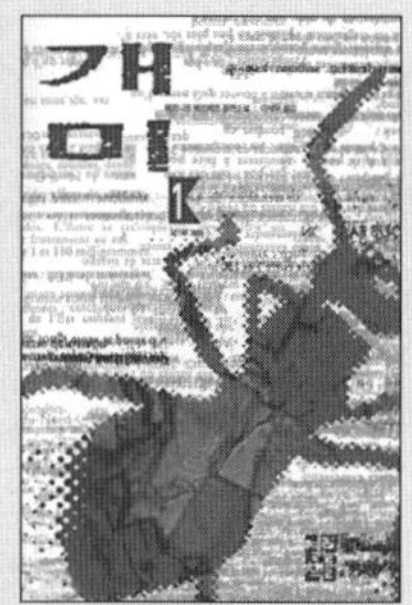

《개미》 베르나르 베르베르 저 | 이세욱 역 | 열린책들 | 2001년

"당신이 다음 글을 읽는 몇 초 동안, 40명의 사람과 7억 마리의 개미가 지구위에 태어나고 , 30명의 사람과 5억 마리의 개미가 지구 위에서 죽어가고 있다."

이 지구의 주인은 인간일까? 이 소설을 읽어보면 그것은 인간들이 가지고 있는 오만한 생각일지도 모름을 느끼게 된다. 이 소설은 한 마리의 개미 혹은 하나의 개미 도시가 태어나서 성장하고 멸망해가는 과정을 치밀하고 생동감 있게 그려나간 과학소설이자 철학소설이다. 베르베르는 이 소설을 쓰기까지 거의 30년 전 생애를 바쳐 개미를 관찰하고 연구했으며, 개미에 관한 논문이 콘테스트에서 호평을 받아 '뉴스' 재단의 주선으로 아프리카로 가서 개미 연구에 몰두한 적이 있는 개미 박사이기도 하다.

《이갈리아의 딸들》 게르드 브란튼베르그 저 | 노옥재 등 역 | 황금가지 | 1996년.

현재의 남녀 성역할이 완벽하게 똑같이 바뀐 가상세계를 다룬 소설이다. 어쩌면 여러 번 뒤집어보아야 하는 소설인 것이, 여기서 여자의 역할은 지금 남자들의 세계에서 벌어지는 모양새를 너무나 그대로 '답습' 하고 있어서 조금 거칠고 페미니즘 소설이라고 하기에는 조금 뭣하지 않은가 하는 느낌도 줄 수 있다. 하지만 그것이 역설적으로 통쾌함을 자아낸다. 소설이라는 허구의 공간에서는 모든 것이 가능한 것이다. 이것저것 다 차치하고 처음 느끼는 감정이 통쾌함이었다면, 읽어가는 동안 등장인물들이 내보이는 가부장적인 모습에 눈살을 찌푸리게도 되고 그러면서 자연스럽게 그 모순과 부당함을 일깨워준다는 점에서 역시 이 소설은 탁월한 페미니즘 소설로 일컬어질 만하다.

《악마의 시》 살만 루시디 저 | 김진준 역 | 문학세계사 | 2001년.

1988년 이 책이 처음 출간되었을 때 이란의 호메이니는 살만 루시디에 대한 처형을 명령함으로써 픽션 작품에 세상을 전복하는 힘이 있음을 인정하는 셈이 되었다. 분서갱유가 옛말이 되는 것은 '완전한 세상' 에서나 가능할 일. 선과 악의 구분이 모호해졌다고 말하는 이 시대에 루시디는 그 두 주제의 문제를 맹렬하게 파고든다. 이 거창한 주제를 다루는 살만 루시디의 솜씨는 다른 말 다 필요 없이 이슬람 세계의 지도자들과 급진주의자들의 심기를 엄청나게 건드린 것으로 충분히 증명이 된다. 그러나 좀더 제대로 해독하자면 이슬람권에 대한 불경한 비유가 문제가 아니라 현실과 꿈, 과거와 미래, 신과 악마가 뒤얽히면서 빚어내는 마술적 리얼리즘은 매혹적인 정수를 만끽할 수 있을 것이다.

13

누구나 늙는다

나이 든 사람을 모욕하지 마라.
당신도 곧 그렇게 되리니.

오늘날 점점 더 많은 사람이 노인집단에 편입되고 있다. 노년층이 인구에서 점점 더 많은 부분을 차지하는 것이다. 나이 드는 것에 대한 접근방식에는 두 가지가 있다. 하나는 나이 드는 것을 무시하면서 마치 결코 늙지 않을 것처럼 그 문제에 대한 생각을 언제까지나 뒤로 미루는 것이다. 이런 접근 방법에 대해서라면 문학은 아무런 할 말이 없다. 다른 한 방법은 노년에 대비하는 것이다. 노년에 대해 이야기하고 그것을 다룬 글을 읽음으로써 미리 계획을 세운다. 사람들은 심신이 쇠약해지는 것, 피할 수 없는 죽음을 가까이 대면하는 것에 불안을 느낀다. 이러한 불안은 문학으로 상당히 해소될 수 있다. 그러니까 문학이라는 수단으로 현실과 대면하는 것이다.

각종 지원과 의료혜택이 커지면서 사람들은 전보다 오래 살게 되었다. 연금은 아주 흔한 복지 형태의 하나가 되었다. 이제 대부분의 직장인이 은퇴 후에 레저를 즐길 수 있는 시간이 많기를 바란다. 반면 집안의 나이 든 사람들은 존경받던 위치에서 밀려나고 있다. 사람들은 집안에 노인이 있다는 것을 더 이상 특혜로 생각하지 않는다. 젊음, 운동, 체력, 에너지, 시끄러움을 숭배하는 것이다. 나이든 사람도 청춘에 머물러 있기 위해 필사적으로 노력한다. 정신활동, 지혜, 경험, 나이에서 오는 지식은 우리의 가치 리스트에서 아래쪽으로 밀려나고 있다. 우리는 새롭고 기발한 것만 존중할 뿐, 낡았지만 진실한 것은 더 이상 숭배하지 않는다.

나이 듦에 대한 이야기를 읽는 것은 아주 유익한 도움을 줄 수 있다. 어린아이는 청소년기를 대비하고, 젊은이는 집 떠나서 결혼할 준비를 하고, 신혼부부는 직업과 부모역할에 대해 준비해야 한다. 우리 모두는 각자 나이 드는 과정에 대해 대비를 해야 한다. 나이 든다는 것은 여러 이유로 나쁜 의미로 받아들여지는데, 그 이유라는 것이 대부분 문화적인 것이다.

환상-젊음-순간적 기쁨을 숭배하는 디즈니 월드에서 나이 든다는 것은 반갑지 않은 불청객이다. 노인은 경제적으로, 성적으로, 사회적으로 대단히 취약한 입장에 있다. 반면 젊음은 하나의 약속이요, 모든 것이 이루어질 것 같은 가능성이다. 상업주의가 판치는 우리 사회는 달콤한 가능성, 황금의 당근, 매력적인 약속, 멋진 꿈이 넘쳐나는 파격적인 사건 등을 사랑한다. 이 문화는 미래의 위대한 성취 대신에 청소년 같은 '애무'(신체적 쾌락)를 만들어내는 문화인 것이다.

리어왕을 따라 다니는 광대는 왕이 늙기 전에 좀더 지혜롭게 되었다면 얼마나 좋았을까 하고 말했다. 노인이 자신의 늙음을 감추기 위해 필사적으로 젊어지려고 애쓰고 나이를 속여 말하고 성형수술을 하고 머리를 염색하는 것처럼 더 슬픈 일이 있을까? 노년에 관하여 내가 즐겨 인용하는 시는 셰익스피어의 〈소네트 73〉이다. 이 시는 위엄, 슬픔, 사랑(죽음 앞에서도 시들지 않는 사랑)에 대한 감사의 마음으로 노년을 받아들인다.

그대는 나 안에서 이러한 계절을 보게 될 거요.
전에 아름다운 새같이 노래했던 소년 성가대의,
지금은 폐허가 되어 싸늘하게 비어 있는 좌석을 배경 삼아
흔들리는 가지에 누런 잎이 몇 개 남아 있을까 말까 한 계절 말이오.
그대는 또 나 안에서 황혼을 보게 될 거요.
낙조 후 서녘 하늘에 저물어가는 황혼 말이오.
그런데 이내 곧 어두운 밤이 이 황혼을 앗아가고
제2의 죽음인 잠이 안식 속에 모든 것을 봉인해버리지요.
그대는 또 나 안에서 젊었던 날의 재灰 위에 남아 있는
불빛을 보게 될 거요. 그것은
반드시 타 없어지는 불이 누워 있는 죽음의 침대랄까.
불을 타오르게 해준 것과 함께 타 없어지고 말 거요.
이런 생각은 그대의 사랑을 한층 더 강렬하게 합니다.
그리고 그대가 조만간 잃어버리게 될 그것을
더욱 사랑하게 합니다. [111]

이 시에는 조용한 용기와 아름다움이 깃들여 있다. 시인은 자기자신과 그를 사랑하는 사람에 대한 존경을 동시에 담은 연애시를 썼다. 나이 든다는 것이 대지의 탄생, 죽음, 부활의 사이클과 관련이 있음을 깨닫는 것은 커다란 의미를 지닌다. 늙은 사람에게도 봄은 여전히 찾아오고 잎새는 여전히 푸르며 새들은 여전히 노래 부른다. 워즈워드는 영혼불멸에 보내는 송가에서 노년을 이렇게 노래했다.

한때 빛났던 광채가 지금 영원히
내 눈에서 사라진들 어떠리.
풀의 영광 혹은 꽃의 영광의 시절을
다시 찾을 길 없은들 어떠리.
우리는 슬퍼하지 않고, 오히려
힘을 찾으리 뒤에 남아 있는 것에서.
과기에도 있었고 힝싱 있을 것임이 틀림없는
원초적 공감에서.
인간의 고통으로부터 우러나는
위로의 생각에서.
죽음을 투시하는 신앙에서.
사색적 마음을 가져오는 이 노년의 시기에. [12]

나는 땅의 파괴, 공기와 물의 오염, 야생동물들의 사라짐을 나의 개인적인 일로서 슬퍼한다. 그것을 막지 못한 나는 실패자이다. 나의 삶은 그같이 끔찍하고 방종한 낭비에 의해 더욱 가난해지고 황량해졌다. 북아메리카의 원주민은, 나무를 마구 찍어 죽이고 새들과 물고기들에게 독극물을 주고 땅을 황폐하게 만드는 것은 우리 인간에 대한 모독이라고 말했다. 타당한 이야기다. 우리가 모든 생명체와 연결되어 있음을 보지 못하는 데서 오는 괴리 때문에 이런 짓을 저지르게 되는 것이다. 나이 듦에 대해 보이는 거부와 당황은 우리 자신에 대한 경멸감의 한 표현이다.

노년을 대비한다는 것은 곧 중요한 것, 가치 있는 것, 우리가 직접 하기를 바라는 것을 재평가하는 기회이다. 이 과정에서 해내야 할 인생의 과업이 많이 있다. 19세에서 65세에 이르는 학생들과 노년에 관한 문학을 함께 읽다 보면 큰 보람을 느낀다. 그들은 노인들의 느낌과 생각에 대하여 깊은 통찰을 얻게 되면서 놀라움, 즐거움, 깨우침의 반응을 보인다. 그들은 먼저 남들이 나이 드는 것에 대해서 어떻게 느끼는지 살피고 이어 자신들의 노년에 대해서 깊이 생각한다. 자신이 노인이 되면 어떤 일이 벌어질지, 어떤 일을 해야겠다고 느낄지 생각해 보는 것이다.

다음의 시는 노인의 내면을 다룬 것인데, 이 시를 읽는 사람들은 거기서 깊은 통찰을 발견하고 깜짝 놀라게 된다. 이 시는 자주 들어볼 수 없는 내용을 담고 있다. 시 속의 노인은 나이 드는 것에 대한 존중을 강력하게 요구한다. 하지만 우리는 일상생활에서 잘 들어보지 못한다는 이유로 그런 요구를 무시하기가 일쑤이다.

심술궂은 노파가 이 시를 쓰다

간호사, 당신은 내게서 무엇을 보나요?

당신은 나를 볼 때 이렇게 생각하나요?

심술궂은 노파, 별로 현명하지도 않고

성미도 고약하고 멍한 눈빛을 한 노파,

음식을 흘리거나 대답을 하지 않으며

당신이 커다란 목소리로 "한번 해봐요"라고 말할 때

자기가 무엇을 하는지도 잘 모르고

항상 양말이나 구두를 잃어버리는 노파.

떼를 쓰든 안 쓰든 당신이 하는 대로 내버려두는 노파,

하루종일 목욕도 시켜줘야 하고 밥도 먹여줘야 하는 노파.

이렇게 생각하고 있나요, 혹은 이렇게 보고 있나요?

그렇다면, 간호사, 눈을 뜨고 나를 바라봐요. 당신은 나를

보고 있는 게 아니니까. 비록 당신이 시키는 대로 일어나고

당신이 바라는 대로 밥을 먹지만 여기 이렇게 조용히 앉아 있는

나는 당신이 생각하는 그런 여자가 아니에요.

나는 아버지와 어머니, 서로 사랑하는 형제 자매에 둘러싸인

열 살의 소녀예요.

자기가 곧 만나게 될 애인을 꿈꾸는

발에 날개가 달린 열여섯의 소녀예요.

이제 곧 스무 살이 되면 내 마음은 날아올라요.

내가 지켜야 할 약속을 생각하면서.

스물 다섯 살이 되면 나의 자식을 낳아요.

행복한 가정을 이루기 위해서 그들은 나를 필요로 하지요.

서른 살 무렵에는 내 자식들이 무럭무럭 자라고 있지요,

그들을 영원히 연결해주는 가족의 유대 아래서.

마흔 살에는 내 어린 아들이 다 자라 집을 떠나가고

남편은 내 곁에서 슬퍼하지 말라고 위로해줘요.

쉰 살이 되면 다시 한번 아가가 내 무릎에서 놀아요.

사랑스러운 어린아이를 안아보는 거지요.

그러다가 어두운 날이 들이닥쳐요. 내 남편이 죽고

나는 끔찍한 마음으로 미래를 내다보게 돼요.

이제 내 자식들은 자신들의 자식을 키우고

나는 이제 내가 알던 행복한 시절과 사랑을 기억해요.

나는 이제 늙은 여자인데 자연은 정말 잔인해요.

노파를 바보로 만드는 게 자연의 농담이에요.

몸은 쇠잔해지고 우아함과 활력은 사라져버리고

한때 심장이 있던 곳에는 돌이 들어앉았군요.

하지만 이 늙은 시체 안에 아직도 어린 소녀가 살고 있어요.

그리하여 내 찌그러진 심장은 다시 한번 부풀어오르지요.

나는 즐거움을 기억하고 또 고통도 기억해요.

나는 이제 다시 한번 삶을 사랑하고 또 삶을 살고 있어요.

지나간 날을 생각해보면 그것이 너무 빨리

흘러가 버렸다는 것을 느끼지요.

변하지 않는 것은 아무것도 없다는 사실을 받아들여야 해요.

그러니, 간호사, 눈을 크게 뜨고 잘 보아요.

심술궂은 노파를 보지 말고, 더 가까이 와서 나를 들여다보아요. [13]

사람들은 이 시에서 간호인에 대한 노인의 불평을 읽고서 놀라게 된다. 이 시는 사회의 모진 고정관념과 겉모습으로 모든 것을 판단하는 현상을 비난한다. 항의를 하지 않는 사람은 생각이나 느낌이 없는 것으로 간주된다. 반면에 항의하는 사람은 '심술궂은 사람', 골치 덩어리, 까다로운 환자로 취급받는다.

인종차별, 성차별, 반유태주의 등의 말을 들어보았을 것이다. 그런데 이제 노인문제라는 말이 생겨났다. 부담스럽고 불평 많고 쓸모 없고 냄새나는 노인들을 뭉뚱그려서 이런 말이 나온 것이다. 자기자신의 의사를 강력하게 표현하지 못하는 사람들, 그들의 필요를 표현할 수단이 없는 사람들, 이런 사람들에게 문학은 중요한 발언수단이 된다. 이 세상에는 노인부라는 정부기관도 없고 노인의 복지만을 다루는 정당도 없다. 이처럼 말없는 노인들의 생각과 느낌을 누가 대변할 것인가? 스토리가 그 역할을 담당할 수 있다.

사람들은 종종 나에게, 어머니(또는 아버지나 할아버지)가 살아 있었을 때 이 이야기를 알았다면 들려드릴 수 있었을 텐데 하고 말한다. 그랬다면 자신이 말하고 싶은 것, 물어보고 싶은 것을 분명하게 알 수 있었을 텐데 하고 말이다. 최근에 나도 그와 유사한 경험을 했다. 틸리 올슨Tillie Olsen의 《나에게 수수께끼를 내봐Tell Me a Riddle》라는 부드러우면서도 감동적인 단편소설이 있다. 나는 이 소설의 감동을 이야기하다가 나의 조부모를 생각하고 내가 그분들에 대해 얼마나 모르고 있는지 깨닫게 되었다. 나는 외할머니를 말이 없고 조용하고 엄격한 분이라고 생각했다. 열 명인가 열한 명의 자녀를 거느리고 어두컴컴한 지하방에서 여왕처럼 군림하는 무서운 분이라고 생각했다. 나는 올슨의 단편소설을 읽고 나서 러시아에서 영국으로 이민 온 외할머니를 머릿속에 떠올렸다. 압제와 노예제도에서부터 피난을 와서, 비교적 자유롭고 안전한 땅에서이지만 그 많은 자녀를 키우려면 얼마나 많은 장애와 난관을 극복해야 했을지 생각하면 이민자 부모의 그 엄청난 용기에 고개가 숙여지는 것이었다.

나는 외할머니가 품었을 그 수없이 무서운 기억을 생각해보았다. 할머니는 그런 기억 때문에, 그리고 자녀들에 대한 걱정과 불안 때문에 밤잠을 제대로 이루지 못하며 전전긍긍할 때가 많았을 것이다. 나는 우리 가족의 유산인 그 소중한 스토리가 상실된 것을 슬퍼한다. 나는 외가의 조부모가 겪었을 미지의 고통을 생각하면 그런 어려움 속에서도 자녀들을 잘 키운 그 용기를 마음속에서 높이 존경하게 된다.

생애의 말년에 도달한 나이 든 피난민 부부의 얘기를 다룬《나에게 수수께끼를 내봐》덕분에 나는 내 가족의 뿌리와 그 의미를 다시 생각하게 되었다. 그리하여 압박과 기아를 피해 도망쳐온 모든 피난민에 대해 커다란 존경과 감동을 느낄 수 있었다. 또 가족의 스토리는 글, 사진, 노래로 후세에 전달되어 공유되어야 한다는 것도 알게 되었다. 우리는 과거에서 우리의 약점과 장점을 동시에 깨닫는 것이다.

이제 노인학대는 공개적으로 토론되는 사회문제가 되었다. 많은 소설이 이 주제를 다루고 있는데 나는 그중 두 책을 자주 추천한다.

하나는 메리 사튼의 힘 있는 소설《우리 지금 있는 그대로 As We Are Now》이다. 이 소설은 퇴직 여교사의 이야기인데, 그녀는 나머지 식구

에게 불편을 주지 않으려고 양로원에 들어
간다. 그 양로원은 돈밖에 모르고 적개심
에 가득 차 있으며 모든 게 불만투성이인
가족이 운영하고 있다. 그 가족은 교육이
나 훈련을 받지 않았을 뿐 아니라 양로원
에 관한 책은 전혀 읽지 않은 사람들이다.
양로원의 생활자들은 사실상 죄수나 다름
없으며 반항하는 노인에게는 본인의 동의
도 없이 약제를 처방하여 진압해버린다.

◆《우리 지금 있는 그대로》,
1973년 출간.

　이 소설에는 우리가 하지 말아야 할 일에 대한 경고가 많이 담겨 있
다. 한편 이 소설을 읽는 독자는 이러한 상황에서 어떻게 처신해야 할
것인지에 대해 많이 생각하게 된다. 소설에는 음울한 내용만 담겨 있는
것이 아니다. 이 소설은 여주인공과 양로원 운영자 사이의 역동적인 갈
등도 다룬다. 다시 말해 용기와 희망을 전달하는 이야기인 것이다.

　다른 하나는 가이 밴더해게Guy Vanderhaeghe가 쓴《춤추는 곰Dancing
Bear》이다. 이 소설은 자기 집에서 가학적인 간병인의 보호를 받고 있
는 한 노인에 관한 이야기이다. 노인의 아들이 그 여자 간병인을 고용
했다. 노인의 무기력한 상황에 춤추는 늙은 곰의 상황이 비유된다. 곰
은 노인의 회상 속에서 되살아난다. 노인은 어렸을 때 어떤 곰이 주인
에게 고문당하고 학대당하는 것을 보았다. 곰은 코뚜레가 꿰인 채로
학대당하고 고통받으며 힘겹게 살아 있었다.

　이 스토리를 읽으면서 우리는 남의 고통에 눈을 뜨게 된다. 우리는

이 스토리 속의 간병인 같은 사람은 되고 싶어하지 않는다. 그들은 마음이 돌처럼 차갑고 사람들의 호소를 못 들은 척하고 모욕과 고통을 당하는 사람들의 불쌍한 처지를 외면하는 자들이다. 남들을 배려하려면 먼저 그들의 고통에 눈을 떠야 한다.

언젠가 우리도 책 속의 노인이 받는 대접을 받을지 모른다는 느낌을 갖게 된다는 것도 이런 책을 읽으면서 얻을 수 있는 혜택이다. 독자는, 나에게는 어떤 일이 벌어질까 하고 자문하게 된다. 만약 불결하고 무자비한 양로원에 들어가 형편없는 음식을 먹으면서 프라이버시도, 존경도 없고 오락시설, 다정한 대화, 신나는 자극도 없는 생활을 해야 한다면 나는 어떻게 대응할까?

이런 질문을 던지는 독자는 당연히 자신들의 미래계획을 어떻게 세울지 생각하게 된다. 노년을 열악한 환경에서 보내지 않으려고 더 세심하게 계획을 세우고 가족들과 상담하고 저축계획을 다시 점검하게 된다. 미래의 고통에 대비해 일종의 예방주사를 맞는 셈이다. 이런 과정을 거치면 독자는 미래에 대한 불안에서 어느 정도 해방될 수 있다. 불안은 독자의 의식 속에 잠복해 있는데, 관련된 글을 읽으면서 비로소 활발한 토론에 붙여지게 되는 것이다. 스토리에 대한 반응 덕분에 독자는 자신에게 중요한 것, 자신이 원하는 것, 자신이 신경 쓰는 것을 더욱 선명하게 알게 된다.

나는 지금까지 노년에 대비한 독서에 관해 말해왔다. 그러면 이제 노인들의 독서에 대해 이야기해보자. 노인들의 관심사항은 권력, 경제, 주택, 보살핌에만 국한되어 있는 것이 아니다. 인간이 성장하는 각

단계에는 특별한 필요와 과제가 있듯이, 노인에게도 이해되고 존중되어야 하는 필요와 과제가 있다. 그 필요와 과제는 다양한 문학작품 속에서 아주 감동적으로 잘 제시되어 있다.

늙는다는 것은 어떤 것일까?

사람들이 저마다 다른 개성이 있음을 인식하는 것은 고정화를 막는 예방책이 된다. 어떤 사람들은 나이가 들기도 전에 늙어버린다. 어떤 사람은 아흔 살에도 원기왕성하고 적극적으로 산다. 한 학생의 할아버지는 세 번 결혼을 했고 아흔 한 살의 나이에 손수 차를 몰고 다니며 농장도 직접 경영한다고 한다. 하지만 대부분의 사람은 나이가 들면 행동이 느려진다. 활력을 잃어버리게 되고 감각기능도 무뎌진다. 그러나 몇몇 불운한 경우를 제외하고 대부분의 노인은 기억을 잃어버리지 않으며 그래서 그들의 인생을 정리하려는 필요를 느낀다. 오랫동안 억압되었던 진실과 비밀은 점점 더 긴급하게 우리의 의식으로 표출되려고 한다. 인생 되돌아보기 과정인 것이다.

문학에는 이 과정의 모델이 되는 훌륭한 사례가 많이 있다. 그중 기억해둘 만한 것으로는 90대의 여주인공을 내세워 아주 생생하면서도 아름다운 초상화를 제시한 비타 색빌-웨스트Vita Sackville-West의 《모든 열정이 가고All Passion Spent》이다. 이 소설의 여주인공은 전직 총리의 아내인데, 남편이 죽자 평생 해온 공공봉사와 사회적 의무에서 비로소 놓여난다. 생애의 마지막 해에, 마침내 그녀는 자기가 해보고 싶었던 것을 하게 된다. 그녀는 은둔, 평화로운 명상, 과거에 대한 평가 등에 그 시간을 바친다. 그녀는 자신의 인생에 벌어졌던 일의 의미, 그 일에 자신의 의지가 얼마나 반영되었는지 여부, 그녀가 놓친 것과 이룩한 것을 점검한다. 그리고 생애 처음으로 자기만의 친구들을 선택한다.

여자들은 오랫동안 자기자신을 남편에게 부속된 존재 또는 남편에게 자아를 바친 존재로 여겨왔다. 예전에는 여자들이 하는 일과, 사는 곳, 여자들의 친구와, 여자들의 사고방식을 모두 남자가 좌지우지했다. 그러니 이 해방된 시대에 여성들이 자유에 대해서 글을 쓰는 것은 그리 놀라운 일이 아니다.(설혹 그 자유가 만년에 찾아온 것이라 할지라도.)

마가렛 로렌스의 《돌의 천사The Stone Angel》는 단단하고 따뜻하고 자부심이 강한 어떤 나이 든 여인이 자신의 삶을 되돌아보는 이야기이다. 독자는 지나치게 자부심이 강하여 진심을 드러내지 못하는 사람의 고뇌, 슬픔과 상처에 끝내 매달리는 사람이 치러야 하는 대가에 대해 알게 된다. 인생은 끝날 때까지는 끝난 게 아니다. 가족간의 일이 고백이나 정면대결에 의해 고쳐지지 않고, 상처, 필요, 욕망이 표현되지 않으면 좌절감이나 고통은 결코 사라지지 않는다. 잘 죽는 것 못지 않게 잘 살기 위해서도 평화와 정직은 반드시 필요하다.

나의 고객 중 한 사람인 마리아는 20년 된 결혼생활, 편안한 가정, 사회적 지위를 모두 내버리고 두 명의 십대 자녀 중 한 명만 데리고 작은 아파트로 이사하여 외짝 부모로서의 삶을 다시 시작했다. 그녀의 결정은 아주 절망적인 상태에서 나왔다. 혼자 사는 것보다 죽은 결혼생활을 그대로 유지하려고 애쓰는 것이 더 외로움을 줄 수 있었다. 하지만 이런 상태를 배우자, 친구, 친지들에게 자세히 설명한다는 것은 그리 쉬운 일이 아니다.

마리아는 자신이 하려는 일이 옳지 않다, 달아나서 자기만 자유롭게 되겠다는 것은 나쁘다는 죄책감에 시달렸다. 그녀의 출신 배경은 이타정신, 의무감, 사회적 봉사, 희생을 강조했다. 이런 과정에서 마리아가 읽은 여성작가들의 책은 그녀 자신이 다른 사람들에게 이해되고 공감된다는 느낌을 주었다. 그녀의 마음은 서서히 단단해졌고 그녀는 자신의 결정이 옳다는 것을 확신하게 되었다.

나이가 든다는 것은 큰 정신적 괴로움을 수반한다. 죽음, 최종결산, 마지막 단계라는 현실을 날카롭게 인식하게 되면, 젊은 날의 사건이나 인생의 중요한 결정을 지도했던 가르침에 회의를 품게 된다. 많은 사람이 노년에 도달하면 더없이 어려운 시기를 맞게 된다.

우리는 사태를 깨끗이 정리하고 자신이 멋진 사람이었다는 평판과 기억을 남기고 싶어한다. 그리하여 우리는 '나는 누구인가' 라는 문제를 피해갈 수 없게 된다. 우리는 멋진 지혜를 찾아서 자녀들에게 물려주고 싶어한다. 그러자면 자기자신에 대한 지식을 쌓아야 한다.

나는 노년의 문제를 다룬 키케로의 산문처럼 이 주제를 잘 말해주는 글은 없다고 생각한다. 젊은 사람들에게 설명하는 형식을 취한 이 글에서, 키케로는 늙는 것이 주는 공포와 보람에 대해 명석하게 밝혀 놓았다. 그는 인생의 모든 것은 한 필의 옷감을 이루는 한 조각, 한 조각과 같다고 말했다. 우리는 언제 어디서나 늙음과 죽음에 대해 준비하고 있다는 것이다. 단지 신경 쓰지 않기 때문에 모르고 있을 뿐이다.

노년이 불행한 것으로 여겨지는 이유는 네 가지로 나누어 생각해볼 수 있다. 첫째, 노년은 우리에게서 적극적인 활동을 빼앗아간다. 둘째, 육체적 활력을 손상시킨다. 셋째, 감각적 쾌락을 모두 빼앗아간다. 넷째, 죽음의 목전에 다가가게 된다. 자, 그러면 이런 이유에 어떤 타당성과 합리성이 있는지 살펴보자.

"노년은 우리에게서 적극적인 활동을 빼앗아간다." 여기서 말하는 활동은 젊음과 활력이 필요한 활동일 것이다. 하지만 육체는 쇠약해도 정신으로 할 수 있는 일이 얼마든지 있지 않은가? 노년에는 유익한 활동이 어렵다는 주장은 근거가 없다고 할 수 있다. 노인이 할 일이 없다고 말하는 것은 배 뒤에 앉아서 키를 잡고 있는 사람이 배의 운항에 기여하지 못한다고 말하는 것이나 마찬가지이다. 반드시 돛에 올라가거나 통로를 뛰어다니거나 양수기로 물을 퍼올려야만 활동을 하는 것이라고 말하는 것이 된다. 젊은이들이 하는 일을 하지는 않지만 노인이 하는 일은 더 중요하고 가치 있는 일이다. 대사大事는 근육, 속도, 민첩성으로 이루어지는 것이 아니라 깊은 생각, 인품, 판단으로 이루어지는 것이다. 노년이 되면 이런 특징은 줄어드는 것이 아니라 늘어난다. [4]

찰스 디킨스는 어느 작가보다도 나이 드는 것에 대한 이야기를 일목요연하게 표현했다. 《크리스마스 캐롤》은 일반적으로 노년을 다룬 책으로는 여겨지지 않는다. 하지만 이 소설이 우리에게 말해주는 바를 잘 생각해보라. 늙은 스크루지는 사업가의 전형 같은 사람이었다. 그는 이익과 탐욕에 전념하면서 자수성가하여 부자가 되었다. 그러다가 인생을 반성하면서 자신이 현재 처한 상황을 돌아보고 이어 자신의 죽음을 내다본다.

그는 자신의 인생 스토리를 다시 쓰기로 결정하고 결론을 바꾸게 된다. 스크루지가 자신의 마음, 자신의 상실과 자신의 세상을 다시 들여다보는 것이 시기적으로 너무 늦게 이루어졌다는 생각은 있을 수 없다. 우리 역시 아무리 늙어서라도 현재 겪고 있는 인생의 질을 되돌아볼 수 있으며 죽음을 눈앞에 두고서도 인생의 선물에 정직해질 수 있다.

스크루지는 미래를 내다보는 것이 정말로 강력한 힘을 우리에게 준다는 것을 보여준다. 스크루지는 세 개의 스토리를 살펴보는데, 자신에게 올 법한 미래를 들여다보았을 때 비로소 마음을 바꾸게 된다. 노년에 들어서면 사람과 사랑, 정직함이 필요함을 깨닫는 것이다. 그는 경멸과 증오 속에 기억되기를 바라지 않는다. 그는 자신의 인생을 반성하면서 죽음을 생각하게 되고 그리하여 현재 겪고 있는 삶의 질을 높이게 된다. 스크루지는 마치 악몽에서 깨어난 사람처럼 다시 태어난다. 그는 자기의 힘으로 얼마든지 인생을 바꿀 수 있으며 그 어느 때든 너무 늦은 때는 결코 없다는 것을 발견한다.

1. William Shakespeare, 〈Sonnet LXXIII〉, in 《The Complete Works of William Shakespeare》, ed. W. J. Craig(London: Oxford University Press, 1919).

2. William Wordsworth, 〈Ode: Intimation of Immortality〉, in 《The Norton Anthology of English Literature》, Third Edition, Vol.2., ed. M. H. Abrams, et al.(New York, Norton, 1974).

3. 토론토대학의 사회사업학과 교수인 벤저민 슐레징거 박사Dr. Benjamin Schlesinger는 노바 스코시아 안티고니시에 있는 세인트 프랜시스 자비에 대학교의 여름 강좌에서 강의를 하다가 이 익명의 시를 발견했다. Vancou-ver Family Institute의 《트랜지션Transition》(Summer, 1981)에서 인용.

4. Cicero, 〈On Old Age〉, in 《The Basic Works of Cicero》, ed. Moses Hadas(New York: Modern Library, 1951).

이럴 땐 이런 책

《아름다운 삶, 사랑 그리고 마무리》 헬렌 니어링 저 | 이석태 역 | 보리 | 1997년.

인도의 명상가 크리슈나무르티의 연인으로서 우주의 질서와 예술, 명상에 관심 많던 스물넷의 미국 처녀 헬렌은 자신보다 스물한 살 많은 고집쟁이 퇴직 교수 스코트 니어링을 만나며 비로소 평생을 살아갈 땅에 뿌리박은 삶의 자리로 내려오게 된다. 헬렌 니어링의 《조화로운 삶》이 스코트 니어링을 만나 버몬트 숲에 터를 잡고 자본주의의 길을 철저히 거부하면서 그들만의 생활을 시작하던 시절에 대한 것이라면, 38년 후 평생의 반려자이자 영혼의 스승이었던 스코트 니어링을 먼저 보내고 쓴 이 책은 만년에까지 지속한 그들의 건강한 삶과 노년 시절을 담아낸 아름다운 에세이다. 그들처럼 이 한세상을 살아 보겠다고 몸을 부려 현재의 일상을 털고 길을 나서는 것도 좋은 일이겠지만, 그것이 아니라면 이 세상에 이들과 같이 몸과 마음이 조화로이 건강하고 아름다운 삶을 살았던 사람도 있었구나 아는 것만으로도 이 책의 의미는 값지다.

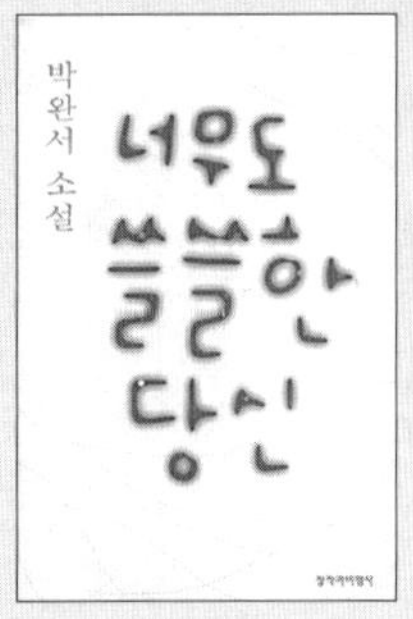

《너무도 쓸쓸한 당신》 박완서 저 | 창작과비평사 | 2000년.

"늙은이 너무 불쌍해 마라, 늙어도 살 맛은 여전하단다." 이 책의 서문에서 소설가 박완서가 하는 말이다. 이 소설집에서 작가는 유난히도 많이 노인들 얘기를 하고 있다. 여기서 노인들은 물론 육체적으로 허약하고 무기력할 뿐 아니라 시각적으로도 과히 아름답지 못하게 마련이다. 늙은 남편에 대한 혐오와 연민이 교차되는 두 시선, 치매 걸린 노인의 수의에 대한 집착과 아이러니컬한 결말, 회갑을 앞둔 과부가 고속버스에서 우연히 만난 초로의 신사와 나누는 연애 등 세월에 닳고, 제도의 논리에 마모가 가속되어버리는 나이 든 이들의 일상과 감정을 특유의 입담과 생생한 언어로 풀어낸다. '글귀신' 박완서의 어전한 솜씨를 절절히 느낄 수 있는 소설집이다.

《아주 느린 시간》 최일남 저 | 문학동네 | 2000년.

작가 스스로 '노을지경'이라 부르는 이 소설집은 인생의 황혼에 접어든 사람들, 죽음을 가까이 느끼는 이들의 이야기들이다. 소설집에 담긴 8편의 단편에 공통적으로 흐르는 주제는 '죽음'이다. 여기서 죽음은 사고에 의해 갑작스레 찾아오거나 관조자의 입장에서 바라보게 되는 주변 사람들의 것이 아니라 자신이 곧 마주치게 될 늙어가는 인생의 죽음이다. "도처에서 이렇게 노인들이 몰려오는 장관을 아무튼 눈 크게 뜨고 보라" 표제작 《아주 느린 시간》에서 작가가 독자들에게 요구하는 주문이다. 일상의 거리에서 사라져버린 노인들의 장관을 보려거든, 종로3가 탑골공원을 들를 일이고, 그들의 속내와 지내온 삶의 얘기를 듣고 싶거든 이 소설집을 읽으면 될 것이다.

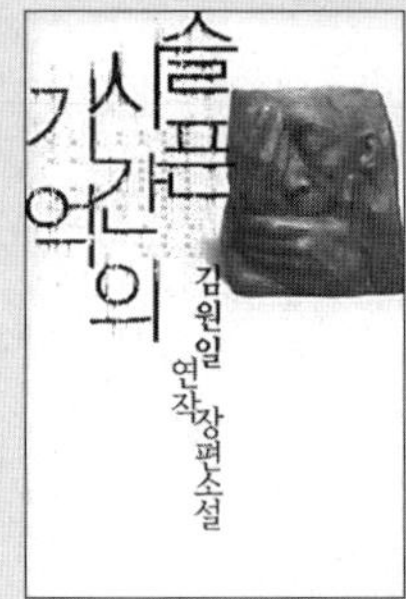

《슬픈 시간의 기억》 김원일 저 | 문학과 지성사 | 2001년.

'한맥기로원' 이라는 사설 양로원에서 지내며 죽음을 맞는 네 노인의 이야기를 연작 형식으로 엮어나간 소설집이다. 일제시대와 한국전쟁 등 불우했던 옛 시절을 제 힘으로 헤쳐온 사람들이 보내온 지난 삶의 궤적을 노년의 시점에서 되돌아본 네 편의 연작은 세월의 조류에 휩쓸린 이들의 자화상을 씁쓸하게 보여준다. 끊임없이 회상되는 주인공 네 명의 과거 속 삶은 우리 근대사의 궤적을 함께 나눈다. 1부에서는 정신대와 미군 그리고 해외입양을, 2부와 3부에서는 가난한 보릿고개 이야기와 외국인에 의한 구호에 대하여, 4부에서는 이산가족 상봉의 이면에 깃든 가슴 아픈 이별 내용을 주제로 이야기를 전개시키고 있다. 더 나아가 '노년' 이라는 제한된 시간을 통해 사람이라면 누구나 거쳐야 할 삶과 죽음의 문제에 한 발짝 더 다가가도록 인도한다.

《헤르만 헤세의 정원 일의 즐거움》 헤르만 헤세 저 | 두행숙 역 | 이레 | 2001년.

《데미안》《수레바퀴 밑에서》를 통해 전해진 헤세의 이미지는 자기 껍질을 깨고 세상의 벽과 마주쳐 나가는 소년 시절의 고통과 아픔의 상징으로 새겨져 있다. 이 책《정원 일의 즐거움》은 우리에겐 조금은 낯선 노인으로서의 헤세의 목소리와 세상에 대한 다소 넉넉한 시선이 담겨 있다. 헤세는 젊은 시절부터 거주지를 옮길 때마다 아무리 조그마한 땅이라도 정원을 만들었다고 한다. 그가 손수 땅을 파 일구며 낙엽을 태우고 나무와 꽃을 가꾸며 느꼈던 자연에 대한 경이와 그것을 통해 느낀 삶의 환희와 기쁨, 행복으로 충만된 하루하루의 생활이 아름다운 수채화와 시, 소설과 산문으로 다시 태어났다. 그 속에는 느림의 미덕에 대한 찬양과 대안적인 삶의 양식에 대한 문제의식까지 들어 있어 문명비판론자이자 반전주의자였던 헤세 말년의 면모를 살필 수 있게 한다.

14

고통의 순간을 넘어서

지금까지 사람들이 성장하고 결혼하고 나이 들고 죽음을 맞이하는 과정에 대해서 이야기해보았다. 하지만 사람들에게는 이런 과정말고도 불쑥불쑥 튀어나와 위기가 되어버리는 상황이 많이 있다. 그러한 상황의 극복은 하나의 도전이 된다. 문학은 이런 과정도 도와줄 수 있을까?

행복을 위한 독서

다음은 내가 심리치료사 훈련을 받던 시절 한 동료 학생이 내게 보낸 편지이다.

10년 전에 내 딸이 소아암으로 토론토의 아동전용 병원에 5주간 입원을 했습니다. 딸아이는 당시 여덟 살이었습니다. 병원에서는 딸아이가 최악의 경우 두 달 정도밖에 못 살거나 아니면 병에서 나을 수도 있다고 말했습니다. 딸아이는 각종 테스트, 조직검사 그리고 아주 고통스럽고 역겨운 화학치료 요법을 받았습니다. 나는 지옥에 떨어진 기분이었습니다. 그렇지만 가까스로 견디어냈습니다.

지금 와서 되돌아보니 그 시절을 견뎌내게 했던 힘을 어느 정도 알 것 같아요. 모든 것이 상대적입니다. 어떤 특별한 경험도 그것을 어떤 것에 비교하느냐에 따라 달라져요. 내 경험을 나와 같은 일을 겪지 않는 내 이웃이나 친구의 그것과 비교했다면 아주 견디기 어려웠겠지요. 하지만 나와 유사한 고통을 당했는데 고국에서 아주 멀리 떨어져 있는 남아메리카 이민가족을 생각하면, 나의 경우는 참을 만한 것이 되지요.

아동전용 병원에는 내 아이보다 훨씬 더 심각한 아이도 많이 있었습니다. 적어도 우리 아이는 살아날 수 있는 약간의 기회라도 있었지요. 결코 사라지지 않을 문제를 앞에 놓고 평생 고통스럽게 투쟁해야 되는 사람들도 있었습니다. 이런 사람들과 비교해볼 때, 나는 상황이 지금보다 더 나쁘지 않은 것이 다행이라고 느꼈습니다.

이런 적응방법이 내가 읽을거리를 선정하는 데에도 그대로 적용되었습니다. 나는 이런 목적을 앞세워 의식적으로 책을 고르지는 않았습니다. 몇 해가 지나간 뒤에서야 나는 그 끔찍했던 기간에 내가 손에 집어들었던 책들이 병원에서 터득한 적응방법의 결과임을 알았습니다. 사람들은 내가 고른 《뿌리》와 《아마겟돈》을 보고서 이상하다거나 너무 우울한 선택이 아니냐고 말했습니다. 그들은 나를 격려하기 위해 좀더 낙관적인 책을 고르고 싶어했습니다. 하지만 나는 나보다 더 심한 고통을 당한 사람들의 이야기를 읽음으로써 당시의 끔찍한 상황에 대처할 수 있었습니다.

그 책들이 정말 나에게 필요하다는 것을 내가 어떻게 알았는지는 모르겠습니다. 하지만 어떻게 하다 보니 그 책들을 발견하게 되었습니다.

놀라운 점은, 필요한 책을 찾아내는 방법을 잘 몰라도 사람들이 결국은 그것을 찾아낸다는 것이다. 그리고 더 중요한 것은 사람들이 '자기가 읽은 것에서 자기가 필요로 하는 것을 발견한다'는 것이다. 특정한 소설에서 받는 감동적인 인상은 사람에 따라 다르다. 중요한 요소는 독서를 할 때의 심리상태, 분위기, 필요이다.

나는 앞에서 이야기한 메이 사튼의 《우리 지금 있는 그대로》라는 책을 내 동료 이소벨에게서 건네받았다. 이소벨은 늙지도 않았고 자신의 커리어를 맹렬하게 추구하는 전문직 여성이다. 그녀가 어떻게 이 책을 알게 되었을까? 그녀는 등을 다쳐 병원에 입원한 적이 있었다.

당시 그녀는 전적으로 남의 손에 의존하여 의식주를 해결해야 했다. 그녀는 자신의 허약함에 낙담하면서 겁을 먹게 되었다.

생각 없는 간호사가 그녀의 병상 발치에다 햄과 소시지를 갖다놓고 그대로 나가버리면, 그녀는 음식이 식어가는 것을 그저 지켜보는 것밖에는 아무 일도 할 수 없었다. 깊은 좌절감으로 눈물을 흘린 것이 한두 번이 아니었다. 바로 이때 그녀는 누군가에게서 이 책을 받았다. 메이 사튼의 이 작은 책은 이소벨에게 두 가지 결과를 가져왔다.

첫째, 나이가 많거나 질병을 겪고 있어서 몸을 제대로 움직일 수 없는 사람들의 고통을 이해하게 되었다. 이소벨은 고통이라는 낯선 세계에 초청되어 불만을 터트리고 눈물을 짜는 그런 평범한 방문객이 되지는 않았다. 그녀는 책을 읽음으로써 고통의 의미를 아주 민감하게 의식하게 되었다. 그녀는 자신의 상황을 묘사한 소설을 읽은 것이었고 좀더 넓은 시선으로 그 안타까운 그림을 파악하게 되었다. 그런 연민은 그녀 자신뿐 아니라 비슷한 상황에 있는 다른 사람들에 대한 이해도 포함하는 것이었다.

둘째, 병에서 완치되어 퇴원했을 때, 그녀는 스스로 자기자신을 돌볼 수 있다는 엄청난 안도감을 느낄 수 있었다. 이소벨에게 그것은 아주 놀라우면서도 의미 깊은 독서경험이었다. 그것은 사물과 상황에 대한 그녀의 생각을 근본적으로 바꾸어놓았다.

산드라 마틴은 《엠프레스》라는 잡지의 칼럼에서 비슷한 경험을 털어놓았다. 그녀는 수술 후에 조리과정에 있는 친구에게 책을 건네주었는데, 그 책이 친구의 회복을 크게 도왔다고 말했다.

그녀가 친구에게 건넨 책은 어떤 특정 시기와 장소를 다루면서 쉽게 읽히는 재미있는 책들이었다. 그녀가 친구를 위해 고른 책은 버니스 루벤스Bernice Rubens의 《5년형A Five Year Sentence》, 윌리엄 트레버William Trevor의 《운 좋은 바보들Fools of Fortune》, 제인 가담Jane Gardam의 《크루소의 딸Crusoe's Daughter》이었다. 이 책들은 아주 재미나고 그럴듯한 인물들이 등장한다는 공통점을 갖고 있다. 그들은 우리가 일상생활에서 쉽게 만날 수 있을 법한 사람들이다. 이 책들은 인생을 긍정하는 투쟁과 희망의 이야기를 담고 있다.

"그녀는 퇴원한 지 2주도 되지 않아 걷기 시작했다. 그녀는 어제 내가 건네준 책을 돌려주기 위해서 자기집에서 우리집까지 걸어서 왔다. 그녀는 답례로 A. N. 윌슨의 소설《치유의 기술The Healing Art》을 나에게 건네주었다. 그녀의 의사는 그녀의 빠른 회복속도에 놀라고 있다. 하지만 나도, 그녀도 별로 놀라지 않았다." [1]

《치유의 기술》은 암에 걸렸지만 행운을 만난 두 환자에 대한 매력적인 이야기이다. 이 책은 정부의 예산부족 때문에 고통받는 영국 의료제도에 따끔한 일침을 가한다. 이 책은 좋지 않은 상황에서도 희망을 잃지 않고 용감하게 유방암 수술을 견뎌내는 두 여성의 용기를 묘사했다. 이 소설은 암으로 고통받으면서 두려워하는 사람들에게 용기를 주는 소설이다.

우리는 책을 읽으면서 이런 상황에서 나라면 어떻게 대응하고 견뎌나갈까 하고 생각하게 된다. 소설 속의 두 여성은 병에 의연히 대처하면서 투병이라는 놀라운 경험을 계기로 자신의 인생과 가치를 되돌아보게 된다. 암 수술이나 기타 큰 수술을 받은 환자들의 회복을 도와주는 그룹들은 지원 프로그램을 짤 때 이러한 책들을 일부분으로 편성하면 좋을 것이다.

병자들에게는 대체로 상식적 규칙에 따라 책을 권해야 한다. 우선 가벼운 책이어야 침대에 누운 채로 다루기가 쉽고 읽기도 편하다. 환자의 상태에 따라 고르는 책의 제목은 달라지겠지만, 그렇다고 너무 민감하거나 불안해하면서 책을 고를 필요는 없다. 단 한 가지 기준이 있다면, 권하는 사람이 이미 읽고서 너무 재미있는 나머지 남들과 함께 나누고 싶다는 느낌이 드는 책을 권해야 한다는 것이다.

앞에서도 이미 언급했지만 독자는 자신이 필요한 것은 받아들이고 불편한 것은 거부한다. 그러나 때때로 우리가 처해 있는 상황의 까다로운 부분에 직면하는 것도 치료과정의 하나가 된다.

가령 분노와 공포, 근심, 좌절이 병을 일으키고 우리의 행복을 방해한다고 해보자. 환자는 책을 읽으면서 상상력을 발휘하여 질병이 주는 권태와 불편함에서 일시적으로 벗어날 수 있고 자신의 상황을 새롭게 돌아보는 계기를 마련하게 된다.

이외에도 직접적인 생화학적 결과가 발생한다. 즐거움, 흥미, 흥분은 강력한 정서이기 때문에 분위기와 태도에 영향을 미치는 신경화학 물질의 배출을 유도한다. 웃음, 슬픔, 공감, 흥분은 신체의 기능과 조건에 상당한 영향을 미칠 수 있다. 그것은 부정적이고 자기파괴적인 정서를 유발하는 스트레스 요인을 효과적으로 차단할 수 있다.

예를 들어 우울한 사람들은 몸을 움직이기 싫어하는데, 이러한 비활동성은 신체에 아주 나쁜 것이다. 근심은 스트레스에서 발생하고, 무기력과 억압받는 느낌은 흡연, 음주, 섭식장애 등 해로운 행위를 다양하게 유발한다. 독서는 독자의 세계관과 그 세계 내에 있는 독자의 위치를 바꾸는 데서 아주 중요한 역할을 한다.

우리가 선포하지 않은 전쟁

감옥은 범죄자들만 가는 곳이 아니다. 불의, 잔인, 억압에 맞서 싸우는 선량하고 용기 있는 사람들이 곧잘 정부의 공격목표가 된다. 우리는 사회문제에서 아주 끔찍한 돌발사고와 변화를 목격해왔다. 이런 돌발사태를 적게 겪을수록 그 사회는 안정되어 있고 좋은 사회이다.

사전정보를 많이 지니고 있으면 있을수록 우리는 사회적 공포를 미연에 방지할 수 있다. 그런 일은 여기서 벌어질 수가 없어, 하고 말할수록 그런 일은 여기에서 잘 벌어진다. 만약 감옥에 끌려가서 고문을 받는다면 어떻게 견뎌낼 수 있을까?

자코보 티머만은 아르헨티나의 신문편집자였다. 그는 감동적인 자서전《이름 없는 죄수, 번호 없는 감방》을 썼다. 군사독재 정부는 그의 저항정신과 민주주의적인 입장을 좋아하지 않았다. 그들은 티머만을 투옥하고 조직적으로 고문하기 시작했다. 국가에 유해한 음모집단의 앞잡이 노릇을 했다고 자백하라는 것이었다. 고문을 이겨내는 방법에 대한 티머만의 조언은 나에게 거나란 충격을 주었다.

나는 마음속으로 티미민의 조언대로 하면 이떤 느낌이 들까 상상해보기 시작했다. 어려운 것은 그런 상상을 하는 사람 자신도 자신의 힘이 얼마만큼인지 잘 모른다는 것이다. 하지만 나는 티머만의 이야기가 하나의 본보기가 되어 늘 내 마음에 떠오르리라는 것을 안다. 그리고 티머만의 이야기는 자유의 상실이나 개인 또는 국가에 의한 통제에 좀 더 민감하게 반응해야겠다는 나의 결심을 강화시켰다.

나는 티머만의 책을 읽고 그런 테러에 대해 느끼는 불안감 또는 무기력감을 덜어내게 되었다. 이 책은 나에게 면역의 힘을 안겨준 것 같았다. 또 나는 강한 확신과 인간애를 지닌 이 용감한 사람에게서 살아야겠다는 의지를 배웠다. 나는 덜 외롭고 덜 예외적인 사람이 된 느낌이었다. 티머만의 책은 겸손한 영웅의 생존을 보여주는 모범적인 예를 보여준다.

권력과 악의 힘을 쳐부수는 놀라운 용기와 재주를 그린 스토리는 많이 있다. 오웰의 《1984년》도 그렇다. 이 소설은 경찰국가가 지배하는 전체주의의 세계를 생생하게 그려냈다. 국가는 국민에게 정신과 육체 양 측면에서 모두 완전하게 복종할 것을 요구한다. 이런 책들의 가치는 우리 자신을 보호하는 이미지와 수단을 준다는 것이다.

나는 1948년 이래 "빅 브라더가 당신을 지켜보고 있다"라는 말을 들으며 성장했다. 나는 소설 속의 피압박자와 나 자신을 동일시했다. 나와 내 친구들은 가장 끔찍한 공포를 대면해야 하는 방인 101호를 모델로 하여 깊은 공포증과 대면하게 되었다. 《1984년》의 윈스턴 스미스는 쥐를 더없이 싫어하는데, 101호에 들어갔다가 쥐들이 득시글거리는 우리 안에 손을 집어넣어야 하는 징벌을 당한다.

나는 101호에 대한 토론이 내 친구들과 나에게 치료효과를 발휘했음을 믿어 의심치 않는다. 전쟁의 공포를 견딜 수 있게 용기를 준 또 다른 책은 로렌스 반 데어 포스트Laurens Van Der Post의 《씨앗과 씨 뿌리는 사람The Seed and the Sower》이었다. 이 소설은 일본에 억류되었던 전쟁포로의 이야기인데 인간성이 고난과 이데올로기를 누르고 이긴다는 감동적인 스토리를 담고 있다. 이 책을 읽은 한 여성독자는 나에게 이렇게 말했다.

"이 소설을 계기로 남자들을 하나의 개인으로 볼 수 있게 되었고, 예전에 남자들에게는 없다고 생각했던 친절함과 부드러움을 보게 되었다."

《안네 프랑크의 일기The Diary of Anne Frank》는 인간적 충동의 힘과 믿기 어려운 공포, 박탈, 불안의 조건 아래에서 피어난 사랑과 인간애를 잘 전달한다. 독자들은 안네의 스토리에서 희망과 용기를 얻었다. 안네는 비록 나치 수용소에 끌려가 죽지만 인간성에 대한 믿음을 결코 포기하지 않았다.

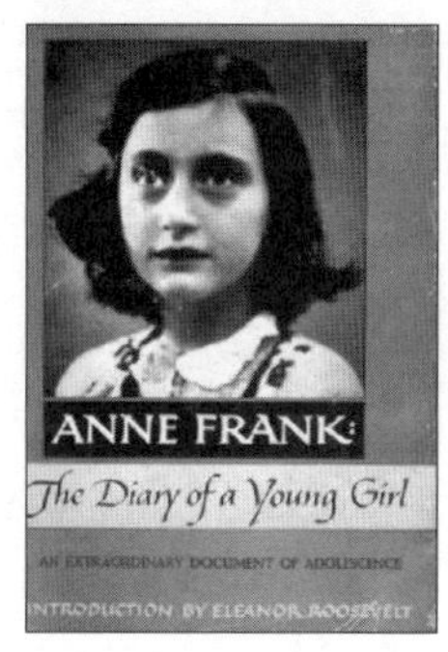

⬆ 《안네 프랑크의 일기》, 1947년 출간.

내게 《안네 프랑크의 일기》는 또 다른 이유로 아주 중요한 책이다. 나는 그 책을 읽으면서 어린 소녀의 매력에 감동되는 한편, 딸을 둔 아버지로서 그 어떤 책을 읽었을 때보다 더 큰 분노를 느꼈다. 단지 유태인이라는 이유 하나만으로 예의 바른 보통 사람이 이런 고통을 당해야 한다는 데 커다란 분노를 느꼈던 것이다. 나치의 세계에서 유태인 부모 사이에서 태어났다는 사실은 곧 고통과 죽음의 보증수표였다. 그런 끔찍한 현실이 안네 프랑크의 순수하면서도 꾸밈없는 느낌과 극명하게 대비되면서 독자들에게 잘 전달되는 것이다.

고통은 인간을 비인간화한다. 강력한 소설은 우리로 하여금 개인의 고통에 공감하게 하고 고통을 체험하게 한다. 소설은 언제나 특수를 통한 보편을 겨냥하기 때문이다. 윌리엄 스타이런William Styron의 《소

《소피의 선택Sophie's Choice》은 극심한 고통과 상처를 극복하고 살아남으려 했던 사람의 이야기이다. 나는 내 친한 친구 한 사람을 생각할 때마다 이 소설을 떠올리게 된다. 그녀는 폴란드 출신의 유태인인데 죽음의 수용소에서 모든 가족을 잃고 오로지 홀로 살아남았다. 그녀는 자신이 겪은 시련에 대해서 별로 말을 하지 않았다. 그녀는 대학원 시절, 나를 많이 도와주었던 자상한 친구이기도 했다. 그녀는 나의 룸메이트와 결혼했다. 여러 해 뒤 나는 그녀가 뉴욕에서 자살했다는 얘기를 듣고서 커다란 충격을 받았다.

그녀는 《소피의 선택》이 출간되기 전에 죽었다. 나는 그녀와 함께 그녀가 겪은 문제를 토론했으면 얼마나 좋았을까 하고 안타까워한다. 하지만 30여 년 전의 나는 소설이 마음의 곪은 상처를 찢어서 그것을 고쳐줄 수 있음을 잘 알지 못했다. 전쟁의 경험에 대해서 더 많이 알고 동료들이 얼마나 쉽게 상처받는지 더 잘 알면, 우리는 전쟁으로 상처받은 사람들에게 더 수월하게 동정, 사랑, 지원을 베풀 수 있을 것이다. 나아가 압박과 전제, 잔인함에 맞서 더 강력하게 "안 돼"라고 말할 수 있을 것이다.

의수와 의족

허먼 멜빌Herman Melville의 《모비딕Moby Dick》에서 에이허브 선장은 복수의 일념 외에는 다른 것을 전혀 생각하지 못한다. 그에게는 '하얀 고래'밖에 생각나는 것이 없다. 그래서 심지어 의족도 고래뼈로 만들었다. 자신이 다리를 잃어버린 이유를 잠시라도 잊지 않기 위해서였다.

그는 여행을 하는 도중 고래의 또 다른 희생자인 부머 선장을 만나게 된다. 부머는 그가 당했던 똑같은 고래에게 발이 아니라 팔 하나를 빼앗긴 사람이다. 부머가 상실에 대처하는 방식은 에이허브의 그것과는 아주 다르다. 우선 그는 고래를 피하고 싶어한다. 그는 팔 하나만 잃어버리고 위기를 모면할 수 있었던 것을 다행스러워한다.

그는 자신의 상실을 가볍게 여기면서 의수가 너무 편리해서 다른 손도 의수로 대체할까 생각중이라고 농담을 한다. 에이허브와 부머는 신체적 고통에 대해 사람들이 보이는 다양한 반응 중 양극단을 차지

허먼 멜빌 1819~1891. 19세기의 미국작가. 스코틀랜드 귀족가문의 혈통을 이어받은 부유한 상인의 둘째 아들로 태어났으나 아버지의 파산으로 역경과 고난의 삶을 살다가 뱃사람이 된다. 현대 상징주의 문학을 대표하는 작가로 고도의 상징과 통찰력이 돋보이는 작품들을 썼다.

○ 《모비딕》, 1851년 출간.

하는 사례이다. 장애에 대한 마음가짐이 곧 인생의 전망을 결정하는 것이다.

테리는 내 학생이다. 1963년, 테리는 북부지방에 살고 있었다. 당시 열여덟이던 그는 튼튼하고 정력적이며 희망과 야망에 부푼 젊은이였다. 그는 어느 여름 날 테미스카밍 호수의 둑에서 다이빙을 하다가 실수를 저질렀다. 가볍게 다이빙하려고 했으나 본의 아니게 깊이 침수하고 만 것이다. 단 몇 초간에 발생한 사고였으나 그 결과로 테리는 사지마비 장애인이 되었다. 그후 그는 20년을 병원에서 보냈다. 마침내 휠체어를 타고 병원에서 퇴원하자 그는 대학에 진학해서 영문학을 공부했다.

병원의 장기환자 병동에 있는 동안, 테리는 시간이 엄청 많았고 그래서 많은 책을 읽을 수 있었다. 그는 늘 문학을 좋아했다. 이제 독서는 그에게 특별한 가치로 다가왔다. 그는 신체적으로 제약을 받았고 병동 안에서만 생활해야 했다. 따라서 그의 세계는 아주 협소했다.

하지만 문학은 그 세계를 넓혀주었고 비좁은 경계 너머의 것을 보게 해주었다. 그는 '고전' 작품을 열심히 읽었다. 낭만주의 시인들, 세익스피어 그리고 많은 소설을. 키츠와 워즈워드는 가치와 느낌의 세계, 자연에 대한 사랑과 즐거움을 가르쳐주었다. 그것은 그가 신체적으로 느끼지는 못하지만 정신적으로는 느끼고 싶었던 정서의 세계였다. 그는 정신적 만족을 통해 감각적 만족의 세계로 나아가려 했다. 그는 워즈워드의 시를 인용했다.

내게는, 아주 하찮게 피어난 꽃이라도

눈물로도 표현할 수 없을 만큼 깊은 곳에 누워 있는

생각을 줄 수 있다네. [12]

테리는 눈물 너머의 그 세상으로 가고 싶어했다. 사물과 그 자신이 하나가 되는 경이의 땅, 그의 마음이 생생하게 되살아나는 땅, 자신이 부상당하지 않은 상태로 있는 땅으로 가고 싶어했다. 그 마음 중 일부는 현재의 비참한 상황에서 도피하려는 소망을 담고 있음을 그는 알고 있었다. 하지만 도피도 그에게는 중요한 것이었다. 그것은 그가 믿는 또 다른 세계, 그가 갈 수도 있는 세계, 그가 잠시 잃어버린 들판과 나무, 꽃의 세계를 나타내기 때문이다.

테리가 특히 중요하다고 생각하는 소설이 두 권 있었다. 그중 하나가 《채털리 부인의 사랑》이다. 이 소설에서 채털리 경은 휠체어 신세를 지고 있으며 성적 무능력으로 고통을 받는 인물이다. 테리는 채털리 경에게서 그가 그토록 싫어하는 마비의 이미지를 보았다. 테리는 사지마비 장애자에 대한 그 같은 묘사가, 신체장애자는 무기력하고 성적 불능이라는 신화를 더욱 촉진시키는 착취적 묘사방식이라고 생각했다.

그의 반응은 다음 같은 질문을 유발한 데서 가치가 있었다. 그는 그 자신을 어떻게 보고 있으며 다른 사람들은 그를 어떻게 보고 있는가? 그는 편집증 환자인가? 그는 자기연민에 빠져 있는가? 그는 어떤 스테레오타입으로 간주되어 개성이라고는 전혀 없는 사람의 집단에 편입

되어야 하는가? 이런 질문은 테리에게 새로운 것이었다.

테리가 중요하다고 생각했던 또 다른 소설은 버지니아 울프의《등대로To the Lighthouse》이다. 이 소설은 내면적 생활의 힘을 탐구하는, 페미니스트 소설의 선구자적 작품이다. 이 소설은 겉으로 드러나는 기계적 행동, 제스처, 언변, 동작과, 대부분 침묵 중에 체험되는 느껴진 삶 사이의 거리를 예리하게 포착한다. 이 소설은 테리가 아주 중요하게 생각했던 내면적 삶을 마땅한 것으로 만들 뿐 아니라 그것을 생생하게 묘사했다. 테리는 이 책의 감수성에 반응했거니와 내면의 삶, 즉 생각과 느낌이 중요하다는 주제에서 감명을 받았다.

울프의 소설은 모든 인간적 체험이 육상경기장이나 육상 메달로 측

버지니아 울프 1882~1941. 영국의 소설가이자 비평가. 남동생 애드리언을 중심으로, 캠브리지 출신의 학자, 문인, 비평가들이 그녀의 집에 모여 '블룸즈버리 그룹'이라고 하는 지적 집단을 만들었으며, 1905년부터는 《타임스》지 등에 문예비평을 썼고, 1912년 정치평론가인 L.S.울프와 결혼했다. 1927년에는 소녀 시절에 겪은 원체험의 서정적 승화라고도 할 수 있는 《등대로》를 발표, 인간심리의 가장 깊은 곳까지를 추구하며 시간과 '진실'에 대한 새로운 관념을 제시했다. 1941년 3월 28일 우즈강에서 투신자살했다. 원인은 소녀 시절부터 앓았던 심한 신경증이 재발한 데 있었던 것으로 알려졌다. 《나만의 방》《세월》《댈러웨이 부인》《올란도》 등의 작품이 있다.

○ 《등대로》, 1927년 출간.

정될 수 있는 것은 아님을 보여주었다. 인간은 팔 다리 이상의 존재이다. 테리는 독서를 통해 그것을 배웠고, 나는 그런 테리에게서 육체를 뛰어넘는 인간존재의 숭고함을 배웠다.

1. Sandra Martin, 〈Novel Solace〉, 《Empress》, April, 1987, pp.7~8.

2. William Wordsworth, 〈Ode: Intimation of Immortality〉, in 《The Norton Anthology of English Literature》, Third Edition, Vol. 2, ed. M. B. Abrams, et al.(New York: Norton, 1974).

이럴 땐 이런 책

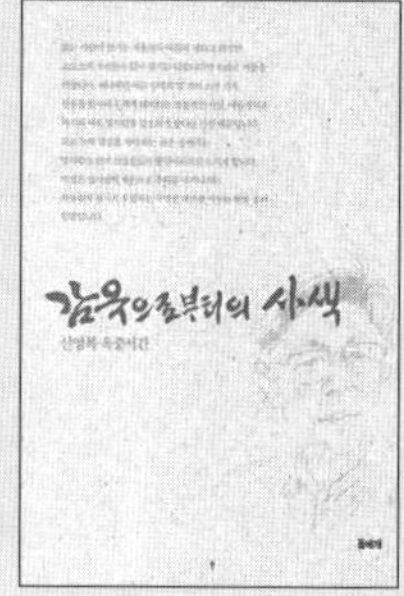

《감옥으로부터의 사색》 신영복 저 | 돌베개 | 1998년.

1968년 전세계가 자유의지의 혁명 분위기로 한껏 고조되었던 때, 당시로서는 명칭마저 낯설었던 '통혁당 사건'으로 20년 가까이 옥중생활을 견뎌야 했던 저자 신영복(현 성공회대 교수)의 가슴 따뜻한 편지 모음집. 1976년부터 1988년까지 10여 년이 넘는 기간 동안 휴지와 봉합엽서 등에 철필로 깨알같이 박아넣어 창살 밖으로 건넸던 편지글은, 햇빛 출판사에서 초판이 나온 후 20만 부 이상이 팔렸으며, 그후 돌베개 출판사에서 발매한 증보판 역시 10만 부 이상이 팔린 스테디셀러이다. 숨 막힐 듯 고통스러운 좁고 고립된 공간에서 저자가 사물을 바라보는 시선은 놀랍도록 이타적이다. 그런 이유로 "자유는 공기와 같은 것"이라는 식상하기까지 한 경구는 여전히 유효하다. 자유를 빼앗긴 한 인간의 포용과 배려의 몸짓을 통해 독자들은 이제껏 숨쉬듯 들이마셨던 자유의 소중함을 새삼 깨닫는다. 사색과 반성의 시간은 그렇게 찾아온다.

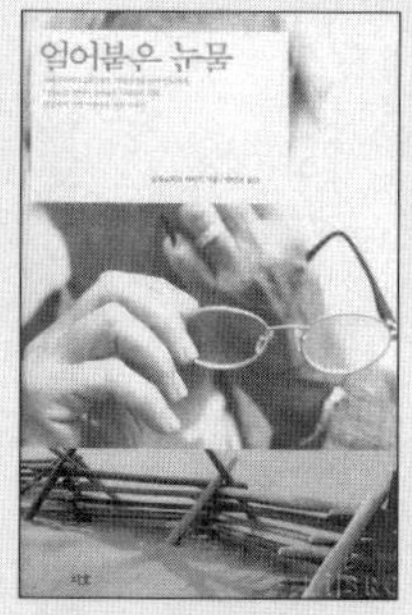

《얼어붙은 눈물》 슬라보미르 라비치 저 | 박민규 역 | 지호 | 2003년.

만화 《베르사이유의 장미》에서부터 노벨상 수상 작가 솔제니친의 《이반 데니소비치의 하루》 등, 시베리아 강제수용소는 '인간의 조건'을 가장 극명하게 시험하는 역사의 무대이다. 2차 세계대전 중 억울한 누명으로 시베리아 수용소에 강제 투옥된 한 폴란드 기병대 중위의 탈출기를 담은 이 책은, 아이러니컬하게도 시베리아 설인의 기록을 추적하던 런던의 한 신문사 기자에 의해 우연히 세상에 알려지게 된다. 얼어붙은 레나강의 뼈를 깎는 듯한 추위, 살인적인 더위와 갈증으로 죄수들을 옥죄어오던 불구덩이 고비사막 등, 7000킬로미터 이상을 걸어서 살아남은 그들의 증언은 이데올로기와 전쟁이 한 인간에게 가할 수 있는 고통의 수위를 측정하는 바로미터이다.

《베로니카 죽기로 결심하다》 파울로 코엘료 저 | 이상해 역 | 문학동네 | 2001년.

1997년 11월 21일, 도전도 열정도 모험도 없는 무미건조한 삶에 싫증을 느낀 베로니카는 스스로 죽기로 결심하고 수면제 네 통을 5분 만에 비운다. 하지만 베로니카가 다시 눈을 뜬 곳은 정신병원. 수면제 과다복용으로 일주일 후 심장 기능이 정지된다는 충격적인 진단을 선고받은 베로니카의 딜레마는 그렇게 시작된다. 이젠 결심이고 단행이고 하는 배부른 도전은 아예 없다. 죽음은 이미 일주일 앞의 현실로 다가온 것. 언어의 연금술사라고 불리는 브라질 작가 코엘료는 베로니카로 대표되는 현대인의 삶에 대한 사치를 자각적인 것으로 진단하다. 죽을 결심으로 악착같이 산다 해도 뭐 하나 인생은 변하지 않을 베로니카. 이제 그녀는 이 황당무계한 삶의 조건을 어떤 식으로 견뎌낼 수 있을까.

《**전쟁의 기억, 기억의 전쟁**》 김현아 저 | 책갈피 | 2002년.

고속도로 휴게소의 잡상인들을 잡도리하고 다니며 베트남전 참전을 훈장으로 알고 사는 이도 있지만, 청춘을 바친 데다가 평생 죄의식까지 떠안고 살아와야만 했던 이들도 있다. 위안부가, 노근리가 억울한 일인 줄 아는 사람들은 베트남 사람들이 한국군에게 겪은 참상도 억울한 일임을 안다. 소설가 김현아는 6년 여 동안 베트남을 왔다갔다하면서 여행한 기록을《전쟁의 기억 기억의 전쟁》 속에 새겨놓고 있다. 한국에서 벌어진 일도 직접 당한 사람말고는 다른 대부분의 사람에게 잊혀져가고 있는 때에, 수십 년 전 한국인이 타국 땅에 가서 만들어놓고 온 일은 말할 것도 없이 희미하기만 하다. 베트남 정부의 용서와 화해 정책으로 많은 베트남 사람이 웃는 얼굴로 한국인들을 맞이하지만, 그들은 우리가 위안부 사건이나 미군들에게 겪었던 사건 등에 대해서 기억하는 것보다도 훨씬 생생하게 한국인들을 기억하고 있다. 되풀이하지 않기 위해서는 잊지 않는 것이다. 전쟁을 일으키고 만행을 저지른 주범들, 그리고 그 속에서의 개인들도 함께 기억하자고 이 책은 말한다.

《**내 심장을 향해 쏴라**》 마이클 길모어 저 | 박선옥 역 | 무라카미 하루키 해설 | 집사재 | 2001년.

《롤링스톤》지의 수석 편집장이었던 음악평론가 마이클 길모어는 노먼 메일러의 퓰리처상 수상 작품《사형집행인의 노래》의 주인공으로 잘 알려진 게리 길모어의 막내 동생이다. 이 책은 가정폭력, 아동학대, 모르몬교, 사형제도 등의 긴장감 넘치는 소재를 통해 당시 미국사회를 떠들썩하게 했던 게리 길모어의 사형집행에 관해 드라마틱한 스토리를 엮어낸다. 유다주에서 자라고 살아온 게리 길모어는 두 사람을 총으로 쏴죽이고 사형선고를 받지만, 사형을 면하려는 어떠한 시도도 하지 않고 그를 구하려는 구명운동에도 관심을 가지지 않는다. 가족사에 얽힌 불행했던 과거로부터 자신을 떼어놓기 위해, 좌절된 희망의 빛을 희미하게나마 끌어내기 위해 폐부를 도려내는 기록을 공개한 마이클 길모어. 진실로 고통을 극복하는 최선의 방법은 그 고통을 똑바로 바라보는 것임을 체감하게 해주는 작품이다.

15

또 다른 세상, 더 큰 세계

소설 읽는 여자

예전에 미국의회 도서관에 출입하는 독자들의 실태를 조사한 것이 있었다. 그에 따르면 여성이 남성보다 독서를 더 많이 하는 것으로 나타났다. 미국에서는 여성이 남성보다 모든 분야에서 더 많이 독서를 하고 있다. 나도 캐나다에서 소설 독자와 관련하여 유사한 조사를 해보았는데 결과는 마찬가지였다. 여성들은 남성들보다 소설을 더 많이 읽을 뿐 아니라 독서가 그들 인생의 여러 단계에서 도움이 된다고 생각했다.

지금이 18세기라면 그러한 현상을 사회적으로 설명해볼 수 있을 것이다. 약 250년 전 여성은 초창기 소설의 주된 독자였다. 당시의 여성은 산업이나 상업의 세속적 직업을 지니지 않았다. 여성들은 대학, 의학계, 교회, 정부에 진출하지 못했고 직업을 가질 수도 없었다. 그들은 평생 동안 집안에 머물렀다. 가정교사가 된 여성의 경우 교육의 일환으로 독서를 하는 일은 있었다. 이런 사회적 환경 때문에 소설 읽기는 주로 여성에게 어울리는 가볍고 사소한 오락이었다. 여성의 '가볍고 경박한' 마음에는 '쓸모 없는' 소설이나 잘 어울렸던 것이다.

지나간 세대에 인쇄된 소설이 여성에게 가져다준 오락의 세계는 신에게서 온 선물이나 다름없었다. 영화와 TV가 없는 사회에서 읽기는 사회진출이 좌절된 여성들이 손쉽게 정보와 경험을 얻을 수 있는 수단이었다. 현실도피보다는 정보를 얻기 위한 수단의 기능이 더 강했던 것이다. 실생활에서는 겪기 어려운 여행, 로맨스, 모험, 새로운 사람들과의 만남, 이 모든 것을 소설을 통해 이룰 수 있었다.

당시에는 여성들에 대한 제약이 너무 커서 여성들에게는 세상 자체가 하나의 감옥이나 다름없었다. 집안에서 여성에게 엄격하게 부과하던 규정을 그 적용범위만 넓혀놓은 것이 곧 세상이었다. 독자층이 주로 여성임을 의식하는 소설을 통해 여성들은 우울증과 광기를 극복할 수 있었다.

19세기에 들어와서 여성들의 사정은 더욱 악화되었다. 여성들은 노동자, 하녀 등으로 새롭게 더 널리 고용되었고 더 널리 학대를 받았으며, 한편 말, 복장, 행동을 규제하는 엄격한 규칙이나 압력에서는 여전히 해방되지 못했다. 오늘날 내 영문학 수업에 들어오는 여학생들은 그런 상황을 묘사한 소설을 읽고는 깜짝 놀라면서 울분을 터트린다. 가령 한 무리의 남자들이 가구처럼 묵묵히 앉아 있는 채털리 부인의 바로 옆에서 여자들에 관해 토론하는 장면을 읽으면 여학생들은 너무나 어이없고 화가 나서 거의 말도 하지 못할 지경이 된다. 헨리 제임스의 《여인의 초상The Portrait of a Lady》에 나오는 여주인공은 벽 위에 걸어놓는 장식물 정도로 묘사되어 있다. 디킨스의 소설 《돔비와 아들Dombey and Son》에서 돔비의 아내는 "보석을 매다는 유방" 정도로 그려져 있다.

나의 어머니는 독서광이었다. 20세기의 많은 여성과 마찬가지로 어머니는 이 세상을 무서운 곳으로 인식했고 여성의 행동을 규제하는 규칙이 너무 가혹하다고 생각했다. 나는 이제 어머니가 살아 계셨을 때는 알지 못하던 것을 알고 있다. 소설은 어머니에게 적극적이고 생생한 상상력을 주었고 어머니는 그것을 수단으로 인생의 고난, 외로움, 공포를 견뎌냈던 것이다. 소설은 어머니를 평온하고 행복하게 해주었다.

이 모든 것은 과거에는 훌륭하게 통했다. 우리는 과거에 살았던 여성들의 삶에서 소설이 얼마나 훌륭한 기능을 발휘했는지 분명히 볼 수 있다. 그러면 여성의 자유가 많이 신장된 현대에 와서는 여성들이 독서를 덜 할까? 사정은 그 반대이다. 오늘날의 여성들도 과거의 여성 못지않게 열심히 책을 읽는다. 세상이 여전히 여성에게 불합리하고 불평등하다는 점이 혹시 이유가 될 수 있을까?

여성들은 독서가 그들의 역할, 인간관계, 문제를 이해하고 대처하는 데 아주 요긴함을 알았다. 여성과 문학의 관계는 아주 오래되었고 또 의미심장하다. 인쇄된 소설이 등장한 이래 여성작가들은 두각을 드러냈다. 그들의 이름은 '위대한' 작가, 생산적인 작가의 리스트에 반드시 등장한다. 제인 오스틴, 브론테 자매, 조지 엘리엇은 빙산의 일각에 불과하다. 수많은 여성작가가 문학사에서 찬란히 빛나고 있다. 오늘날 많은 베스트셀러 작가가 여성이다. 능력보다는 여건 때문에 여성들이 다른 분야에서는 이런 성취를 이루기가 쉽지 않음을 감안할 때 과연 여성과 문학 사이에는 특별한 관계가 있는 것 같다.

로맨스 문학의 독자 = 현실도피주의자?

수많은 여성에게, 독서는 생활정보와 정서적 훈련을 제공하는 일차적 원천이다. 나는 캐나다 방송회사의 한 라디오 프로그램을 흥미롭게 들었다. 그 프로는 대중이 즐겨 읽는 로맨스 소설에 대해 이야기하고 있었다. 다 알다시피 조잡하고 화려한 표지를 두른 페이퍼백으로, 전 세계적으로 수백만 부가 팔려나가고 있는 책들 말이다.

　로맨스 문학을 탐독하는 독자는 대부분 여성이고 또 로맨스 문학에 대해서는 전문가 수준에 이른 사람도 많다. 그들은 신중히게 책을 선정해서 읽고 좋아하는 로맨스 작가가 따로 있으며 어떤 경우에는 일주일에 서너 권을 읽기도 한다. 이런 독자층의 한 사람이 달린 산체스 Darlene Sanchez인데 그녀는 자신이 로맨스 소설에서 발견하는 것을 이렇게 설명한다.

　　나는 로맨스 소설을 집어들 때 내 자신이 다른 어떤 사람의 인생에 끼여든다는 것을 발견한다. 소설을 읽는 동안 나는 먼 장소로 떠나서 다른 어떤 사람의 문제에 참견하게 된다. 나는 그들의 열정, 그들의 갈등, 그들의 정서적 문제에 관여하게 된다. 총체적 범위에서 말이다. 나는 그들에게 동정심을 느끼고 그들과 함께 울고 내가 무언가 해주고 싶다고 느낀다. 그러고 나서 책을 덮으면 나는 그 상황과 완전히 절연된다. 나는 그 생활에 아무런 정서적 연결감을 느끼지 않고서 다른 일을 볼 수 있다. 그리고 나는 나의 남편을 쳐다보며 이렇게 말한다. 그래, 남편은 그리 나쁜 사람이 아니야. 남편은 소설 속의 그 남자 같지. 아니야, 그보다 나아. 아니야, 그보다 못해. 아니야, 남편은……. 이런 생각은 당신이 소설을 읽기 전에 어떤 마음가짐을 하고 있었느냐에 따라 달라진다.

아무튼 로맨스 소설을 읽고 나면 당신은 남편이 그리 나쁜 사람이 아님을 알게 된다. 그리하여 우리는 서로 문제점을 해결하게 된다. 결국 남편은 괜찮은 사람인 것이다. 로맨스 소설은 당신이 아주 정서적이고 아주 사랑스럽고 아주 부드러운 사람이라고 느끼게 해준다. 그리고 모든 문제가 오케이라고 생각하게 한다. 열심히 해결하려고 노력하면 결국에는 문제가 잘 풀릴 것이라고 느끼게 한다.

달린은 느낌을 하나의 정보로 사용하고 있다. 그녀는 소설 속에서 문제가 해결되는 패턴을 자신의 문제에 적용한다. 그녀의 문제는 어느 한 패턴으로 고정되어 있었는데 다른 패턴을 부여함으로써 새로운 시각을 얻게 되는 것이다. 그녀는 이제 조금 다른 각도에서 사물을 보며 자신의 인생을 다시 생각하고 점검한다. 그녀는 외부의 모델을 사용한다. 그녀는 일상생활의 분주함 또는 배우자, 자녀, 친구, 부모의 무심함 때문에 봉쇄되어 있던 정서를 새롭게 경험한다. 사람들은 좀 처럼 남들 앞에서 울거나 자신의 느낌을 표현하지 않는다. 어떤 사람은 아예 감정표현을 하지 않는다.

대부분의 소설독자는 페미니즘, 낙태, 탁아소 대 부모의 직접양육같 이 민감한 문제를 놓고 논쟁을 벌일 때 자기의사를 제대로 표현하지 못해 애를 먹는다. 그러나 지성이나 추상적 개념은 인간의 마음에서 그리 커다란 부분을 차지하지 못한다. 독자들이 사물에 대한 자신의 느낌을 명확히 알게 되는 것은 픽션과 그 정서적 언어를 통해서이다. 스토리는 그 서사적 장치를 통해 전에는 잘 이해하지 못하고 파악하지 못했던 상황을 명확하게 인식하게 도와주기 때문이다.

로맨스 소설을 많이 읽는 여자는 현실도피주의자라는 생각이 널리 퍼져 있다. 그러나 일상생활에서 도피주의적인 독자는 그리 많지 않 다. 현실도피주의자는 아주 드물다는 것이 나의 생각이다. 《러브스웹 트 로맨시스Loveswept Romances》의 수석 편집자인 캐롤린 니콜스는 로 맨스 소설 시리즈의 독자들을 조사한 결과에 대해 이렇게 말했다.

나는 세계 여러 나라를 여행하면서 로맨스 소설을 읽는 독자를 많이 만났고 그들의 생활에 대해서 잘 알게 되었다. 그런 이해는 그 독자 들이 누구인가에 대한 이론을 실질적으로 뒷받침해주었고 또 내가 조사해서 알고 있던 데이터를 뒷받침했다. 즉 이들 여성독자는 현실 도피주의자가 아니라 그들의 지역공동체 일에 열심히 참여하는 사 람들이었다.(그들은 학교 사친회, 범죄 대책위원회, 청소위원회 등에 열심히 참가하고 있었다.) 적지 않은 사람이 직장에 다니는 사람들이었고 또 가정을 갖고 있었다. 그들은 로맨스 소설을 읽을 때 그 어느 것으로부터도 도피하지 않았다. 그들의 읽기는 즐기기에 가까운 것이었고 그런 태도는 문제해결을 지향하고 적극적이고 낙관적인 세계인식과 궤적을 같이 하는 것이었다.

로맨스 소설을 즐겨 읽는 여성들도 금지된 욕망을 대신 충족시켜주는 허구의 경험을 즐긴다. 상상력이 위력을 발휘하는 내면의 세계는 사친회 모임이나 교회의 저녁식사로는 충족이 되지 않는 것이다. 열정, 흥분, 모험, 신기함에 대한 호기심이 인간의 마음속에 존재하지 않는다고 억지로 주장해봐야 정신건강에는 아무런 도움이 되지 못한다.

나는 19세기의 미국 여자 시인인 에밀리 디킨슨이 인기 높은 로맨스 소설에 대하여 뭐라고 말했을는지는 알 수 없다. 하지만 독서에 대한 그녀의 시가 있다. 이 시는 독서의 민주화를 지지하고 있다.

책

우리를 저 먼 땅으로 데려다주는 데
책만한 순양함은 없어요.
춤추는 시의 페이지만한
정기선도 없지요.
아주 가난한 사람도 여비 없는
이 여행을 즐길 수 있어요.

인간의 영혼을 담은 수레는

얼마나 검소한지요. [11]

세상의 모든 빨간 머리 앤

내가 아는 책 중에서 《빨간 머리 앤》처럼 여성들에게 널리 읽히고 또 큰 도움을 준 책은 드문 것 같다. 이 소설의 성공은 놀랍기만 하다. 빨간 머리에 수다스럽고 공상하기 좋아하는 명랑한 고아 앤이 전세계 수많은 여성독자의 마음을 사로잡은 것이다. 독자들은 그녀에게서 희망과 용기를 보았고 그들 자신의 현명함과 물러서지 않으려는 강인함을 보았다.

앤은 여성들이 이런 저런 이유로 느껴왔던 말못할 적개심과 분노와 외로움을 대변해주었다. 한 여성고객은 이렇게 말했다. "나는 다섯 딸 중 막내였는데 그러다가 바로 밑으로 남동생이 생겼어요. 그 애는 우리 집에서 소황제였지요." 또 다른 고객은 말한다. "나는 3남 1녀 중 막내였어요. 나는 여자인데다 막내라 별 볼일 없는 아이였지요." 앤은 남자인 줄로 오해되어 커트버트 가족의 농장인 그린 게이블스에 보내졌다. 그런 사실을 알게 된 앤의 기분은 어땠을까?

수많은 여성독자는 앤의 이야기가 곧 자기 이야기라고 생각했다. 자신의 고통, 외로움, 은밀한 고민이 무엇이든 간에 많은 독자가 앤의 이야기에서 자기 이야기를 보았고, 앤을 응원하면서 자기자신을 응원했던 것이다. 나는 어렸을 적에 근친상간의 피해를 심하게 당한 여성을 하나 알고 있다. 그녀는 어린 시절부터 십대 중반에 이르기까지 어머니의 대타 노릇을 했다. 앤(그녀는 앤 시리즈의 책을 여러 번 읽었다)은 그녀의 구명 멧목이었고 앤 시리즈가 없었더라면 절망과 상심으로 죽어버렸을 것이라고 그녀는 말했다.

앤의 작가 몽고메리는 말할 수 없는 고난을 겪으면서 성장하는 여성독자들의 심금을 울렸고 또 위로의 원천을 마련해주었다. 그러니 몽고메리는 소설로 수많은 사람의 목숨을 구제했다고 할 수 있다.

여성들은 그들이 지난 수세기 동안 받아온 학대에 대해 당연히 분노를 느낀다. 폭행, 모욕, 강간은 우리 사회에서 아직도 흔하게 발견된다. 이런 문제에 대해서 발언하고 출판하는 것에 대한 금기가 제거되면서, 소설은 여성의 관점, 경험, 감수성을 환기시키고 교육하는 데 가장 강력한 수단이 되었다. D. H. 로렌스는 사실 현대의 페미니스트들을 위해 미리 길을 깔아놓았다. 첫째 로렌스는 《채털리 부인의 사랑》을 씀으로써 검열의 벽을 돌파했고, 둘째 남자들이 많이 읽는 그의 소설 속에서 여성에게 중요한 위치를 부여했다.

오늘날 우리는 여성학대가 많은 문제를 유발했음을 알고 있다. 그리고 이런 주제는 문학 속에서 우아하게 폭로되고 있다. 여성과 노인 문제는 바야흐로 큰 주목을 받고 있다. 앞에서 이미 논의했지만, 나이 든 여성들의 우아한 초상화가 미래의 고난과 착취를 고민하는 젊은 여인들에게 어느 정도 예방주사의 역할을 했다.

예를 들어 엘리자베스 테일러Elizabeth Taylor의 《클레어몬트의 팰프리 부인Mrs. Palfrey at the Clare-mont》은 평생 남편에게 의존하면서 살아오던 여자가 과부가 되어 겪는 어려움을 묘사한다. 혼자가 된 팰프리 부인은 돈 관리, 집안 관리, 사람을 만나서 세상일을 해결하는 문제가 너무 어렵다고 생각한다. 문학 속에서 발견되는 이 초상화는 독자에게 아주 유익한 도전이 된다. 이제 독자들은 이런 무기력함이 더 이상 있어서는 안 된다고 생각하는 것이다. "난 이런 일이 벌어져도 씩씩하게 버텨낼 거야"가 공통적인 반응이 된다.

아직 결혼하지 않은 스무 살의 여자가 이렇게 말했다. "나는 무작정 기다리기만 해야 하는 삶은 싫다. 내 뜻대로 하고 내가 살고 싶은 곳에서 살고 내 멋대로 방을 꾸밀 수 있는 사람이 되기 위해 평생 남편이 죽기만을 기다려야 한단 말인가?"

그레이엄 그린의 《아주머니와 떠난 여행Travels with my Aunt》은 아주 독특한 노파의 초상화를 보여준다. 이 여자는 모든 규칙을 위반하고 모험을 즐기면서 안전하고 편안한 세상을 경멸한다. 그녀는 그 편안한 세상에서 은퇴한 은행가 조카를 끄집어내어 함께 여행을 떠난다. 이 소설은 독자들에게 현재의 생활에 얼마나 만족하고 사는지 자문하게 만든다. 나는 대학 시절 1층에서 미장원을 하던 여주인의 집에 세 들어 살았다. 여주인은 나름대로 매력적이고 정력적이면서 외향적인 여자였다. 그녀는 당시로서는 파격적이라고 할 수 있으며 재미도 있는 책들을 나에게 넘겨주며 읽어보라고 권했다.

영문과에 다니면서 겉멋만 들었던 나는 그 책들은 거들떠보지도 않았다. 내가 학교에서 공부하던 스코트, 대커리, 디킨스, 하디와 비교해 볼 때 그런 것은 책이라고도 할 수 없었다. 게다가 여주인은 나보다 서른 살쯤은 더 들어 보이는 노파였다. 그저 나와 함께 책을 돌려보자는 선의의 의도였을지 모르는데 나는 그것을 싹 무시했다. 젊은이는 그 젊음을 낭비한다는 말은 얼마나 맞는 말인가. 지금 와서 생각해보니, 그 여주인이라면 그레이엄 그린의 소설에 나오는 오가스타 아주머니를 좋아했을 것 같다. 여주인은 오가스타에게서 자기가 운영하던 1층 미장원의 유쾌하고 독립적이고 자유로운 분위기를 발견했을 것이다.

아무리 둘러봐도 혼자인 것만 같을 때

여성들이 '소수 세력' 취급을 당했다면 실제의 마이너리티(소수 세력) 그룹들도 마찬가지였다. 가령 렌이라는 청년은 자신의 동성애 성향에 관해 내게 말해주었다. "난 내가 호모라는 사실에 걱정하거나 시달리지 않아요. 나는 다를 게 없다고 느껴요. 그런데 문제는 내 가족과 친구들이 이해하려 들지 않는다는 거예요. 나는 아버지에게 이 사실을 말할 수가 없어요. 아버지는 놀라서 천장까지 펄쩍 뛰어오르겠지요. 조금 외로워요. 다른 사람들은 나를 변태 취급하고요." 이 젊은이는 게이 공동체의 일원이 되려 하지도 않고 또 게이 바를 전전하지도 않는다. 그의 성 충동은 그리 강력하지 않다. 그는 그다지 절박한 심정에 빠져 있지는 않다. 하지만 그는 누구나 다 그렇듯 동정적이고 공개적이며 정직한 우정과 애정을 바란다.

렌에게 유익한 독서를 권유하기 위해서는 그의 상황이 근본적으로는 이성애자들과 별로 다르지 않음을 인식시켜야 했다. 하지만 사회

현실은 동성애자들을 사회 부적응자인 것처럼 생각한다. 사실 부적응자를 위한 문학은 많이 나와 있다. 그중 가장 유명한 사례가 《미운 오리 새끼》이다. 전복적인 결말로 끝나는 이 이야기는 다른 종들 사이에 들어간 특이한 종은 편견의 피해자가 된다는 주제를 다룬다. 나는 안데르센이, 가령 검은 백조 또는 다리가 하나이거나 목이 짧은 백조에 대해서는 어떻게 처리할지 궁금해진다.

나는 한 공원에서 아주 감동적인 장면을 목격했다. 공원에 놀러온 가족 중 두 아이가 연못가에 무릎을 꿇고 앉아 흰 백조에게 둘러싸인 검은 백조에게 환호성을 올리고 있었다. 그들은 검은 백조에게 완전히 정신이 팔려버렸다. 그들은 그 의젓한 검은 새에게서 눈을 떼지 못했다. 물론 하얀 백조들도 편견을 갖고 있지 않았고 검은 새는 그들의 완전한 일원으로 행동하고 있었다.

나는 렌에게 부적응자 문학을 권하면서, 그와 마찬가지로 일방적 희생을 당한 사람이 많음을 인식시키고자 했다. 사회적 관습, 실천, 신념에 거슬리는 사람들은 역사상 얼마든지 있었던 것이다. 나는 렌에게 호손의 《주홍 글씨》를 읽으면서 그 소설에 대해 느낀 반응을 기록하라고 요청했다. 다른 남성독자는 소설에 나타난 위선과 기만에 주목하면서 공공대중의 부정직과 개인의 수치를 다룬 소설이라고 평가했다. 그러나 렌은 이 소설이 박해에 직면한 사람들의 외로움과 용기를 다룬 고통스러운 이야기라고 말했다.

그는 여주인공을 그토록 모질게 대하는 사회의 태도에 당황하면서 동시에 분노했다. 나는 학교에서 왕따인 학생이 당하는 박해를 묘사한 주디 블룸의 《목놓아 울기Blubber》를 권하기도 했다. 그런 다음 나는 렌에게 본격적인 동성애 문학을 권유했다.

누구나 잘 읽어낼 수 있고 또 누구나 읽어야 하는 동성애에 관한 '고전' 장편소설이 두 권 있다. 둘 다 흥미롭고 감동적이고 생생한 투쟁의 스토리를 담고 있다. 하나는 E. M. 포스터E. M. Forster의 《모리스Maurice》이다. 1913~1914년에 쓰여진 이 소설은 엄청나게 물의를 일으킬 만한 내용을 담고 있었고 너무나 독창적이어서 1971년에 가서야 비로소 출간되었다. 다른 하나는 래드클리프 홀Radclyffe Hall의 《외로움의 우물 The Well of Loneliness》이다. 이 책은 레즈비언의 고뇌를 다룬 개척자적 소설이다. 두 책은 문학사상의 중요한 이정표를 이룬다. 이 두 책에는 남들과 아주 다른 나머지 사회적 낙인이 찍히게 되는 사실을 담담히 받아들이는 사람들의 고뇌가 잘 그려져 있다. 내면적인 외로움과 은밀한 비밀을 감추고 사는 고통도 잘 묘사되어 있다.

문학은 공동체를 형성한다. 문학은 세속적인 의례, 신자 집단의 성스러운 문서로서 기능을 발휘한다. 가령 디킨스의 문학을 사랑하는

E. M. 포스터 1879~1970. 영국의 작가이자 비평가이다. 버지니아 울프의 친구이자. 블룸즈베리 그룹의 멤버였다. 《전망좋은 방》 등의 작품이 있다.

○ 《모리스》, 1971년 출간.

사람들이 디킨스 읽기 모임을 조직하는 것처럼 말이다.

당신이 외롭다고 느끼거나 남에게 이해를 받지 못한다고 생각하거나 당신의 입장에 대한 느낌을 잘 전달하지 못하는 것 같다면 문학에게 도움을 요청해보라. 문학은 당신에게 당신의 입장을 정당화하는 모델을 제공하고 또 분명한 목소리를 제공한다. 새로운 상황이 발생할 때마다 말을 잘 못하는 독자들은 자신을 대변해줄 목소리를 필요로 하게 된다. 최근에 캐나다 의회는 세계 제2차대전 중에 일본인의 재산을 억류하고 인신을 구속한 데 대해 사죄하고 보상하는 법안을 통과시켰다.

의회 토론회 중에 정당의 원내총무인 에드워드 브로드벤트는 눈에 눈물이 그렁한 채로 억류 일본계 캐나다인의 경험을 묘사한 조이 코가와Joy Kogawa의 소설 《오바상Obasan》의 한 구절을 낭독했다. 이 소설은 이 문제에 관해 캐나다의 양심을 환기시키는 데 결정적인 역할을 했고 그리하여 결국은 잘못을 시정하는 데 기여했다.

1. Emily Dickinson, 〈A Book〉, in 《The Poem of Emily Dickinson》, ed. Thomas H. Johnson(Cambridge, Mass.: Belknap Press, 1958).

이럴 땐 이런 책

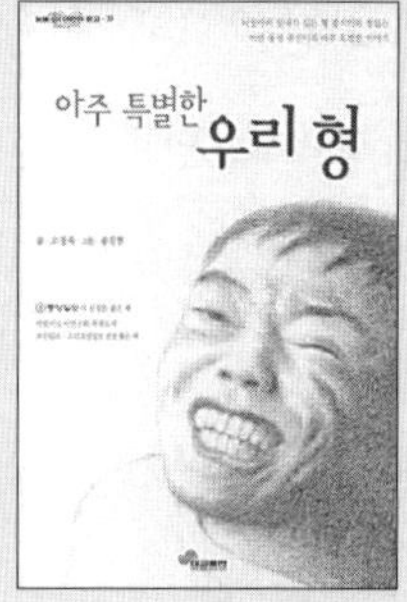

《**아주 특별한 우리 형**》 고정욱 글 | 송진헌 그림 | 대교출판 2002년.

자기가 외아들인 줄로만 알고 있던 종민이에게 어느 날 갑자기 형 종식이가 나타난다. 그런데 형은 처음 만난 동생에게 인사조차 제대로 하지 못하는 뇌성마비 장애아였다. 이런 형을 받아들이지 못해 방황하던 종민이는 마침내 집을 뛰쳐나가 버리는데……. 이 동화는 평범한 초등학교 3년생인 종민이가 그동안 알지도 못했던 뇌성마비 친형 종식이와 한집에 살게 되면서 겪는 마음의 변화를 현실적이고도 감동스럽게 그린다. 종민이는 장애아에 대한 기존의 편견에서 방황하다 마침내 마음의 벽을 허물고 새로운 시각으로 장애인도 자신과 똑같이 행복해질 권리가 있다는 것을 깨닫는다. 또한 책을 읽는 독자에게 장애인에 대한 시각, 가져야 할 태도를 간접적으로 배울 수 있는 계기를 마련해준다. 장애는 단지 불편한 것일 뿐이며, 장애아를 낳아도 걱정할 필요가 없는 세상이 오기를 바라는 작가의 소망이 아이들에게 따뜻하게 전달된다.

《**멋진 한세상**》 공선옥 저 | 창작과비평사 | 2002년.

같은 여성문제에 대한 소설이라 할지라도 공선옥의 소설에 등장하는 여성들은 다르다. 그들은 배울 만큼 배우고 살 만큼 사는 중산층 여성들이 아니라, 가난과 외로움을 힘으로 고단한 삶을 견뎌내는 억척스런 여인네들이다. 그 고단한 삶의 속내를 실감나게 담아내는 토속어나 생동감 있는 입말은 작가를 동년배 작가들과 구분 짓게 하는 중요한 요소이다. 이전 소설집에서 두드러졌던 '5월 광주'에 대한 모티프 대신 여성의 생존문제와 서민들의 애환을 다루는 작품의 비중이 높아짐으로써 한 시대 인간문제의 본질을 꿰뚫으려는 작가의 고뇌가 좀 더 넓은 곳으로 퍼져 나가고 있음을 알게 해준다.

《**내 영혼이 따뜻했던 날들**》 포리스트 카터 저 | 조경숙 역 | 아름드리미디어 | 1998년.

인디언 문학의 대표작으로 손꼽히는 작품. 부모를 잃은 다섯 살짜리 소년 '작은 나무'는 할아버지 할머니를 통해 삶을 꾸려나가는 방법을 터득한다. 땔감을 구할 때 죽어서 푸석하게 마른 통나무를 써야 하는 이유는 자연이 베푼 것만을 얻고 자연을 함부로 파괴해서는 안 된다는 교훈으로 다가오며, 동물들의 짝짓기철에는 절대 덫을 놓지 말라는 가르침은 동물과 인간이 상생해야 함을 일러주며 울림을 던진다. 체로키 인디언의 혈통을 이어받은 저자의 자전적인 소설인 이 책은, 녹색출판의 한 갈래로서 소박한 인디언의 삶을 통해 도시인의 마음 한켠 빈구석을 채워주며, 성장소설로서 《나의 라임오렌지나무》에 버금가는 이국적인 감동과 뭉클함의 경험을 맛보게 해 준다.

《다르게 사는 사람들》 윤수종 엮음 | 이학사 | 2002년.

소외와 억압으로 인해 목소리를 빼앗겼던 우리 사회 소수자들이 온몸으로 고발하는 희망의 '마이너리티 리포트'. 트랜스젠더, 넝마주의, 레즈비언, 외국인 노동자, 비전향 장기수, 장애 여성 등 따가운 시선과 태생적으로 떠안았던 편견으로 인해 한국사회의 주변부를 떠돌았던 그들 여덟 명의 목소리는 애처롭다. "차이는 인정한다. 차별은 반대한다"는 사람들의 대찬 발언 또한 그들과는 상관없다. 인정하고 반대할 도전은 고사하고 그들 모두는 애시당초 존재감부터 무시당해왔던 것. 고통과 수난으로 점철된 이들 소수자들은 이제 겨우 생존의 긴 여정을 향해 단 몇 걸음만을 내딛었을 뿐이다. 계간지 《진보평론》에 1999년부터 4년간 수록된 글 가운데 사회고발의 경중을 감안해서 윤수종 전남대 교수가 추려 엮은 책이다.

《바다로 가는 자전거》 문형렬 저 | 문학과 지성사 | 1994년.

장정일이 그의 《독서일기》에서 어느 세계문학전집에 꽂혀도 손색이 없을 정도의 작품이라 칭송했던, 한국문학의 숨은 보석이다. 바다를 낀 소도시 제철회사에 다니는 남편과 지극정성으로 가정을 돌보는 아내에게는 뇌성마비를 앓는 갓난아이가 있다. 장인은 전화를 통해 "구덩이를 파놓았으니 아이를 데리고 오라"며, 아이를 없앨 것을 채근하고, 남편은 일터의 용광로 속에 아이를 던져버리고 싶다는 충동에 스스로 놀란다. 이 소설의 미덕은 절망 속에 빠질 수 있는 한 젊은 부부의 소소한 하루일과를 잔잔하게 그려내면서 불행의 한가운데서 인간은 무엇을 어떻게 희망해야 하는지, 다른 개체를 향한 사랑이 어떻게 스스로를 구원할 수 있는지를 투명한 시선으로 보여주는 데 있다. 작가는 "진정한 사랑은 뇌성마비의 얼굴을 하고 온다"며 "우리가 지상에 버려진 무력한 사람들의 고통을 함께 껴안을 때 비로소 모두의 구원은 완성된다"고 말한다.

16
새로운 문학교육에 대한 제안

읽기를 지루한 것으로 만드는 교육

어린아이들이 스토리와 시를 사랑한다는 것은 누구나 알고 있다. 학부모와 교사는 시의 리듬, 스토리의 반전과 드라마, 노래의 가사가 아이들의 시선을 끌고 아이들에게 정보를 전달하는 확실한 방법임을 알고 있다. 어린아이들은 어른이 독서하고 있는 것을 보거나 읽어주는 것을 보면 글을 배우고 싶어한다. 읽어주는 사람이 페이지 위의 글자를 스토리, 사람, 장소, 사건의 마법으로 둔갑시키는 것을 보면, 듣는 사람도 그런 위력을 갖고 싶어한다. 어린아이들은 어서 빨리 글을 깨쳐서 남의 손을 빌리지 않고 직접 스토리의 매력과 즐거움을 느껴보고 싶어하는 것이다. 이처럼 어린아이는 스토리의 즐거움을 좋아한다.

그렇다면, 내가 만난 많은 어른이 학교에서의 읽기는 영 재미없었다고 기억하는 것은 어찌된 일인가? 어느 날 나는 한 무리의 대학생에게 그것에 대해 물어보았다. 한 학생이 대답했다. "어린아이들은 '국어'라는 과목을 별로 좋아하지 않아요."

만약 문제가 된다면 우리는 이 현상을 좀더 자세히 살펴봐야 한다. 문학이 인간에게 정말로 중요한 자원이라면, 수많은 사람이 이 자원을 잃어버리고 있는 상황을 그대로 방치할 수는 없지 않겠는가. 1900년대 들어 문자해득능력이 널리 퍼졌고 동시에 공공교육이 널리 시행됐으며 공공도서관이 설립되었다. 제1차 세계대전 후에는 대학에 영문과가 생기기 시작했다.

당초 노동자들이 읽기 능력을 요구하기 시작한 것은 픽션을 읽겠다는 목적이 아니었다. 초기의 노동자들은 종교적 소책자나 정치적 정보 등을 요구했다. 가령 톰 페인Tom Paine의 소책자들은 미국 독립운동에 적지 않은 영향을 끼쳤다. 그러나 사회적, 정치적 비판이나 논평은 소설 속에도 서서히 등장하기 시작했다. 찰스 디킨스의 소설이 그 좋은 예인데, 가령 《블리크 하우스》는 법의 부정적 측면을 비판하고 있고, 《올리버 트위스트》는 고아원 제도의 히점을 지적하고 있고, 《시련의 시절》은 교육제도의 열악한 수준을 꼬집고 있다. 이것은 수백 가지 사례 중 겨우 세 가지를 열거한 것에 지나지 않는다.

소설은 독자들에게 세상에 관한 지식과 함께 즐거움을 주기도 하는 가장 인기 있는 물건이었다. 장편소설은 잡지의 연재물처럼 부분적으로 쪼개져 출간된 덕분에 많은 사람이 손쉽게 사볼 수 있었다. 이런 출간방식은 독자들에게 남의 생활을 연속적으로 체험한다는 느낌을 주었고 그리하여 소설 속의 생활이 곧 독자의 생활이 되었다. 따지고 보면 TV 연속극의 효시는 바로 장편소설인 것이다.

소설은 처음에는 진지한 것으로 여겨지기보다는 사람을 유혹하거나 산만하게 하거나 타락시키는 것으로 여겨졌다. 그래서 널리 권장되지 않았고 교회는 노골적으로 소설을 거부했다.

대학은 문학을 교과에 편입시키는 과정에서 정당성을 부여하기 위해 문학을 의도적으로 아주 진지한 것 또는 전문적인 것으로 만들었다. 대학당국은 이런 과정에서 배타적이고 엘리트적인 클럽 또는 컬트의 방식을 답습했다. 대학은 읽기가 재미있는 것이라는 생각을 억압했다. 그들은 문학을 토론할 때만 전문적으로 쓸 수 있는 은밀한 용어를 개발했다. 사람들은 그 컬트에 가입해야 그 용어를 배울 수 있었다.

대학은 시간의 시련을 견뎌낸 작품만 연구했고 최근에 나온 소설이나 시는 연구하기를 거부했다. 그들은 특히 읽기 어려운 텍스트를 선호했고, 영문학과에 다니는 학생들이 문학을 토론할 자격이 있는지 알아보는 테스트를 시행했다. 다르게 말해서 그들은 읽기의 '전문기술'을 창조했다. 그들은 문학을 이해하는 사업을 독점했고 읽기를 아주 복잡한 과정으로 만들었다.

물론 여기에 이점이 없는 것은 아니다. 대학은 그렇게 함으로써 '고전'을 살려냈고 그것이 계속 출판·유통되게 했다. 많은 독자에게 대학은 과거의 문학, 어려운 글읽기, 그곳에서 가르치지 않았으면 영원히 유실되었을지도 모르는 고전 등을 가르치는 곳으로 각인되어 있다. 하지만 이런 대학의 태도는 부정적인 결과도 낳았다. 그것은 '좋은' 문학을 읽는 전문적 독자와, 대중문학을 읽는 비전문적 독자로 독자층을 갈라버렸다는 것이다.

　그런데 ‘좋은’ 문학 또는 ‘위대한’ 문학을 판단하는 데에는 한 가지 문제점이 있다. 그것은 우리가 우리 자신만의 평결을 과신하게 된다는 것이다. 게다가 그런 판단은 스스로 강화되는 경향이 있다. 셰익스피어는 거의 신적인 지위를 획득한 작가의 대표적 사례이다. 하지만 그런 셰익스피어에게도 결점은 있다. 새뮤얼 존슨Samuel Johnson은 다음 같은 문장에서 우리의 현실감각을 바로잡아주었다.

　　그럼에도 이런 사실은 지적되어야 한다. 우리가 셰익스피어에게 많은 것을 빚지고 있다면, 그 역시 우리에게 어느 정도 빚을 지고 있다는 것이다. 그에 대한 평가는 날카로운 지각과 통찰에 의한 것이 있는가 하면 일방적인 숭배와 관습에 의한 것도 있는 것이다. 우리는 그의 훌륭함에만 시선을 고정시키고 그의 부족함에 대해서는 애써 외면하려 한다. 그리하여 다른 작가 같았으면 혐오나 경멸의 대상이 되었을 것을 그의 경우에는 관대하게 봐주는 것이다. [11]

　각급 학교의 교사들은 대학교수들이 쓰는 방식을 그대로 따라한다. 그들은 대학에서 ‘좋은’ 문학이 무엇인지 배웠고 또 어떻게 해야 진지하고 전문적이 되는지 배웠다. 그들은 그런 태도와 가치를 당연히 학교 수업시간에도 그대로 가지고 들어간다. 교과과정이 진행되면서 그들은 여러 과목으로 학문을 나눈다. 가령 소설은 국어과목, 꽃은 식물학, 개구리는 동물학, 성은 보건과목 등으로 나누는 것이다. 그리하여 각 과목이 다른 과목의 영역을 침범하지 않게 감시한다.

아주 최근까지만 해도 중·고등학교에서의 문학시간은 문학교사들이 대학에서 배운 방식 그대로 진행되었다. 학생들에게는 집중적으로 읽어야 하는 책이 몇 권 떨어졌다. 그들은《햄릿》《위대한 유산》《허클베리 핀》을 사건, 인물, 상징, 플롯, 구조, 역사, 의미의 관점에서 챕터별, 페이지별로 공부했다. 이것은 더할 나위없이 따분한 공부에 지나지 않았다. 교사는 '정답'을 알고 있는 권위자였고 학생들은 그 정답을 '추측'해내기 위해 애를 썼다.

이런 텍스트들은 권위 있는 교사협의체가 선정한 것이었고, 그러므로 그 가치, 중요성, 지속성은 애초부터 의심할 수 없었다. 교사들은 학생들의 말에는 관심도 없었고 또 그들의 말을 잘 들어주지도 않았다. 오직 용감한 학생만이 수업시간에 몇 마디 할 수 있었는데 그것도 교사의 의도를 파악했다고 확신하는 경우에 한해서였다.

이같은 학습과정의 문제점은, 정답을 추측해내는 일을 잘하지 못하는 학생이나 읽기를 힘든 과정이라고 생각하는 학생이 나중에 학교를 떠나고 나서도 여전히 읽기를 어려운 일이라고 생각하게 된다는 것이다. 반면 TV를 시청하는 것은 전혀 힘들지 않다. 그래서 독서는 멀리하고 점점 더 TV 앞에 앉게 되는 것이다. 학습자의 입장에서 보면, 읽기는 이런 읽기와 저런 읽기가 서로 구분이 되지 않는 작업이다. 읽기를 최초로 배우는 장소는 대체로 학교인데, 여기서 읽기가 재미없는 것으로 각인되어버리면 그후의 읽기도 도매금으로 재미없는 것이 되어버린다.

단 하나의 이론이란 없다

최근 독자-반응reader-response이라는 읽기 이론이 유행하고 있다. 이 이론은, 텍스트는 하나의 코드, 대기중인 메시지, 잠재적인 경험이라고 주장한다. 그 코드를 작동시키려면 필수적으로 독서를 해야 한다. 독자는 자신의 고유한 경험과 언어를 가동시킴으로써 소설과 시에서 의미를 찾아낸다. 그러니까 독자는 자기만의 읽기 방식을 지니고 있으며 그것이 기존의 읽기 방식과 달라도 상관은 없다는 뜻이다. 스토리에는 단 하나의 고정적이며 절대적인 의미란 없다는 것이다.

나는 문학해석의 이러한 방향전환을 환영한다. 진정한 읽기의 경험에 더 가까이 다가갈 수 있게 도와주리라고 믿기 때문이다. 글을 읽을 때는 기억, 연상이 내 마음에 새겨지고 느낌이 관건이 되므로 나는 그것을 바탕으로 다른 독자들에게 얘기할 수밖에 없는 것이다.

나는 학생들에게 독자반응이론의 타당성을 설명하려고 실험을 하나 했다. 나는 강의교재로 오노레 드 발자크Honoré de Balzac의 《사막의 열정》이리는 소설을 선택했다. 소설 속에서 한 늙은 군인이 자신의 친구에 대해서 이야기를 들려준다. 액자소설의 형식을 한 소설인 것이다. 군인의 친구는 사막에서 길을 잃었는데 어찌하다가 표범과 친한

발자크 1799~1850. 프랑스의 대표적인 사실주의 작가. 정치적으로 왕당파였으나 소설에서는 당시 부르주아화해가던 사회의 모습을 신랄하게 그려내 개인적 신념과 창작의 독립성(분리)에 대한 첨예한 논쟁을 불러일으켰다. 《고리오 영감》《잃어버린 환상》《농민들》《인간 희극》 등을 발표했다.

친구 사이가 되었다. 나는 학생들에게 그들의 느낌에 의거하여 이 소설에 대한 인상 또는 주제를 말해보라고 요청했다.

한 학생은 사랑의 변화가 주제라고 말했다. 나는 그 대답을 칠판에다 적었다. 다른 학생은 인간과 동물의 사랑을 그린 것으로서 사랑은 어디에서나 생겨날 수 있음을 보여준다고 말했다. 다른 학생은 사랑이 피어나려면 신뢰가 있어야 한다고 답변했다. 또 다른 학생은 사랑이 남자의 목숨을 구해주었다고 말했다. 나는 모든 대답을 칠판에 적었다.

마지막으로 나는 내 의견을 말했다. 내가 볼 때 이 작품은 소설이 만들어지는 과정과 그것이 인간생활에서 어떤 기능을 발휘하는지 보여주는 소설이다. 물론 내 의견도 칠판에 적었다. 나는 학생들에게 칠판에 적어놓은 대답 중에 어떤 것이 정답인지 골라내 보라고 말했다. 강의실에는 잠시 침묵이 흘렀다. 그들은 정답은 언제나 하나뿐이라는 훈련을 받았으므로 본능적으로 선생인 '내가 가장 좋아하는' 답변이 무엇인지 알아내려고 했다.

마침내 한 용감한 학생이 내 의도를 알아차리고 칠판에 적힌 대답은 모두 옳다고 말했다. 모두 개인적 확신에서 나온 답이기 때문에 어떤 것은 틀리고 또 어떤 것은 옳다고 할 수 없다는 것이었다. 나는 슬쩍 한번 떠보았다. 내가 교수니까 내 대답이 가장 좋고 가장 그럴듯하지 않은가, 그러니 가장 옳은 것이 아닐까? 학생들은 그제야 분위기를 확실히 파악하고 웃음을 터트렸다.

시나 소설의 경이로움은 독자의 마음에서 무한하게 그 모습을 바꾼다. 독자는 문학에 의미를 부여하기 위해 자신의 느낌과 기억을 동원한다. 바로 그렇게 함으로써 다양한 의미를 생산한다.

텍스트에 단 하나의 권위 있는 의미를 부여하는 것은 읽기를 기계적 학습과정으로 격하시키고, 독자가 지닌 개인적 경험의 가치와 중요성을 부정하는 것이다. 단 하나의 진짜 의미를 찾으려고 애쓰는 것은 읽기 과정에서 인격을 제거한다. 이런 탈인격적인 교육과정 때문에 지루함, 적개심, 중도탈락이 발생하는 것이다. 학교교육에서 의미를 찾으려고 하는 학생들은 그들의 인격과 생활에 도움이 되는 정보와 체험을 바라고 있다. 학생들이 학교를 그만두는 것은 직업기술을 배우지 못하기 때문이 아니라, 학교에서 배우는 것이 가족과 사회라는 맥락 속에서 그들이 생각하고 느끼고 필요로 하는 것과는 무관하기 때문이다.

학생들이 고교 졸업반에 올라갈수록 교과과정은 점점 더 학술적이고 객관화되어 그들의 일상생활과는 아무 관련이 없게 된다. 이렇게 말한다고 해서 배우는 '과목'이 중요하지 않다는 얘기는 아니다. 단지 그 과목이 관찰자(또는 독자)의 능력이나 기능과는 상관없이 제시는 것이 문제이다. 말하자면 학생은 남에게 이미 관찰된 대상에는 흥미를 느끼지 못한다는 뜻이다.

교사들은 다음 같은 규칙을 이해하고 기억하면 도움이 될 것이다.

규칙 1. 공부하는 자료는 공부하는 과정에 따라서 달라진다.
규칙 2. 읽기는 그저 '과목'이 아니다. 그것은 인간의 지각전략 또는 행동이다.

규칙 3. 1) 정보는 학생을 포함하는 시스템의 구성요소이다.

2) 정보는 지각이 바뀌면 따라서 바뀐다.

규칙 4. 교사의 경험은 학생의 경험이 아니다.

규칙 5. 학생을 테스트하고 학점을 매기는 것은 학생이 교사의 시스템에 적응하는 능력을 평가하는 것이다. 여러 과목에서 최고점수를 받은 학생이라도 독창적인 생각을 내놓지 못할 수도 있고 타고난 재능을 개발하지 못할 수 있고 학과목에서 즐거움이나 흥분을 느끼지 못할 수도 있다.

규칙 6. 학생은 느끼고 생각하고 적응하고 성장하는 개별적 유기체이다. 그들은 자기만의 할 말이 있다.

규칙 7. 좋은 학생, 나쁜 학생은 따로 있는 것이 아니다. 그들은 상황에 따라 반응하는 것이다.

왜 읽는가

학교에서 읽기 공부를 제공하는 일차적 목표는 학생들에게 즐거움과 통제력을 경험하게 하려는 것이다. 이렇게 하려면 읽기 과제를 많이 내주고 더 다양하게 읽을거리를 고르게 하고 학생들의 개인적 반응에 대해 더 많이 격려해야 한다.

교육은 종종 읽기의 즐거움을 감소시켜왔다. 안타까운 일이다. 이 것은 독자에게 더 많은 힘을 부여해야만 비로소 해결될 수 있는 문제이다. 독자의 반응은 민주화되고 개인적 반응은 존중되어야 한다. 해석만을 강조하는 현행의 냉정한 텍스트 읽기 방식은 독자들의 흥미를 감소시킬 뿐이다. 이 방법은 읽기의 실제적 체험과는 거리가 멀다.

이론이 아니라 스토리다

학생들은 읽는 방법을 잘 모른다. 그래서 그들은 독서가 어떻게 진행되는지 독서를 할 때 어떤 영향을 받게 되는지 알 권리가 있다. 독서의 목적과 혜택을 잘 알게 되면 학생들은 좀더 주의 깊고도 열성적으로 글을 읽게 될 것이다. 이것을 잘 가르쳐주려면 먼저 학생들에게 언어의 기본적 사항, 쓰기의 역사, 스토리의 기원, 인간사에서 스토리가 지니는 중요성을 가르쳐야 한다.

점수 매기기

문학은 모든 학년, 모든 학과목에서 기본과정이 되어야 한다. 읽기는 물질적 체험, 인생체험, 인간관계 등을 관리하기 위한 심적인 발달과정임을 기억해야 한다. 문학을 읽는 것에 점수를 매겨서는 안 된다. 테스트에서 면제되어야 학생들은 읽기 과정을 즐겁게 체험할 수 있다. 지금처럼 과목으로 편성되어 있어서는 교사의 의도 알아맞히기 게임이나 단 하나의 '정답' 알아맞히기 게임 이상이 되기 어렵다. 문학은 다른 과목에 추가될 수 있고 문학교사는 다른 모든 과목에 참여할 수 있다. 문학은 과거에는 역사, 생태학, 정치학, 법률, 예술, 철학, 문제해결, 글쓰기, 심리학, 과학, 성욕연구, 가족연구, 스포츠, 지리, 경제학을 가르치는 데 이용되었다.

어떻게 읽힐 것인가

교사는 단 하나의 정답만이 있다는 읽기 방식을 피해야 한다. 교사가 학생들의 반응에 마음을 활짝 열면, 학생은 많은 것을 배우고 좌절과 스트레스에서 해방되고 잘못된 해석과 엉뚱한 판단을 피할 수 있을 것이다. 학생들의 말에 귀를 기울여라. 마인드를 바꿔라. 말 뒤의 목소리, 의도, 체험을 읽고 들어라. 잘 들은 것을 곰곰이 생각하고 학생들에게 그들이 무엇을 들었는지 물어보라.

학생들은 글을 쓸 줄 알 때부터 읽기-반응 일기를 쓰는 것이 좋다. 쓰는 것이 어려우면 그림이나 오디오 테이프로 기록을 남길 수도 있다. 이러한 일기는 하나의 피드백으로서 학생이 목소리와 반응, 느낌, 생각을 지님을 증명한다. 그것은 훌륭한 쓰기 연습이다. 또 자기의사를 표현하는 방법도 된다. 교사들에게는 독서가 실제로 진행되고 있음을 증명해준다. 이 일기에는 점수를 매길 필요가 없다. 다른 학생들과 돌려보며 의견을 나눌 수도 있을 것이다. 이것은 개인적 성장의 기록이다.

읽기와 문학을 당신의 앞에, 시스템의 위에다 두라. 학급에 학생 수가 많으면 소그룹으로 나누어 동료학생들과 반응을 공유하게 권장하는 것이 좋다. 이것은 학생들의 아이디어를 널리 퍼트리고 그들의 느낌을 표현하여 이해시키고 열광을 함께 나누게 하는 효과적 방법이다.

요약

읽기는 더없이 중요하고 또 기본적인 과정이기 때문에 하나의 '학과목'으로 남겨놓을 수 없다. 문학의 힘, 즐거움, 유익함은 평생 지속된다. 시와 소설의 가치와 유익함을 아는 사람들은 학생, 자녀, 읽기의 혜택을 보지 못한 사람을 독서의 길로 유도해야 한다. 오늘날 교육정책을 결정하는 정치가들은 직업훈련의 필요성, 하이-테크 경쟁력의 강화, 기계류의 관리능력을 잘 가르쳐야 한다고 목청 높여 주장한다. 그런데 독서의 가치를 이해하지 못한다면, 그들은 자신들이 다른 사람에게서 빼앗은 것을 어떻게 이해하겠는가?

우리는 나이 먹는 사람, 아이를 키우는 사람, 상실을 슬퍼하는 사람, 모험을 꿈꾸는 사람, 친구를 사귀면서 죽음에 대비하는 사람, 이 모두를 겨냥하여 삶의 질을 높여야 한다. 독서의 상실은 곧 총체적인 상실이 될 것이다. 이런 상실 때문에 사람들은 아름다움에 무관심해지고 남들에게 공감하는 마음이 부족해지고 지구생태의 파괴를 허용하고 있는 것이다.

우리의 자연계, 우리의 숲과 시내와 들판, 우리의 음식과 공기와 빛, 시인과 작가들이 칭송했던 이 마법, 아름다움, 위로는 그것을 보고 느낄 줄 모르는 사람에게는 나타나지 않는 것이다. 작가들은 우리에게 이 세상을 어떻게 보고 느낄 것인지 가르쳐준다. 그 아름다운 세계가

생산성만 숭배하는 멍청한 사람들의 탐욕과 무지에 의해 낭비되고 있
는 것이다.

기업이사회, 정부, 펜타곤 등 편의를 추구하는 자들은 기능적으로는
문맹이 아니다. 하지만 그들은 어떻게 읽어야 하는 줄은 모른다. 교육
적 편향을 바꾸지 않는 한, 우리는 우리의 지구를 파괴하고 그런 상실
의 의미를 전혀 감지하지 못하는 '교육받은' 테크노크라트들만 더욱
많이 양산하게 될 것이다.

1. Samuel Johnson, 〈Preface to Shakespeare〉, in 《Criticism: The Major
   Statements》, ed. Charles Kaplan(New York: St. Martin's Press, 1986).

제6부
끝이 아닌 새로운 시작

우리는 우리의 경험에 강제로 질서를 부과하는 일에 서툴다.
하지만 소설가들은 그렇게 할 수 있다.
소설가는 자신의 경험을 바탕으로 하나의 멋진 양탄자를
짜내는데, 독자는 거기서 하나의 패턴을 보게 되고
그 조화와 질서에서 즐거움을 느끼게 된다.

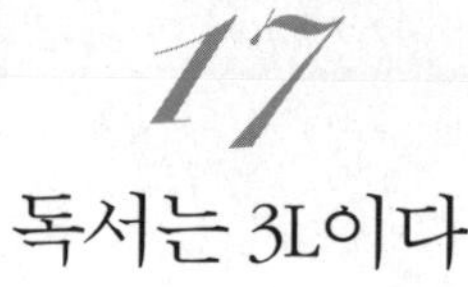

독서는 3L이다

어떤 때 단어를 들여다보면서 내가 그것을 읽을 수 있음을 깨닫는 것은 참으로 경이롭습니다! 단어를 보면서 빙그레 웃고 있는 나를 보면 사람들은 제정신이 아니라고 생각할 테지요. 하지만 글자를 모르기 때문에 미쳤다는 소리를 듣는 것보다는 한결 나은 일이에요. 나는 이제 도서관에 다닙니다. 어느 날 어떤 책 한 권을 집어들고 통째로 읽어버리려고요.

- 문학 강의실에서 한 학생이 한 말

문자해득능력

독서는 결국 3L이라는 말이 있다. 곧 문자해득능력Literacy, 여가Leisure, 도서관Libraries이 그것이다. 그러면 먼저 문자해득능력으로 시작해보자. 독서의 효용이 대단하다는 것은 독자 여러분도 진작에 알아차렸을 것이다. 다양한 혜택, 실제적 결과, 응용, 독특한 즐거움, 이 모든 것을 안겨주는 행위로는 독서만한 것이 없다. 물론 글을 읽을 줄 안다는 것은 일상적 업무처리를 위해서도 반드시 필요한 기술이다. 사람들은 간판, 양식, 편지, 지시문, 일용품의 레이블, 의약품, 식료품 등에 적힌 글을 읽을 줄 알아야 한다. 이것은 생존에 아주 필요한 기본적인 읽기이다.

위에 말한 것은 언어의 가장 사소한 작용에 지나지 않는다. 문학이 우리의 생각과 느낌을 더 큰 세계에게 연결시켜줄 때의 엄청난 즐거움을 생각해보라. 그러나 독서의 혜택을 칭송할 때조차 우리는 그 중요성을 완전히 파악하지 못하는 경향이 있다. 그런데 음식, 난방 및 머무를 곳/신체의 안전 다음에 무엇이 있는가? 물론 스토리가 있다.

스토리는 '나'와 나머지 세상과의 연결고리를 포함하고 있다. 스토리는 경험을 코드화하는 조직적 시스템이다. 스토리가 있기에 우리는 경험을 저장하고 교환하고 재생산하는 것이다. 다른 사람의 스토리는 내 경험을 보충하는 것이고 내 인생을 관리하는 데 필요한 피드백의 요소이다.

우리가 종종 듣게 되는 문학에 대한 태도는 무엇인가?

가장 흔한 것은 문학 따위는 필요 없다는 것이다. 가령 곡식을 거두어들이고 아이를 낳고 물고기를 잡고 청구서를 처리하는 일같이 필수적인 일에 비교해보면 그리 중요하지 않다는 것이다. 이런 견해 속에 반영되어 있는 인간관은 곧 인간을 기계적 노예상태로 보는 것이다. 로봇에게는 문학이 필요하지 않다. 스토리는 인간이 인간으로서 정상적으로 기능을 발휘하는 데 필수적인 것이다. 어떤 사람들은 읽기란 결국 사소한 장식에 지나지 않는 것이요, 생존에 필수적인 것은 아니라는 견해를 내놓는다. 하지만 이런 견해는 잘못되었을 뿐 아니라 황당하고 오만하다.

독서에 대한 또 다른 견해는 엘리트적 견해이다. 독서는 고등교육, 전문직, 대학교육 등에만 필요하다는 견해인데 이런 견해가 지배적인 사회에서는 사회 내의 불평등과 혜택박탈이 일어나게 된다. 이 견해는 문학을 하나의 장식으로 보기 때문에 고등교육을 굳이 받지 않겠다는 사람들에게서 문학의 혜택을 빼앗는다.

이것은 문학과 언어의 혜택이 교육의 주요 목표라는 지당한 사실을 깨닫지 못한 데서 나온 것이다. 이런 엘리트적 견해를 고집하면 사회 내에 계급분열을 가져올 뿐 아니라 글을 잘 읽지 못해 자기의사를 잘 표현하지 못하는 수많은 사람에게서 혜택을 빼앗는 결과를 불러온다.

우리는 커다란 고통이나 희생을 치르지 않고서도 독서의 혜택을 얻을 수 있다. 여가에 즐길 수 있는 활동인 독서는 신체근육, 심장, 폐 등에 별로 무리를 주지 않으면서도 마음을 훈련시킨다. 대체로 보아 독서는 사람들의 건강을 해치지 않는다. 독서는 조용한 활동이다. 육체가 휴식을 요구한다고 해서 정신마저 수동적인 상태에 빠져들어서는 안 된다. 그러면 이제 여가에 대해서 토론해보자.

여가

여가는 강요된 활동이나 스트레스 받는 활동을 안 하는 시간, 즉 일이 없는 시간이다. 우리 사회에서 일은 대체로 강요된 활동이다. 생계를 위해 돈을 버는 것, 비가 새지 않게 지붕을 고치는 것, 무덤을 파는 것, 하수구를 고치는 것, 난파하여 외딴 섬에서 구조요청의 불을 피우는 것 등이 그런 일에 해당한다. 여가는 이런 활동에서 나오는 스트레스에서 자유로운 시간, 당신이 하고 싶은 것을 할 수 있는 시간이다. 그래서 학점을 따기 위해 책을 읽는 것은 여가의 독서가 아니지만, 욕실의 욕조에서 좋아하는 소설을 읽는 것은 여가이다.

사람들은 수동적이거나 능동적인 일을 하면서 여가시간을 보낸다. TV에서 스포츠 중계를 보는 것은 수동적 여가활동이다. 현대의 산업 인구들은 신체운동을 너무 하지 않아 건강에 무리가 올 지경에 이르렀다. 물론 노동력을 자꾸만 덜 쓰게 되면서 비활동성의 정도가 점점 더 높아지기도 한다. 산책하지 않는 사람, 달리지 않는 사람, 옷을 빨지 않는 사람, 곡식을 심지 않는 사람, 음식 준비를 하지 않는 사람, 이런 사람은 신체가 허약해질 위험에 놓여 있다. 이런 사람이 건강을 유지하기 위해서는 헬스클럽에 나가거나 조깅을 하거나 이런 저런 운동을 해야 한다.

우리는 사태가 이렇게 진행되는 것과 스트레스는 금방 알아차릴 수 있다. 그러나 음식 메뉴, 음식의 준비, 산책, 달리기, 수영 등에 대해서 생각하지 않고 행하지 않는다는 것은 곧 우리가 생각을 해야 할 필요가 없다는 뜻임을 알아차리기는 쉽지 않다. 쉽게 풀면, 여가시간이 얼마나 수동적으로 흐르기 쉬운가를 알아차린다면 우리는 자기자신, 문화, 정치적 자유에 가해지는 위험을 파악하게 될 것이다. 심지어 독서를 놓고 봐도,《클래식 코믹스Classic Comics》《콜스 노츠Coles Notes》《리더스 다이제스트》같은 책이 읽어야 할 내용을 미리 요약해놓고 있는 것이다.

이런 경향이 계속 되면 수많은 사람이 식물인간처럼 되어버릴 것이다. 그리하여 사태의 움직임을 잘 파악하고 스스로 생각하고 말하고 쓰고 읽을 줄 아는 몇 안 되는 테크노크라트와 행정가들의 조종과 통제를 받게 될 것이다. 우리가 지금 목격하고 있는 세상은 우리에게 정신적으로 좀더 민첩하고 세련된 사람이 되라고 요구한다. 그러면서 동시에 한층 더 수동적이고 비활동적인 사람으로 만들고 있다. 변화하는 시스템에 적응하기 위해 발끝으로 서 있는 민첩한 준비를 갖추라고 하면서도, 다른 한편에서는 현란한 오락과 기계류의 최면효과를 동원하여 우리를 땅바닥에 덜퍼덕 앉아버리게 하는 것이다.

과거의 구조들은 해체되어 새롭고 낯선 패턴으로 재편되고 있다. 우리의 도덕적, 종교적, 식생활적, 지리적, 환경적, 성적, 가족적 신념과 관습은 새로운 배치와 가능성을 맞아들이고 있다. 과거를 지향하는 근본주의자들이 아무리 바란다고 해도 이런 진화의 과정을 멈출 수는 없다. 우리는 우리의 개인적, 가족적, 사회적 행복을 위하여 정보를 잘 파악하고 민첩하고 사려 깊고 상상력이 풍부하고 반응속도가 빠르며 적응력 높고 유연하고 동정심이 많은 사람이 되어야 한다.

나는 '매일' 우리 지도자들의 어리석음을 듣고 읽으면서 아연실색하게 되고 또 우울해진다. 그들은 '경쟁을 위한 교육'을 해야 한다고 말하고 '세계시장'의 점유율을 높여야 한다고 말하고 일본인들을 앞서가야 한다고 말한다. 개인적, 정서적, 신체적 행복을 위해 교육을 받아야 한다는 말은 도통 들어볼 수가 없다. 우리 삶의 질을 높이고, 온유하고 행복하고 조화로운 사회집단의 일부가 되고, 우리의 삶을 보다 즐겁고 사랑스럽고 아름답고 의미 있는 것으로 만들기 위해 교육을 받아야 한다는 말은 듣지 못한다.

우리는 더 작은 라디오와 계산기를 만들기 위해 학교에 다니고 있는 것이다. 우리는 현금을 지니고 다닐 필요가 없는 프로그램을 개발해야 한다는 말을 듣는다. 우리의 손수건을 대신 다림질해주고 토스트를 대신 구워주는 로봇, 우리가 TV에서 쇼핑 카탈로그를 뒤지는 동안 자동운전을 해나가는 자동차 등을 만들어야 한다는 것이다. 이렇게 하면서 경쟁, 소비자주의, 탐욕 등의 목표에 우리 자신을 바쳐야 한다는 것이다.

이런 광기가 언제쯤 끝나게 될 것인가? 당신과 나 같은 임금노동자로 구성된 거대한 소비대중이 자신이 사기 당했음을 인식할 때야 그런 광기는 비로소 끝나게 될 것이다. 19세기의 위대한 문자해득능력 보급운동은 인간을 자유롭고 강력한 존재로 만들려는 것이었지, 광고문구나 일방적으로 받아들이는 수동적인 존재를 만들려는 것이 아니었다. 문자해득능력은 상대적인 것이다. 사람들은 능력에 따라 더 많이 읽을 수도 있고 덜 읽을 수도 있다. 하지만 덜 읽는 것은 아예 안 읽는 것보다 더 나쁠 수도 있다. 그 경우 우리는 무엇을 어떤 목적으로 읽을 것인가를 결정하는 사람들에게 휘둘릴 수도 있기 때문이다. 어중간한 문자해득능력은 사람을 더욱 조종하기 쉬운 존재로 만들어버린다.

우리는 자유로워져야 하고 정신적 자극을 많이 받아야 하고 우리의 무대, 환경, 영향력의 한계에서 벗어나야 한다. 그러자면 많은 소설을, 그것도 아주 의식적으로 읽어야 한다. 우리가 일단 독서는 시간낭비라는 고정관념을 극복하면, 책의 도움을 얻어가며 우리의 생각과 느낌을 자유롭게 탐구할 수 있다. 인간관계에 대해 더 큰 이해를 얻을 수 있다. 우리는 마음속에서 여행을 떠날 수 있으며 세부사항을 유심히 살펴보는 훈련을 할 수 있다.

스토리는 우리가 보고 체험한 것을 정리하는 방법을 마련해준다. 그것은 대화의 자료가 될 수도 있고 낭독을 통해 우리의 손자들과 접촉하는 수단이 될 수도 있다. 우리는 문자해득능력이라는 선물과 독서에 대한 사랑을 후손에게 물려줄 수도 있다.

왜 많은 사람이 밤에 책 읽는 것을 좋아하고 자신이 좋아하는 책을 읽으면서 하루를 마감할까? 그것은 우리 모두가 하나의 스토리이기 때문이다. 우리는 경험, 사건, 대화, 소리와 광경을 매 시간, 매일, 매주, 매 달, 하나의 잡동사니로 축적한다. 직업적인 소설가나 이야기꾼이 아닌 사람은 자신의 자료를 의미 있는 이야기로 풀어내는 일을 잘하지 못한다. 말하자면 우리의 일상생활은 빈 구두통 속에 쑤셔넣어진 작은 메모 쪽지 같은 것이다. 인생의 사건은 일방적으로 벌어지는 것이어서, 우리가 의도적으로 만들어내는 일은 그리 많지 않다.

우리는 우리의 경험에 강제로 질서를 부과하는 일에 서툴다. 하지만 소설가들은 그렇게 할 수 있다. 소설가는 자신의 경험을 바탕으로 하나의 멋진 양탄자를 짜내는데, 독자는 거기서 하나의 패턴을 보게 되고 그 조화와 질서에서 즐거움을 느끼게 된다. 스토리를 읽음으로써 우리는 인생의 의미를 파악하게 되고 그 의미를 남들과 함께 나눔으로써 인생의 혼란한 사건을 조직하는 모델을 얻게 된다.

우리가 꾸는 꿈은 대개 혼란스럽게 발생하는 무수한 정보에서 의미를 추출하려는 우리의 정신작용이다. 낮 동안에는 다양한 경험이 우리의 인생에 미치는 의미를 찬찬히 검토하고 돌아다볼 시간이 없다. 우리는 잠을 자면서 우리의 주의를 끌어 마땅한 사항을 꿈속에서 다시 점검하게 되는데, 때로 꿈은 깜짝 깜짝 놀랄 만한 이야기를 들려주기도 한다. 우리가 중요하지 않은 것, 사소한 것으로 치부하여 무시해버린 것이 꿈속에서는 나타나기 때문이다. 우리는 꿈속에서 스토리를 만든다. 꿈속에서 우리 모두는 놀라운 스토리 텔링 기량을 지닌 작가가 된다. 그래서 사람들은 밤에 생활의 리듬을 늦추고 책을 읽는다.

사람들은 낮의 혼란을 저만치 몰아내고 작가들이 지신 있게 구축해 놓은 공유된 경험의 세계, 그 세계를 표현하는 아름다운 언어의 마력에 빨려 들어가는 것이다. 이 세계는 우리의 개인적 세계를 포기하라고 요구하지 않으면서도 다른 사람의 세계를 해독하는 데 우리의 경험을 동원하라고 요구한다. 글을 읽는다는 것은 대체로 생각하듯 도피하는 것을 뜻하지는 않는다. 우리 자신에게서 도망친다는 것은 불가능하다. 우리는 단지 우리의 혼란에서 잠시 구조될 뿐이다. 우리는 재조직하여 재생하는 것이다.

대부분의 사람들은 생각이나 느낌, 이해나 동정이 별로 필요하지 않은 일을 하면서 하루를 보낸다. 대부분의 노동자는 일을 하려면 생각과 느낌을 배제해야 한다. 제조공, 사무직, 운전, 건설, 세탁, 설비보수 등 그 어떤 일을 하더라도 사람들의 재능이나 기술이 도전을 받는 일은 흔하지 않다. 하지만 자기자신을 자동화해야만 일을 할 수 있는 사람일수록 더욱 더 독서를 해야 한다. 소설은 느낌, 생각, 상상력을 활성화시키는 가장 좋은 수단이다.

직장에 출퇴근하면서 지하철에서 소설을 읽는 사람은 인생에다 적응전략을 구사하는 것이다. 그들은 사용하지 않아 죽어버릴지도 모르는 정신의 일부분을 되살리고 있는 것이다. 그들은 흥미, 정서, 사상을 체험한다. 그들은 독서를 방해하는 기계적인 일을 수행하는 동안 떠올릴 수 있는 이미지와 사람들을 저장한다. 그들이 내면화하는 스토리는 그들 자신의 생각을 창조적 방식으로 재배열하는 프로그램이다.

나는 이런 인상을 종종 받는다. 우리 사회가 독서를 널리 권장하지 않기 때문에 독자들은 자신이 아끼는 이 행동(독서)에 대해 당혹스러워한다. 마치 독서를 좋아하는 것이 약간 파괴적이고 기이한 취미나 되는 것처럼 행동하는 것이다. 우리 사회가 금전과 생산성을 우러르는 사회가 된지라, 정신적·정서적 행복을 찾는 사람이 그 자신의 행동을 변명해야 할 지경에 이른 것이다. 그러니 지금은 절망적인 시대이다. 우리 생활이 완전히 자동화되어 몸으로는 100년 동안이라도 편안하게 살다가 갈지 모르지만, 권태·추악함·정신적 부패 때문에 심각한 고통을 받고 있는 것이다.

우리가 인간의 역사라는 관점에서 생각할 수 있다면, 인간이라는 종이 자연의 일부분이고 환경 속에서 성장하고 변화하고 상호작용하는 존재라는 것을 상상할 수 있다면, 우리는 작가와 소설을 하나의 자연환경, 인간발달의 결과물, 필요를 충족시키기 위한 적응방안 등으로 보게 될 것이다. 우리의 필요가 커짐에 따라 필요한 도구가 자연적으로 생겨나는 것이다. 여행, 상업, 발견의 결과로 전보, 라디오, 글쓰기가 생겨났듯이 소설의 제작도 우리의 필요에 따라 점점 더 늘어나고 규모가 커져왔던 것이다.

현대는 산업기술의 시대, 비인간화의 징후가 점점 뚜렷해지는 위협의 시대이다. 이런 시대에 적절히 대처하기 위하여 이제 문학을 진지한 대응수단으로 고려해야 한다. 중세의 종교나 19세기의 경제학만으로 비인간화의 과정을 저지시키기에는 역부족이다.

도서관

도서관은 사람들의 문자해득능력이 증가함에 따라 필연적으로 생겨난 기관이다. 책을 사볼 여력이 없는 사람들에게 도서를 대출해주는 역할이 도서관의 주된 기능이다. 인쇄기의 발명으로 책이 널리 보급된 지난 수세기 동안에도 오직 부유한 가정만이 개인도서관을 유지할 수 있었다. 이 개인도서관에는 가죽 장정의 책 등背에 금박 글자를 박은 책들이 소장되었다.

오늘날 글을 읽을 줄 아는 사람들은 적어도 몇 권 이상의 책은 소유하게 되었다. 그러나 책값이 오르고 또 소설과 소설선집이 홍수처럼 쏟아져 나옴에 따라 우리는 점점 더 도서관에 의존하게 되었다. 나는 도서관과 사서에 대해서 이야기하기 전에 헌 책에 대해서 한두 마디 하고 싶다.

최근에 들어와 새 책이 아주 비싸짐에 따라 헌 책이 새로운 가치와 주목을 얻게 되었다. 새 책의 발행부수가 점점 늘어나고 출판사들이 점점 더 대규모 시장을 지향하면서, 판매부수가 별로 많지 않은 책들은 점점 출판되지 않기에 이르렀다. 또 새 책의 부수가 늘어나면서 절판된 책의 수도 증가했다. 책은 절판된 기간이 길면 길수록 희귀해지고 그리하여 종내는 '수집가 품목'이 된다. 이러한 책들은 아주 가치가 높고 탁월한 투자수단이 된다. 그중 초판본일수록 더 값이 나간다.

대중에게 인기가 높고 여러 판을 거듭했으며 현대의 고전이 된 책일수록 초판을 더 쳐준다. 예를 들어 헤밍웨이, 포크너, 스타인벡, 토마스 울프, 스콧 피츠제럴드 등이 그런 목록을 지닌 작가이다. 이런 작가들의 초판본은 이제 아주 귀중하게 되었고 또 발견하기도 어렵다. 그러나 아무리 작은 마을이어도 헌책방이 있다. 그런 헌책방에서 묵은《리더스 다이제스트》더미를 뒤지다 보면 진짜 귀한 초판본을 발견할 수도 있다.

당신이 좋아하는 책의 초판본 발간일자 리스트를 만들어서 초판본 사냥에 나서보라. 그러면 뜻하지 않은 이익을 올릴 수도 있다. 미래에 고전이 될 법한 현대작가들, 가령 마가렛 애트우드, 윌리엄 스타이런, 존 업다이크John Updike 같은 작가의 초판본도 충분히 발견할 수 있으며 값도 그리 비싸지 않다. 이런 작가들의 초판본 하드커버 헌 책은 요즘 새로 나온 페이퍼백 값 정도밖에 하지 않는다. 헌책방의 모든 책을 일일이 뒤지는 일은 매우 갑갑하고 또 고단한 일이다. 그러니 꼭 필요한 책의 리스트를 따로 만들어 휴대하도록 하라. 독서를 좋아하는 사람에게 이것은 아주 신나는 취미이다. 조금만 신경을 쓰다 보면 자기도 모르게 전문가가 되어 있음을 발견하고 깜짝 놀랄 것이다.

헌책방을 운영하는 사람들은 책을 사랑하는 사람들이다. 그들에게 말을 걸어보라. 그들은 책에 대해서 얘기하기를 좋아하고 또 아는 것도 많다. 당신은 그와 함께 책에 대한 열광을 나눌 수 있을 것이다.

하드커버 초판본의 좋은 사례는 바흐만이라는 가명으로 출간된 스

존 업다이크 1932~ . 하버드 대학을 수석으로 졸업한 수재로, 영국 옥스퍼드 대학에서 회화를 공부하기도 했다. 《뉴요커》지에서 근무하면서 수편의 시와 단편을 발표했으며, 1959년에 장편 《양로원의 축제일》로 미국 예술원상을 수상했다. 이듬해 발표한 역작 《달려라 토끼》로 일약 미국 현대문학의 거북으로 등장한 업다이크는, 1981년에 《토끼는 부자다》로 전미 비평가협회상과, 전미도서상, 퓰리처상을 한꺼번에 휩쓰는 기염을 토했다. 고향 펜실베니아를 무대로 삼고 있는 네 편의 '토끼 연작소설'의 번역본을 찾아보기 힘든 게 아쉽지만, 1994년에 발표한 장편소설 《브라질》이나 무라카미 하루키의 몇편의 에세이를 통해 그 향취를 충분히 만끽할 수 있을 듯. 어릴 적 꿈이 만화가였다는 존 업다이크는 필립 로스, 토마스 핀천 등의 작가와 함께 매년 노벨문학상 수상자로 단골 거론되는 미국작가이다.

티븐 킹의 소설들이다. 이 초판본을 10달러에 살 수 있다면 나중에 20
~30배 오른 가격으로 되팔 수 있을 것이다.

도서관 또는 친구에게서 빌린 책인데 아주 마음에 드는 책도 있을
수 있다. 그런 경우에는 그 책의 하드커버 헌 책을 구입해보라. 많은
사람이 책은 친구와 비슷하다고 말한다. 당신의 친구를 당신 가까이
둔다는 것은 아주 좋은 일이다. 또 다른 좋은 사례는 탐정소설이다. 이
장르의 소설은 아주 신속하게 출판되었다가 곧 절판된다.

최근에 나는 오타와의 한 도서관에서 L. A. 모스L. A. Morse의 《올드
딕The Old Dick》을 대출하여 읽었다. 나는 그 책이 너무 좋아져서 내 곁
에 두고 싶었다. 전화로 이리저리 수배를 해보니 시내의 헌책방에 페
이퍼백이 하나 있었다. 나는 스쿠터를 타고 시내로 나가 2달러를 주고
서 책을 사 가지고 왔다. 쇼핑센터에서 잃어버렸다가 되찾은 아이마
냥 그 책을 뒷좌석에 앉히고 집에 돌아오는데 그렇게 기분이 좋을 수
없었다.

특별한 친구 같은 책이나 특별한 의미를 지닌 선물로 받은 책말고
는, 우리는 대부분의 책을 도서관에서 빌려 보게 된다. 그런데 도서관
은 우리 사회에서 가장 저평가된 기관이기도 하다. 도서관의 사서들은
시민들에게 온갖 서비스를 다해주려고 노력하고 있다. 그러나 사서들
이 정부에서 예산을 타내기 위해 애쓰는 것을 보면 너무나 안타깝다.

나는 어릴 적에 도서관에 갔던 일이 어제처럼 생각난다. 런던의 켐
브리지 로드에 있는 노스 서큘러 라운드어바웃 도서관에 들어섰을 때,
나는 매혹의 세계에 들어선 듯했다. 그곳은 결코 탕진되지 않는 보물

로 가득 찬 하나의 대우주였다.

서가 사이를 걸어다니면서 책을 뽑아보는 것은 보석함에 손을 집어넣는 것과 비슷한 느낌이었다. 나는 갑자기 로버트 루이스 스티븐슨Robert Louis Stephenson의 《보물섬Treasure Island》의 등장인물 롱 존 실버보다 더 부자가 된 기분이었다. 100달러짜리 지폐 뭉텅이가 가득 찬 가방을 열어 보이는 영화 속의 사기꾼보다도 더 부자인 느낌이었다. 나는 저 키가 작고 빨간 머리에 노숙해 보이는(당시 그녀는 아마도 스물 다섯쯤 되었을 것이다) 사서를 존경했다. 그녀는 내게 책을 보여주고 이런저런 책을 권해주고 또 내가 H. E. 베이츠H. E. Bates의 책에 몰두하자 얼굴을 찌푸리기도 했다. 도서관은 민주주의의 보루이고 독학의 성채이며 무료치고는 이 세상에서 가장 재미있는 곳이다.

그러나 오늘날의 도서관은 함량미달이다. 오늘날의 사서는 책을 여전히 사랑하긴 하지만, 대체로 사람들과 교제하기를 꺼리는 사람들로 구성되어 있다. 물론 사정은 많이 좋아졌다. 사서들은 훈련을 잘 받았고 지식이 풍부하며 이용자에게 많은 도움을 주고 이런저런 일을 능숙

로버트 루이스 스티븐슨 1850~1894. 에든버러 출신의 영국작가. 《보물섬》《지킬박사와 하이드》 등의 작품이 있다.

◐ 《보물섬》, 1883년 출간.

하게 해낸다. 하지만 그들은 좀더 개방적으로 활동해야 한다. 시민들에게 널리 읽기를 권장하고 도서관을 위해 홍보활동도 많이 하고 자신들의 일과 광범위한 독서자료를 널리 선전해야 한다.

사서들은 테크놀로지에도 밝아야 하고 직·간접적으로 생산성의 대리인이 되어야 한다. 또 마케팅 사회의 목표에 봉사하기 위해 중소기업(출판사)을 위한 데이터베이스도 추적하고 라디오 방송국 퀴즈 프로그램에 출연하는 사람들을 위해 관련사실과 정보도 제공해야 한다. 도서관은 독자들에게 충실히 봉사하면서 즐거움과 개인적 성장이라는 독서의 위대한 전통을 살려나가야 한다.

도서관은 내가 이 책에서 논의한 모든 인생의 문제와 관련하여 독자를 도와줄 수 있는 입장에 서 있다. 사서들은 책을 잘 알고 또 사랑하기 때문에 결혼과 이혼, 노년과 죽음, 질병, 이민, 고용, 성장 등 각각의 문제에 관해 특별한 책들의 묶음을 제공할 수 있다. 사서들은 이런 문제와 관련하여 도서관의 자료를 개방하는 특별 주간을 선포할 수도 있다. 또 낭독회도 개최하고 책 전시회도 개최하고 책을 빌려가는 사람들과 그 책에 관해 토론할 수도 있다.

일부 사서들은 어린이 프로그램, 이동도서관, 도서전시회 등의 일을 활발하게 펼치고 있다. 하지만 그런 것들 외에 여전히 할 일이 많이 있고 이제야말로 그런 일을 해야 할 때이다. 도서관은 책 애호가 클럽을 유치하는 센터가 되어야 하고, 책을 읽고 그에 대한 의견을 나누기 좋아하는 사람들에게 필요한 공간과 리더십을 제공해야 한다. 사서는 도서관 예산을 따내는 데 있어서 고객의 도움을 요청해야 한다.

혹시 이 책을 읽는 독자 중에서 동네 도서관에 애정을 가지고 예산 당국에 도서관의 예산을 늘려달라고 편지를 해보신 분이 있는가? 도서관은 그저 우리 주위에 당연히 있는 것이라는 정도로 생각하다가는 도서관이 줄 수 있는 혜택을 잃어버리기가 십상이다. 당신 지역구의 국회의원, 동네 도서관 담당행정가 등에게 편지를 써서, 왜 독서가 당신에게 중요한지, 도서관의 시설이 왜 확충되어야 하는지 설명하라. 만약 당신이 사서라면, 당신의 역할에 대해서 변명을 할 것이 아니라 좀더 적극적으로 픽션을 옹호하기에 나서라.

현대는 생산성과 직접적인 결과, 응용연구, 검열, 편의성의 흑백논리가 판치는 시대이다. 이런 시대에 맞서서 독서의 필요성을 옹호하고 나선다는 것은 그리 쉬운 일이 아니다. 깨끗한 공기와 물, 사상의 자유, 공영방송, 명상과 정신적 성장의 시간, 동정, 인내심, 감수성 등이 사라짐에 따라 도서관도 함께 사라질지 모른다. 법과 지배의 질서라는 것이 다양한 견해, 반대의견, 시를 읽는 시간, 우아함과 새의 노래와 사랑을 생각하는 시간을 거부하는 것일 수도 있다. 1984년은 아직 종료된 것이 아니다. 미리 안도의 한숨을 내쉬지 말라!

플로라 톰슨Flora Thompson의 《캔들포드의 종달새Lark Rise to Candleford》 또는 셰익스피어의 《한여름밤의 꿈》을 읽는 것이 생산적이고 사회적으로 유익하고 고용효과를 불러일으키는 일인가? 당신이 답변 삼아 당신의 가치 시스템을 설명하려고 나서면 테크노크라트들은 하품을 하면서 책을 모아 불지를 채비를 할 것이다. 그들은 도서관을 헐어버리고 그 자리에 금융 타워를 짓는 개발계획안에 서명을 하기 직전인 것이다.

1960년대에 조니 미첼Joni Mitchell은 숲을 남벌하고 그 자리에 주차장을 짓는 것을 두고 한탄했다. 그녀는 이렇게 노래불렀다. "늘 이렇게 되지 않았던가요. 당신이 얼마나 소중한 것을 가졌는지, 그게 사라진 뒤에야 아는 거요." 도서관의 경우도 마찬가지일는지 모른다. 우리는 그것이 사라지고 난 다음에야 땅을 칠지 모른다.

당신 자신을 보호하기 위해 취할 수 있는 조치가 세 가지 있다.

첫째, 학교제도에 문자해득능력을 요구하고 학교와 공공도서관의 예산증액을 요구해야 한다. 각종 미디어는 결코 독서의 대체물이 될 수 없다. 당신의 자녀가 읽는 것뿐 아니라 독서를 즐기고 독서를 많이 해야 한다고 주장하라. 당신이 열심히 지원하면 아이에게 독서의 습관을 들여줄 수 있다. 필요한 일이라면 남에게 맡기지 말고 당신이 직접 나서라.

둘째, 당신의 개인도서관을 만들기 위해 당신 예산의 일부를 떼어놓아라. 이것은 최악의 경우에도 훌륭한 보험이 된다. 브래드베리의《화씨 451》을 읽어보면 내가 무슨 말을 하고 있는지 이해할 것이다. 당신의 자녀에게 도서관을 물려준다는 유언을 작성하라. 책읽기를 좋아하고 잘 보관할 아이에게 그것을 물려주라. 당신의 도서관을 화재보험에 들어두라.

셋째, 동네 도서관을 지원하라. 도서관에서 책을 빌리고 여러 프로그램을 제안하고 선거철이 돌아오면 각 정당후보에게 도서관 예산을 올리는 것을 우선적인 정책으로 삼아달라고 요청하라. 또 정치가들이 최근에 어떤 책을 읽었는지 편지로 물어보라. 문학을 읽어낼 수 있는 소양이 떨어지는 정치가는 뽑지 않도록 노력하라.

부록

테베의 도서관에는 "영혼을 치유하는 곳" 이라는 글이
새겨져 있다. 사람들은 오래 전부터 문학에 담긴
위로하고 치유하는 힘을 증명해왔다.

독서치료: 남의 이야기에 비친 나의 모습

질문 시와 소설을 읽는 것이 독자에게 많은 혜택을 준다고 알고 있
다. 그런데 특별한 문제를 가진 사람들을 도와주는 기술인 심리
치료에서 읽기가 활용되지 않는 것은 어떻게 된 일인가?

답변 그렇지 않다. 읽기는 적극적으로 활용되고 있다.

비블리오biblio는 책을 가리키는 그리스어이다. 그리고 책과 관련 있는
것을 가리키는 단어의 앞에 놓이는 접두어로 자주 사용된다. 예를 들
어 비블리오그래피bibliography는 책의 목록이라는 뜻이다. 도서관을
뜻하는 프랑스어는 비블리오테크bibliothéque이고, 바이블Bible은 여러
개로 흩어져 있던 책을 하나로 종합한 것이다. 비블리오매니악
bibliomaniac은 책에 미친 사람이고 비블리오파일bibliophile은 책을 좋아
하는 사람으로서 아직 책을 모두 읽지 못해 미치지는 않은 사람이다.

치료로 말할 것 같으면 이 책을 읽는 독자들도 다양한 종류를 알고 있을 것이다. 음악치료, 무용치료, 물치료, 드라마 치료, 예술치료, 애완동물치료, 놀이치료, 원초치료(억압된 유년기의 근원적 감정을 해방하고 상기시켜서 욕구불만이나 분노를 비명이나 히스테리로 발산하게 하는 정신요법) 등 다양하다.

정상적인 인간활동도 훈련받은 전문가가 절제되고 통제되어 있으며, 공신력 있는 방식으로 사용하면 하나의 치료가 된다. 이런 전문가들을 통칭 심리치료사라고 한다. 그들은 사람의 정서적, 정신적 건강을 다루도록 훈련을 받은 사람들이다. 치료법은 대부분 특정한 프로그램의 일환으로 활용되는 것이 보통이고 그 자체로 하나의 치료방법을 구성하지는 않는다. 예를 들어 장애자를 지원하는 기관이나 장애자 노인들을 돌보는 노인 간호센터에서 음악요법은 즐거움, 자극, 그룹간의 의사소통 등을 제공한다.

나는 이 책의 전편을 통해 독서의 치료적 가치를 논의해왔으나 전문가들이 임상에서 독서를 전문적으로 사용하는 방식에 대해서는 언급하지 않았다. 테베의 도서관에는 "영혼을 치유하는 곳"이라는 글이 새겨져 있다. 사람들은 오래 전부터 문학에 담긴 위로하고 치유하는 힘을 증명해왔다. 현대에 들어와서는 문자해득능력이 널리 퍼지면서 문학의 위력이 더욱 널리 알려지게 되었다.

북아메리카에서 독서치료는 성서와 기타 종교적 자료에서 시작되었다. 가령 1811년에 매사추세츠의 종합병원이 독서요법을 시도했다. 1900~1920년에 공공도서관이 많이 건립되면서 의사들도 책을 치료의 수단으로 사용하기 시작했다. 메닝거 클리닉의 창설자인 닥터 칼 메닝거Dr. Karl Menninger는 독서치료를 열렬히 환영하고 또 실천했다. 오늘날 많은 병원에서 전문가가 지도하는 독서그룹을 운영하며 병원 도서관이 이런 프로그램을 지원한다. 개인적 성장과 자기탐험을 위한 프로그램은 많은 지역공동체 센터, 도서관, 교도소, 간호시설 등에서 실시되고 있다.

이 책은 전문적 카운슬러나 치료사를 위한 안내책자는 아니다. 그러나 독서치료의 개요를 간략히 설명하여, 이 책의 독자, 정신건강 전문가, 교육자들이 그 윤곽을 파악하는 것을 도와주려고 한다. 심리치료에서 문학을 이용하면 여러 혜택을 볼 수 있다. 심리치료는 치료자와 고객 사이에 벌어지는 상호작용과 변화를 바탕으로 하는 것인데, 그것은 책과 독자의 관계와 비슷한 것이다.

나는 앞에서 이미 시와 소설이 치료에 적절한 자료라고 말했다. 그 이유는, 첫째 시와 소설이 스토리를 만들어내는 인지기능의 결과물이고, 둘째 시와 소설이 인간의 정서를 다루는 데 필요한 느낌을 환기시키기 때문이다. 언어는 인간의 생각과 느낌을 연결시키는 연결고리이다. 스토리는 언어로 만들어진 가장 인상적인 조직체이다.

치료의 보조장치로 동원된 문학은 고통스럽고 지루한 과정을 좀더 편안하고 효율적이고 시간을 절약할 수 있는 것으로 만들어주며, 그리하여 치료의 비용을 낮추어준다. 왜 그런가 하는 것을 이해하려면 독서치료의 요소가 배제된 심리치료의 전형적 과정을 살펴보는 것이 도움이 된다.

심리치료를 받으러 오는 사람들은 상당히 오랜 기간 불편을 겪어왔기 때문에 기호, 상징, 느낌, 행동을 통제하거나 억압하는 것이 거의 불가능한 사람들이다. 그들의 증상은 이해하기 어려운 다양한 표시를 포함한다. 우선 행태적·사회적 표시가 있다. 그들은 직장을 착실히 다니지 못하고 동료, 친구, 가족과 자꾸 싸우며 사랑에 빠졌다가 사랑을 잃어버리기도 하고, 직장과 집에서 엉뚱한 실수를 자주 저지르고 돈 문제를 제대로 관리하지 못한다.

또는 신체적 표시도 있다. 그들은 어디가 아픈지 구체적으로 모르는 통증을 느끼며 등과 목이 아프고 구토가 나고 현기증을 일으키며 두통, 과식, 식욕부진 등을 호소한다. 의사들은 이런 통증에 대해 아무런 신체적 이상을 발견하지 못한다. 그들은 궤양이나 암에 걸린 것도 아니고 부상당했거나 감염된 것도 아니다. 그런데도 아픈 증상이 계속되는 것이다.

또는 공포감의 표시도 있다. 밖에 나가는 것을 두려워하고 집에 있는 것을 두려워하고 높은 곳을 두려워하고 사람들 앞에서 연설하는 것을 두려워하고 시험 보는 것, 사람을 만나는 것, 혼자 있는 것 등을 두려워한다. 그리고 각종 우울증도 수반된다. 실패, 무기력, 일에 압도되는 느낌도 품는다. 알코올 중독은 이런 문제를 드러내는 가장 흔한 표시이다. 그 경우 가정 내 폭력, 아동학대, 집밖에서의 범죄행동 등이 수반되기도 한다.

'스트레스'에 대한 인간의 반응은 정말 각양각색이고 그 사례는 무한정이다. 스트레스는 통상 우리의 통제를 벗어나는 상황, 우리에게 허약함, 무기력, 불행, 분노, 비참함, 압도되는 느낌을 가져다주는 상황을 말한다. 이 상태에 이르면 환자는 의사, 친구, 가족, 목사 등의 권유로 치료사의 사무실을 찾게 된다. 전형적인 치료과정은 다음의 패턴을 따라 진행된다. 환자가 자신의 반응을 잘 조절하기 위해 한번에 한 시간씩 주당 세션을 10회 해야 한다고 가정해보자. 다음은 첫 6회 세션의 요약이다.

세션 1. 고객은 딸과 심각한 갈등이 있다고 설명한다. 딸은 아버지와는 잘 어울리는데 어머니(고객)와는 잘 어울리지 못한다. 딸은 세션에 동참하는 것도 거부했다.

세션 2. 고객은 자신의 결혼과 성장배경에 대해 말하면서 자신의 어머니에 대해 말하기 시작한다.

세션 3. 치료사는 적극적으로 나오면서 고객에게 그녀의 부모에 대한 느낌을 자세히 설명해보라고 권유한다. 고객은 얘기를 다른 곳으로 돌려버린다.

세션 4. 치료사는 부모의 얘기를 해달라고 고집한다. 치료사는 고객이 그녀의 어머니, 딸, 그녀 자신, 치료사 자신에게서 무엇을 원하는지 알고자 한다. 고객은 그 같은 요청에 응답할 것인지 확신이 서지 않으며 자신의 감정을 표현하는 데 애를 먹는다.

세션 5. 고객이 딸과 크게 싸움을 벌였다. 남편은 모녀의 싸움에 끼여들지 않으려고 한다. 그는 지하실에서 목공일을 하거나

TV를 본다. 고객은 어머니 노릇을 해야 하는 게 너무나 지겹다고 말한다. 치료사는 그 싸움의 자세한 내용, 고객의 느낌 등에 대해 자세히 말해달라고 요청한다.

세션 6. 치료사는 고객에게 그녀가 딸에게 분노를 느끼고 있다고 말해준다. 고객은 그 사실을 강하게 부인한다. 딸이 밤늦게까지 밖을 나돌아다니는 것, 에이즈에 걸릴지도 모른다는 것, 임신할지도 모른다는 것, 학교를 빼먹는 것, '나쁜' 친구를 사귀는 것 등이 자꾸 걱정된다고 말한다. 고객은 자신이 딸에게 분노를 느낀다는 것은 있을 수 없는 일이라고 말한다. 치료사는 고객에게 그녀의 어머니에 대해 좀더 많은 것을 알려달라고 요청한다.

이러한 개요는 전형적인 것으로서 모든 치료사가 잘 알고 있는 것이다. 고객은 언어전문가가 아니기 때문에 자신의 느낌에 대해 말하는 것을 불편하게 생각한다. 그녀는 과거의 비밀을 일부 숨기고 있고 친정 어머니에 대한 분노를 표시하지 않으려 한다. 부모를 공경해야 한다고 배웠으므로 그런 마음을 드러내는 것은 곧 불효가 되는 것이다.

세션의 상황에서는 고객이 모든 카드를 가지고 있다. 고객은 치료사를 신뢰해야 하고 고객 자신을 표현하는 방법을 찾아야 한다. 그렇지 않으면 세션 과정은 곧 혼란에 빠져들게 된다. 《이상한 나라의 앨리스》에서 앨리스는 이렇게 말했다. "이 모든 변화는 정말 난처한데! 나는 한순간, 한순간 앞으로 내가 무엇이 될지 정말 모르겠어!" 그리고 고객은 치료사에게 《이상한 나라의 앨리스》에 나오는 공작부인처럼 이렇게 말할 것이다. "당신은 아는 게 별로 없군요. 그건 사실이란 말이에요!"

치료사는 고객의 배경을 잘 모르는 상태에서 일을 해야 한다. 고객의 딸은 도와주려 하지 않고, 고객의 부모는 그녀의 기억 속에 자기방어적인 메시지와 행동을 깊숙이 심어놓았다. 그래서 고객은 자기자신을 검열하고 있는 것이다.

치료사와 고객은 암중모색을 한다. 대화치료법을 추구하고 간격, 시간, 낯설음, 기타 많은 장애를 극복하기 위해 최선을 다한다. 대화치료법은 마침내 성공한다. 숙달된 치료사들이 많은 고객에게 도움을 주어 문제를 다르게 인식하게 하고, 그리하여 행동양태에 변화를 이끌어냈다. 그 결과 고객은 삶의 상황이 좋아졌고 비틀거리던 생활을 안정시킬 수 있었다. 그런데 이 과정에서 문학의 도움을 받으면 치료과정이 원활해지고 필요한 정보를 부드럽게 끄집어낼 수 있다.

논의의 편의를 위해서 위의 세션을 담당한 치료사가 고객의 대 어머니 관계에 집중한다고 해보자. 그리하여 어머니 노릇, 역할, 좌절, 공포 같은 문제를 전반적으로 다룬다고 해보자. 그는 잠정적으로 고객이 자신의 딸을 통제하고 싶어한다는 결론에 도달한다. 고객은 자신이 소녀에서 여인으로 성장하던 시절, 친정 어머니가 자신을 엄격하게 통제한 것에 대하여 분노를 느끼고 있다. 또 고객은 자신의 딸이 잘못될까봐 진심으로 두려워한다. 고객은 이런 충정을 이해하지 못하는 남편에 대해서도 분노를 느낀다. 그녀는 남자들은 도무지 남의 심정을 헤아릴 줄 모른다고 생각한다!

여러 가능성을 열어놓기 위해 치료사는 고객에게 갈등을 겪고 있는 모녀를 다룬 소설을 읽어보라고 권한다. 가령 게리 지벨 채비스Geri Giebel Chavis의 단편집《가족: 속내 이야기Family: Stories from the Interior》에 들어 있는 단편 하나와 필리스 벤틀리Phyllis Bentley의《어머니와 딸》을 권한다. 치료사는 치료의 이론을 말해주지 않고 또 고객에게 무엇을 찾아보라고 말해주지 않으면서도, 그녀가 부지불식간에 자기자신에 대해서 말하게끔 만든다. 고객은 구체적이고 객관적인 스토리에는 잘 대응할 수 있다. 그녀는 그 스토리와 자기자신을 동일시할 수도 있고 그렇게 하지 않을 수도 있으나, 아무튼 자기자신에 대해 귀중한 정보를 내놓는다.

그녀는 그런 갈등의 이야기를 읽으면서 외로움을 덜 느끼게 된다. 그녀는 다른 사람들도 복잡한 인생에 얽혀 있음을 느낀다. 그녀는 소설 속의 등장인물에 대해서 나름대로 추측을 한다. 그녀는 나름대로 관심사항을 표시한다. 그리하여 치료사는 다음에는 어떤 책을 추천할지 방향을 잡게 된다.

스토리는 탐구에 나선 쌍방에게 중립적인 동지이고 또 탐구의 결과가 어떻게 나와도 상관하지 않는다. 스토리는 치료사와 고객을 이어주는 좋은 연결고리이다. 그것은 값비싸지 않고 손에 들고 다닐 수 있다. 읽다가 말거나 다시 집어들었다가 읽는 도중 잠시 멈추고 깊은 생각에 잠기는 것은 독자 마음대로이다. 나는 고객들에게 노트를 하고 밑줄을 긋고 인용을 하고 보고서를 작성하라고 요청한다. 독서는 세션을 서로 연결시켜주고 세션 사이의 시간 간격을 극복하게 해준다. 그외에도 많은 부수적 혜택이 있다. 치료에 시와 소설을 동원할 때 발생하는 열 가지 심리적 결과를 다음같이 적어보았다.

1. 언어성장

우리는 언어가 인간생활에 있어서 경험을 조직하여 질서를 부여하는 도구임을 보아왔다. 언어는 외부세계의 물질과 내부세계의 느낌을 묘사하여 의사소통을 도와주는 코드이다. 문맹이거나 말을 잘 표현하지 못하는 사람들은 환경, 인간관계, 자신의 운명을 잘 통제하지 못한다. 그들은 언어를 통해 잡동사니 같은 것으로 이루어진 경험을 관리하는 방법을 모르기 때문이다. 읽기에 의미를 부여하려면 독자는 자신이 이미 지니고 있는 언어를 사용하고 실천해야 한다. 자신이 이미 알고 있는 어휘와 구문을 다양하고도 새로운 맥락 속에서 사용함으로써, 독자는 언어의 사용법을 더 많이 알게 된다. 의미부여의 방식을 배움으로써 독자는 새로운 단어를 알게 되고 이미 알고 있는 단어에 새로운 의미를 부여하게 되고 단어를 통해 새로운 경험의 조직을 시도할 수 있다.

2. 생활정보

소설의 형태로 흡수된 정보는 다량으로 획득되고 기억도 잘 된다. 여러 조사 연구결과에 따르면, 사람들은 아주 어릴 적부터 흥미 있는 스토리에서 많은 정보를 배운다. 이것은 무슨 뜻인가 하면, 스토리가 다량의 데이터를 고통 없이 전달하는 수단이 된다는 뜻이다. 기계적으로 학습하거나 암기해야 할 부담이 없기 때문에, 독자는 즐거움을 느끼면서 정보를 받아들이게 된다.

소설을 읽어서 얻는 정보는 인간경험의 총체적 분야를 망라한다. 우리는 독서를 할 때 작가의 눈을 통해 세상을 본다. 작가는 언어능력이 뛰어난 사람이다. 그는 인생과 세상에 대한 예민한 관찰자이고 한 편의 소설을 쓰기 위해 엄청난 양의 자료를 섭렵한다. 독자는 인간관계, 음식과 음료수, 외국의 관습, 날씨, 스포츠, 동물, 다른 곳의 학교, 섹스, 옷, 뉴욕, 도쿄, 프린스 앨버트, 서스케치원 등지의 생활 스타일에 대해 알게 된다. 독서에서 배울 수 있는 정보의 양과 범위는 무제한이다. 독서애호가들이 늘 증언해왔듯 문학은 자유로운 교육으로 가는 확실한 지름길이다. 책을 많이 읽는 사람은 정보가 많을 뿐 아니라 뛰어난 사람이기도 하다.

3. 동일시

소설을 읽으면서 즐거움을 느끼게 되는 것은 독자가 소설 속의 중심인물을 자기자신과 동일시하기 때문이다. 소설 속에서 자기자신을 '알아보게' 되고 또 자기자신의 느낌을 인식하게 된다는 것은 아주 즐거우면서도 흡족한 일이다. 동일시와 관련하여 다음 두 사항을 주목해야 한다.

1) 소설 읽기의 즐거움은, 등장인물과 동일시하면서도 책 속에 빠져 들어 그대로 경험하지 않아도 된다는 안전함에서 온다. 소설을 읽을 때, 당신은 누군가 다른 사람이 되면서도 동시에 자아의 중심을 잃어버리지는 않는다. 이것은 역할놀이role playing와 비슷한 것인데 나는 그것을 의사-자아pseudo-self라고 부른다. 그것은 옷 가게에서 옷을 한번 '입어 보는 것'과 비슷하다. 이 옷이 내 마음에 드는가? 아니면 저 옷이? 그 옷이 나한테 딱 맞아서 편안한 느낌을 주면 선택할 것이고 그렇지 않으면 무시해버리면 된다. 소설의 주인공과 완전한 동일시를 이루게 되면 당신은 그리스 사람들이 말하는 카타르시스를 느끼게 된다. 이것은 소설 속 주인공의 고통과 슬픔을 공감하는 데서 나오는 감정인데 종종 눈물을 흘리는 형태로 나타난다. 감정의 이런 배설에서부터 자아의 숨겨진 측면에 대한 이해와 통찰을 얻게 된다. 이런 강력한 정서적 반응의 근원을 성찰함으로써 인지(발견)의 충격을 받게 되는 것이다. 이런 '인지'의 관점에서 볼 때 사람들은 언제나 자기자신에 관한 이야기를 읽고 있는 것이다.

2) 그러나 카타르시스는 전통적으로 비극에만 해당됨을 기억해야 한다. 비극이 '정화'하려고 하는 정서는 독자가 불쾌하게 생각하여 억압했던 부정적 정서이다. 고대 그리스의 심리학은 이처럼 예리했다. 나는 그리스인들과 그들의 위대한 비평가 아리스토텔레스를 존경한다. 그들은 드라마가 관객에게 유용하고 건강을 가져다주며 실제적인 해결책을 마련해준다는 것을 알았다. 우리는

이런 진실을 포함하여 다른 고대의 진실을 많이 잊어버리고 있는 듯하다. 그러나 모든 문학이 비극적이지는 않다. 독서의 정신건강적 가치를 카타르시스에만 국한시키는 것은 바람직하지 않다. 모든 정서적 반응은 중요하다. 예를 들어 불공정과 잔인함에 대한 기사를 읽고서 화를 내는 것은 훌륭한 반응이다. 우리 자신의 공포, 취약성, 공정성을 의식하는 것은 다른 사람들의 고통에 대한 우리의 감각을 예민하게 한다. 그리하여 우리의 개인적 관계를 향상시키고 우리의 사회를 좀더 인간적인 사회로 만들어준다.

웃음과 기쁨은 우리의 면역체계를 강화시켜 우리의 건강과 행복을 지켜준다. 또 사소한 일이나 불안감에 사로잡히지 않게 해준다. 소설을 읽으면, 어떤 사건에는 혐오감을 느끼게 되고 등장인물의 어떤 행동은 싫어하게 된다. 이것은 우리가 어떤 사람인지를 명확하게 의식시켜주고 또 우리가 피하고 싶은 것이 무엇인지를 알게 해준다. 이 과정을 가리켜 소산이라고 한다. 이것은 소설을 읽을 때 나타나는 다양한 반응 중 하나이다.

4. 모델링

인간의 성장과 발달과정을 연구하는 발달심리학은 모델링을 중시한다. 모델링은 흉내내기를 말한다. 어떤 인물을 그대로 빼다 박은 듯 닮자는 것은 아니고, 그 인물을 모델로 하여 우리의 행동 패턴에 지침을 삼자는 것이다. 남을 배우고 흉내내자고 해도, 다 우리가 가진 장비의 범위 내에서만 가능함을 기억해야 한다.

십대 시절, 나는 아버지가 파이프 담배를 피웠기 때문에 따라서 파이프 담배 피우는 흉내를 냈다. 만약 나의 아버지가 변호사였다면, 그리고 내가 아버지를 따라 변호사가 되고 싶어했다면 나는 변호사 흉내를 냈을 것이다. 하지만 나는 아버지와는 다른 사람이었기 때문에, 아버지와 비슷하게 행동하면서도 나 자신의 자아를 지키려고 했다.

모델링은 행동, 용모, 언변, 대화, 주택, 생활 스타일 등에 적용된다. 모델링은 좋을 수도 있고 나쁠 수도 있다. 알코올 중독이나 폭력이 모델링에서 나오는 경우도 흔치 않다. 폭력장면이 넘쳐나는 미국 TV는 시청자에게 폭력을 받아들이게 하는 모델이 되기도 한다. 미국의 범죄자 중 상당수가 책을 그다지 읽지 않는 사람들이다. 재소자들의 낮은 문자해득능력과 그에 관련된 통계수치가 그것을 뒷받침한다. 그들은 사회에 있을 때 TV를 즐겨 보고 교도소에 가서도 여전히 TV를 본다. 자살도 모델링이 될 수 있다. 웃음과 자신감도 모델링이 될 수 있다.

문학은 안전하고 실험적인 모험을 제공하기 때문에 모델링의 유용한 수단이다. 독자는 의사-자아(그것이 어떤 느낌일까 살펴보는 시험적 자아)를 통해 드라마, 전쟁, 모험, 인간관계 등에 빠져들 수 있다. 다른 사람들을 존중하고 다른 방식으로 옷을 입거나 말하는 느낌을 가져봄으로써, 독자는 완고한 역할이나 행동을 피할 수 있다. 어떤 불가피한 상황 또는 행동 패턴에 갇혀 있다고 생각하는 사람이 독서를 통해 남들의 느낌에 주목하면서 자기의 느낌을 의식하면, 그런 상황이나 패턴에서 벗어날 수 있다. 모델링은 역할의 레퍼토리를 확대하는 하나의 방법이다.

5. 인식의 전환

동일시와 모델링에 관련된 것으로서 사물을 다르게 보는 능력이 있
다. 문학은 독자들에게 다른 각도에서 자기의 상황을 살펴보도록 유
도한다. 예를 들어 어떤 남편이 자기 아내를 요구사항이 많고 비판을
많이 하는 여자라고 생각한다고 해보자. 그는 자기 아내를 바가지 긁
는 여자라고 생각하는 남편을 다룬 소설(하지만 그 아내가 진정으로 남편을
걱정한다는 것을 보여주는 소설)을 읽음으로써 생각을 바꿀 수 있다. 이런
소설을 읽은 독자(남편)는 당연히 이런 생각을 하게 된다. "혹시 아내
는 내가 모르는 어떤 감정이나 생각을 갖고 있는 게 아닐까?"

　문학의 '프레임 다시 짜기' 능력은 스토리 속의 상황이 독자의 그것
과 똑같지 않기 때문에 발생한다. 두 가지 스토리(허구의 스토리와 독자의
스토리)를 짜서 다시 맞추기 위해 독자는 자신의 관점을 수정해야 한
다. 그 때문에 그는 아주 단단하여 고칠 수 없을 것 같았던 인식의 프
레임 밖으로 나오게 된다. 이런 식으로 해서 독서는 사람에 대한 관용
과 이해를 가져다주고 전에는 인식하지 못했던 태도를 꿰뚫어보게 해
준다. 독자는 자기보다 훨씬 불행한 케이스에 대해 읽음으로써 자신
의 문제를 새롭게 돌아보게 된다. 독자는 다른 젠더, 다른 성적 지향,
노인, 가난한 사람 등을 이해하게 된다. 관점을 조금만 바꾸면 많은 것
이 다르게 보인다.

6. 문제해결

프레임을 바꾸는 기술이 가져오는 또 다른 결과는 문학에서 제시된 문제해결의 방식을 따라감으로써 문제를 해결하는 것이다. 이것의 가장 좋은 사례는 심리학자 에릭 에릭슨Erik H. Erikson이 보고한 성에 대한 사례이다. 그는 조루 증세로 고민하는 남자에게 최면을 건 다음, 그 사람과는 전혀 무관한 소설 속의 조루문제를 해결하라고 요청했다. 최면에서 깨어나 일상생활로 돌아왔을 때 그의 조루문제는 해결되었다. 이것은 독서의 사례가 아니라 스토리 텔링의 사례이다. 문학 속에서 상상된 문제해결의 상황이 독자에게 통제의식과 성공의 느낌을 심어주어 독자 자신의 문제를 해결하게 해주는 것이다.

한 여성은 자신이 중산층에다 여유 있는 집안 출신이지만 생활이 너무나 외롭고 무미건조하다고 불평했다. 치료사는 이 여성에게 도리스 레싱의 소설《19호실로 가다》를 권유하면서 주인공의 외로움과 정체성 상실의 문제를 해결해보라고 했다. 이 여성은 여주인공의 의사소통 부족과 자신감 부족이 그런 비극을 낳았다고 답변했다. 치료사가 아무런 지시사항을 내리지 않았는데도 이 여성은 그런 결론에서 나온 지침을 자신의 결혼생활에 적용하기 시작했다.

탐정소설은 독자에게 문제해결의 요령을 아주 효과적으로 제시한다. 독자들은 소설 속의 전략을 그들의 생활에 적용한다. 그리하여 전에는 해결하기가 어려워 보였던 문제에 일종의 자신감과 통제감을 얻게 된다. 이언 플레밍과 렌 데이튼의 소설은 위험한 상황을 어떻게 벗어나는지 보여준다. 물론 독자의 그것과 똑같은 상황은 아닐 것이다.

하지만 학대적이고 파괴적인 인간관계의 위험은 주인공(스파이)이 빠지는 위험한 함정과 아주 비슷한 것이다. 독자가 소설의 '디자인'이 자기의 상황과 비슷하다고 생각할 때, 그것을 '원형적 인식 template recognition'이라고 부른다.

황무지든 수용소든 위험한 상황을 극복하고 살아남은 사람의 이야기를 읽는 것은 독자들의 일상생활과 마음을 위협하는 여러 어려움을 극복하는 데 도움을 준다.

7. 면역

예방접종을 하면 어떤 특정한 질병에 대해 면역성이 생긴다. 가령 약간의 홍역균을 체내에 주입하면 면역체계가 가동하여 홍역항체가 생기고 홍역을 이겨낼 수 있게 된다. 심리학에서도 마찬가지이다. 시기적으로 조금 앞질러서 약간의 스트레스를 감당하는 것이 나중에 올 더 큰 스트레스를 이기게 해준다. 예를 들어 어린 시절 애완동물을 잃고서 슬퍼하는 것은 나중의 더 큰 슬픔에 대한 예방주사가 된다.

당신은 슬픔에 대비하여 연습할 수 있다. 또 머릿속으로 상상함으로써 치과의사에게 가거나 스키 타는 장면 등 일상생활의 여러 장면을 미리 겪어볼 수 있다. 상상 속에서 스트레스를 극복하여 성공적이고 편안한 결론으로 나아갈 수 있다면, 당신은 실제상황에서는 더 적극적인 생존체험을 실천하게 된다.

독서는 강력한 느낌을 아주 효과적으로, '안전하게' 이끌어낸다. 그 느낌은 적극적인 체험이 되고 나중에 실제상황에서도 적용할 수 있다. 나는 학생들과 노인문제를 다룬 문학을 공부하면서 이것이 사실임을 확인했다. 우리 문화에서는 늙는 것을 두려워하는 사람이 많이 있다. 그들은 경제적 의존상태, 신체적·정신적 무기력, 권력의 상실, 죽음 등을 두려워한다. 이런 두려움은 억압되었든, 또는 억압되지 않았든 사람들에게 지속적인 불안감을 안겨준다. 그런 불안감을 품고 있으면 지금 당장 스트레스가 될 뿐 아니라 더 나아가 노인문제에 적절히 대처하지 못하게 된다.

노인들은 억압된 공포의 거울인 셈이기 때문에, 사람들은 노인이나 노인문제를 되도록 피하려고 한다. 노인문학을 공부하는 학생은 노인들이 대화나 글 속에서 표현하는 느낌을 경험하게 된다. 그들은 그들의 공포와 마주 서게 되고 그렇게 하여 미래를 계획할 수 있게 된다. 그리하여 실제상황은 그들의 공포보다 더 복잡하며 사태를 흑백논리로 파악해서는 안 된다는 것을 깨닫는다. 독서는 미래를 준비하게 한다.

8. 느낌

독자는 소설을 읽으면서 부정적 정서의 체험이 자신을 막다른 곳으로 내모는 것은 아님을 발견한다. 진보, 낙관, 쾌활함을 강조하는 미국문화 때문에 우리는 부정적 정서가 나쁜 것이라는 가르침을 받아왔다. 슬픔, 우울함, 불안, 실망, 비탄은 모두 나쁜 것이다. 이것은 물론 말도 되지 않는 얘기이며 아주 위험한 태도이다. 부정적 정서는 자연스럽고 필요하며 사람을 환경에 적응시키는 요인이다. 어떤 감정을 부정하는 것은 건강에도 좋지 않을 뿐더러 인간관계를 파괴하기 때문에 아주 심한 스트레스를 준다. 그러한 부정은 생활 속의 여러 상황에 적절히 대처하는 것을 어렵게 한다.

소설은 느낌을 말로 표현해놓은 것이다. 우리는 어떤 느낌이 적절히 체험되는 맥락을 제공받는다. 우리 주위의 세상이 화내지 말라, 슬퍼하지 말라, 우울해하지 말라, 좌절을 느끼지 말라, 하고 말하는 반면, 문학은 우리의 느낌이 분노, 슬픔, 우울함, 좌절 등 모든 정서를 진정으로 수용하는 것임을 보여준다. 우리는 등장인물의 느낌을 목도하고 거기에 공감함으로써 힘과 위로를 얻고 또 내면적 느낌의 중요성을 인식한다.

문학은 우리에게 내면적 생활, 정서적·반성적 생활을 보여준다. 또 우리가 사랑하고 소중하게 여기는 사람들을 보여준다. 우리는 이 체험을 우리의 일상생활 속으로 가져와서 다른 사람들의 느낌을 이해하고 파악한다. 훌륭하고 정직하고 배려하는 문학은 느낌을 의식 속으로 표출시킨다. 그리하여 우리의 느낌을 자신 있게 표현하게 해준다. 우리의 느낌을 우리의 것으로 솔직하게 받아들이게 한다.

인간의 특징과 인간의 상황에 대해 잘 알고 있는 작가들의 묘사를 통해 우리는 일상생활의 조건과 상황에 적극적으로 대응하게 된다.

9. 정상화

정신적 상흔이나 상처는 그것을 겪은 사람의 마음속에 외로움과 유배 의식을 싹트게 한다. 슬픔, 별거와 이혼, 사고와 장애, 실직, 가정 상실, 강간이나 기타 폭행은 사람들에게 소외감을 심어준다. 가짜 즐거움이 넘치는 우리의 세계에서 상실의 느낌을 누가 제대로 이해할 것인가? 그래서 우리에게는 고통을 정상화시키고 우리가 아픔, 죄악, 고통의 공동체에 소속된 일원임을 일깨워주는 스토리가 필요하다.

우리의 입장은 남에게 알려지고 또 이해되어야 한다. 비슷한 고통을 당하는 사람들이 서로 공감을 해주면 그것이 곧 정상화의 과정에 동참하는 길이 되는 것이다. 그 때문에 고통받는 사람들의 집단치료나 자기구조 그룹은 중요하고도 유익하다.

나의 고객 중 한 사람은 유방암 환자의 자기구조 그룹을 열어 활동하기 시작했다. 요즈음 사람들은 자신의 느낌을 표시하려면 애를 먹는다. 특히 상처받고 화나는 느낌일수록 잘 표현하지 못한다. 우선 언어가 달리기도 하거니와 자신의 개인적 문제를 발설하지 말라는 가르침을 받으며 성장했기 때문이다. 많은 사람이 고통은 묵묵히 참아야 한다고 훈련받았다. 나는 거의 매일 자신의 감정을 꼭 틀어막고 사는 사람들을 만난다. 그런 사람들에게 문학은 아주 유용하다. 문학은 우리로 하여금 정신적 상처를 정상화시키는 공감과 이해를 표시하게 한다. 문학은 집단치료의 한 부분이 되어야 한다.

10. 나누기

읽기는 우리에게 이미지, 스토리, 등장인물을 제공하여 우리의 느낌과 상황을 표현하도록 도와준다. 독서를 통해 우리는 다른 독자들과 경험을 나누고 유대의식을 돈독히 한다. 우리는 문학작품에 친밀하게 반응한다. 좋은 책의 기능은 그 느낌과 감동을 다른 사람들과 널리 나누게 하는 데 있다. 좋은 책이 있기 때문에 다른 때 같으면 의사표시를 제대로 하지 못하는 사람도 자신의 느낌과 생각을 소통할 수 있다.

책을 함께 읽고 감동을 나누는 것은 부부와 가족에게 아주 소중한 체험을 공유하게 한다. 소설은 부모와 아이를 한데 묶을 수 있다. 배우자와 친구들에게 강한 유대의식을 심어준다.

독서의 감동을 공유하는 것은 사람들 사이의 인생체험을 탐구하는 데서 하나의 출발점 또는 안내도 같은 것이 된다. 서로 떨어져서 사는 배우자들, 도무지 이해가 되지 않는 삶을 살고 있는 사람들도 디른 부부의 느낌은 어떤지 다른 사람의 생활은 어떤지 체험하게 해주는 독서를 공유할 수 있다. 독서는, 어떤 멋진 풍경을 먼저 본 사람이 혼자만 그것을 보고 있기 아까워 다른 사람들도 널리 자기의 창가에 부르는 행위와 비슷하다. 스토리의 창문을 통해 우리는 체험의 세계를 함께 내다볼 수 있다. 우리는 스토리가 있기 때문에 다른 때 같았으면 사람들의 눈에 보이지 않았을 개인의 은밀한 생활도 들여다볼 수 있고 깊은 통찰도 얻을 수 있다.

전문직 훈련과 문학

남에게 도움을 주고 서비스를 하는 직업은 문학을 이용해서 훈련을 하면 효율성을 더 높일 수 있다. 문학을 환자와 고객이 가진 경험의 모델로 활용하는 것이다. 다음 같은 전문직 종사자들은 시와 소설에서 혜택을 볼 수 있다. 의사, 간호사, 의료 서비스업 종사자, 정신과의사와 사회복지사, 결혼 및 가정치료사, 직업치료사, 노인을 돌보는 간호인 및 행정가, 어린아이 보호사업자, 경찰 및 교화 관계자, 카운슬러 및 학생상담사, 정부복지, 사법 서비스 종사자 등.

전문직의 훈련은 관련이론의 전달, 통계수치 및 사회 조사자료의 전달, 교과서적인 실천지침의 전달 등으로 구성된다. 그 훈련에는 약간의 현장학습도 포함된다. 문학은 서사적, 정서적이고 다양한 관점을 환기할 수 있기 때문에 전문직으로 하여금 고객의 입장에 설 수 있게 훈련시킬 수 있다. 어떤 경우에 이것은 교과서보다 우수한 학습효과를 발휘하고 기존의 체험을 더욱 넓혀주는 기회가 된다.

사실 상담자는 환자를 다루는 데 있어서 '국외자'의 역할을 면할 수가 없다. 간호사나 카운슬러가 아무리 환자를 잘 보살피고 민감하게 공감해준다고 해도, 그들은 서비스의 제공자라는 입장을 벗어나지 못한다. 환자들은 종종 겁을 집어먹고 자신의 주장을 펴지 못한다. 그들은 종종 무기력해지고 말을 잘 못하고 남에게 의존하게 된다. 전문직은 지위, 지식, 무대의 통제, 권위 등으로 무장하고 있다. 그들은 종종 제복을 입고 나타난다. 때로는 환자보다 교육을 더 받았고 경제력도 더 강하다. 바로 그 때문에 환자는 그들에게서 도움을 얻으려고 하는 것이다.

전문직을 가르치는 사람의 기량은 그들의 언어능력에 달려 있다. 다시 말해 환자의 느낌을 설명해줄 수 있는 능력에 달려 있는 것이다. 이것은 추상적이고 이론적인 능력이다. 강의실 속에서 다루어지는 환자들은 사례와 전례로 축소된다. 강의는 우리 문화에서 가장 선호하는 수업방식이다. 하지만 개인적·주관적·정서적 스토리의 자료나 형태는 회피된다. 그러나 강의를 듣거나 환자의 역할을 해보는 것만으로는 환자의 입장을 완전히 이해할 수 없다. 그 때문에 전문가는 환자의 체험과 필요를 느낄 수 있는 방법을 달리 찾아야 한다. 뛰어난 전문가는 청진기나 진찰 데스크 너머에 앉아 있는 사람의 느낌이 어떤 것인지 잘 알고 있다.

근년에 들어와 신문이나 정부보고서에는 노인학대의 사례 보고가 넘쳐나고 있다. 나는 전문가들도 그런 학대를 한다는 데 우려를 금치

않을 수 없다. 노인들을 배려하고 지원해야 하는 입장에 있는 사람들
이 노인에게 무관심, 냉담, 분노, 증오를 표시한다는 것은 기이하면서
도 용납될 수 없는 일이다. 어떻게 보면, 부모가 그들의 자녀를 학대하
고 상처를 입히고 죽이기까지 하는 것은 이에 비하면 덜 기이한 일이
다. 부모들 중에는 부모역할을 제대로 하라는 훈련을 엄격하게 받지
않은 사람들도 있기 때문이다. 노인간호 전문직과는 달리, 부모는 봉
급도 받지 않고 인사고과도 없고 시험도 받지 않고 유급휴가도 없고
직업보험도 없고 상급자의 감시도 없다.

우리의 문화는 젊은이를 숭배하는 문화이기 때문에 노인에 대한 배
려는 그리 매력을 끄는 일이 아니다. 노인을 돌보는 일은 때로는 불쾌
한 것으로 여겨진다. 노인장애자는 시도 때도 없이 무엇인가를 요구
해온다. 사람들은 노인이 되는 것 또는 그들이 맡은 노인환자처럼 되
는 것을 두려워한다. '나는 저렇게 되지 말아야 할 텐데' 하고 생각한
다. 그러나 이런 마음은 바뀌어야 한다. '저 모습이 내가 미래에 하게
될 모습의 거울이야' 하고 긍정적으로 받아들여야 한다. 자신도 미래
에 그렇게 될 것을 생각하지 않고, 그런 노인의 이미지를 증오하고 거
부하다 보면 종종 잔인하고 무관심한 행동을 저지르게 된다.

이것은 다시 '역전이countertransference'의 문제를 제기한다. 문학이
전문직 훈련에서 발휘할 수 있는 힘을 살펴보려면 역전이의 개념을 알
아야 한다. 심리치료에는 '전이'라고 하는 인간관계의 현상을 나타내
는 말이 있다. 전이는 환자가 치료자에게 어떤 이미지를 투사하는 것
을 말한다. 가장 흔한 전이는 환자가 치료자를 현재의 아버지 또는 이

상적인 아버지라고 생각하는 것이다. 환자는 치료자를 애인이나 배우자, 교사 등으로 생각할 수도 있다. 그러나 치료자를 어린아이로 생각하는 법은 없다. 치료자는 권위를 가진 인물인 것이다. 치료자가 환자에게 어린아이로 생각된다면 그의 치료는 효과가 없게 된다. 훌륭한 치료에서 전이는 하나의 과도적 단계가 되며 치료자는 이 단계를 잘 활용하여 영향력 있는 역할을 하거나 환자에게 강력한 힘을 넣어준다. 그렇게 하여 환자는 의존상태로부터 자유롭게 된다.

역전이는 전이의 반대 과정이다. 치료자가 환자의 어떤 측면에 '매료'되어 치료자로서의 거리, 통제, 유연함을 잃어버리는 것이다. 예를 들어 치료자가 환자에게 이혼한 아내의 모습을 보고서 그에 관련된 분노와 좌절을 상기하게 된다면(그리고 치료자가 이런 역전이를 의식하지 못하고 통제하지 못한다면), 치료자는 돌팔이 의사만도 못한 처지로 떨어지게 된다.

또 치료자는 환자에게서 자신이 과거에 두려워했던 인물(교사, 아버지, 세무서원, 판사 등)의 이미지를 보고서 겁을 먹을 수도 있다. 치료자가 역전이를 막을 수 있는 유일한 방법은 자기자신을 잘 아는 것(자기지식을 얻는 것)이다. 그래서 심리치료, 특히 결혼 및 가정치료나 정신분석에 대해서는 치료자가 자기지식을 쌓는 훈련을 필수적으로 하게 한다. 자기지식을 얻으려면 상당히 많은 시간, 용기, 헌신, 훌륭한 감독의 지도가 필요하다. 보건 전문직에서는 시간이 아주 중요한 요소이다. 예를 들어 간호사는 알아두어야 할 것이 많다. 그러나 경제적 비용의 제약 때문에 훈련의 필수요소인 자기탐구를 게을리하기가 십상이다.

훈련과정의 이런 제약, 시간부족, 비용부족, 필요의 증가에 대처하는 방법으로, 문학은 아주 효율적인 기능을 발휘할 수 있다. 문학은 역전이를 제거하는 아주 효과적인 장치이다. 그리고 정서적 반응은 자기탐구의 기회로 활용될 수 있다. 전문직 훈련학생들에게 시와 소설을 읽게 하고 수업시간에 집단으로 토론한다면 조금 더 수월하고 효과적으로 성과를 올릴 수도 있다.

나는 강의시간에 노인학을 공부하는 학생들에게 문학적 모델을 통해 연구하게 하는 과제를 부과했다. 그들은 문학의 힘을 빌어서 훌륭한 자기지식과 개인적 성장을 이룩했다. 노인에 관한 스토리, 공포와 즐거움에 관한 스토리, 대인관계와 의존관계에 관한 스토리 등은 학생들의 공감을 환기시키고 그들이 의식적인 각성을 이룰 수 있게 했다.

임상사례에서 실습을 하지 않아도 학생들은 과거의 사건과 미래의 공포를 밝혀주는 소설 속 등장인물과 사건에서부터 느낌을 탐구할 수 있다. 소설 속의 스토리와 독자의 스토리, 이렇게 두 스토리가 함께 얽혀져 독자의 태도와 가치를 재정렬하고 재배치하는 것이다. 학생은 다른 사람들의 느낌과 경험에 이르는 연결고리를 발견할 수 있다. 학생은 자신의 반응을 살펴보고 자기와는 다른 사람들의 복잡한 인생체험에서 차이점을 발견하고 상황이 개선되는 방식을 인식하게 된다.

실제의 위기상황은 그 나름의 시간표대로 진행된다. 치료자는 그런 사건에 대해 통제력을 거의 지닐 수 없다. 인생의 흐름은 멈추는 적이 없고 구체적 사례가 검사를 위해 동결되는 경우도 없다. 다음 번 치료세션이 돌아올 즈음이면 전혀 예상하지 못했던 사건이 벌어질 수도 있다. 환자의 개가 갑자기 차에 깔려 죽었을 수도 있고 환자의 배우자가 실직을 했을 수도 있고, 또는 환자가 다른 치료자한테 가버렸을 수도 있다. 당신은 움직이는 목표물을 검사할 수 없다. 하지만 고맙게도 스토리는 그대로 멈추어 있다. 그렇기 때문에 스토리는 그 스토리와 관련된 독자의 변화에 도움을 줄 수 있고 또 변화의 방향을 비춰줄 수 있다. 이것이 독서상대성의 이론이다.

따라서 남을 돌보는 전문직의 훈련 프로그램에는 문학-읽기 요소가 반드시 가미되어야 한다. 스토리를 말하는 것(스토리 텔링)은 인간경험사의 한 부분이고 인생의 사건을 관리하는 주된 전략이기 때문에 스토리 자료는 무한하다. 노화, 투옥, 장애, 이혼, 슬픔, 이민, 가난, 인종적 편견을 다룬 책이 얼마든지 있다. 문학적 자료는 암기되는 것이 아니라 체험되는 것이다. 그러니까 문학은 실제적이고 유쾌하고 흥미롭고 때로는 불편하기까지 하다. 재미를 즐기는 가운데 학습체험의 일부분이 될 수 있다. 학생은 문학을 통해 언어와 언어의 힘을 체험한다. 그리하여 인간의 내면을 들여다보고 인간관계의 뉘앙스를 통찰하고 혼란하고 무질서해 보이는 사건들을 조직하고 구조화하는 과정을 발견하게 된다.

자아와 타자, 유사점과 차이점, 복잡성과 복잡요인, 느낌과 생각을 인식하는 것이 성공적인 훈련의 핵심이다. 전문직 훈련과정에서 상상력 넘치는 문학을 사용하지 않는다는 것은 바로 가까이 있는 자연스러운 기회를 놓치는 것이 된다. 바로 이런 목적을 위하여 문학적 자원이 우리에게 주어진 것이다. 교육상의 혼란, 편견, 무지, 공포 이런 것 때

문에 우리는 사회적 결속력을 발휘하는 문학의 잠재력을 등한시하게
된다. 우리는 전문직 훈련의 한 과정으로 문학 읽기를 부과함으로써,
치료자들이 남들에 대한 배려를 크게 높이는 데 기여할 수 있다.

질문지 1: 독자 반응

당신은 스토리, 소설, 시 등을 읽은 후에 이 질문서를 이용하여 당신의 반응을 탐구할 수 있다. 이 질문서는 독서의 유용성을 극대화하기 위한 훈련용으로 만들어졌다. 종이와 연필을 휴대하고 조용한 장소와 시간을 마련하라. 이 질문서에 응답하는 것을 당신 자신에 대한 선물이라고 생각하라. 신체를 단련하기 위하여 자전거를 타듯, 이 질문서를 당신의 정신적, 심리적, 정서적 훈련의 일환이라고 생각하라. 당신 자신의 내면을 들여다보면서 당신의 반응을 잘 살펴본 다음 답변하라. 모든 반응은 타당하다. 심지어 이 질문서에 짜증을 내는 것도 타당한 것으로 간주된다.

어떤 스토리를 읽었는데 이 질문서에 답변할 정도의 내용이 되지 못한다고 생각했다면, 당신은 그 스토리에서 감동을 얻지 못했다는 뜻이다. 그러면 이 질문서를 잠시 제쳐놓고 다른 소설을 읽고서 다시 시도해보라.

당신이 감명 깊게 읽은 스토리를 가까운 사람, 믿을 수 있는 사람과 되도록 함께 나누도록 하라. 이것은 특히 부부의 심리적 훈련에 큰 가치가 있고 유사점과 차이점을 발견하게 해준다. 스토리는 당신의 밖에 있는 구체적 대상에 집중하기 때문에 당신이 누구인지, 당신의 관심사가 무엇인지 한결 말하기 쉽고 또 안전하게 해준다.

이 훈련은 인간관계 속의 '나', 인간관계 속의 당신의 역할에 대해 생각하고 말하게 한다. 이것은 '당신' 또는 당신이 한 것이 '잘못되었다' 또는 난처하다고 따지는 그런 절차와는 차원이 다른 것이다. 이 훈련은 어떤 고질적 불편함, 정서적 고통, 미해결로 남은 과거의 중대한 문제 등을 회상시키거나 아니면 그것을 폭로할 수도 있다.

1. 지금 읽은 스토리에서 당신이 좋아하는 것과 싫어하는 것, 이렇게 두 가지 리스트를 만들어보라.

2. 위의 질문 1에 따라 작성된 두 리스트에 공통되는 점이 있는가? 가령 어떤 성격, 어떤 성격의 특징, 어떤 타입의 행동, 혹시 어떤 배경을 언제나 좋아하면서도 동시에 싫어하는가?

3. 당신이 가장 생생하게 기억하는 스토리 속의 사건, 장면, 순간은 무엇인가?

4. 스토리 속의 어떤 사람이 당신 자신을 포함하여 당신이 알고 있는 특정한 사람을 연상시키는가?

5. 스토리 속의 사건이나 상황이 당신의 실제생활 속의 어느 한 시

기를 연상시키는가?

6. 이 스토리가 다루고 있는 것 중에서 가장 중요한 것 세 가지는 무엇인가? 중요한 순서대로 기재하라.

7. 지금 이 순간 당신의 삶에서 가장 큰 관심사 세 가지는 무엇인가?

8. 위의 질문 6, 7이 서로 연결된다고 생각하는가?

9. 이 스토리가 지적하고 탐구하고 다루는 문제를 열거할 수 있는가?

10. 문제(들)가 해결되었는가, 아니면 그저 드러난 수준에 있을 뿐인가?

11. 만약 그 문제를 다르게 다룰 수 있다면 어떻게 다루겠는가?

12. 스토리 속에서 이렇게 되었으면 좋겠다고 생각했는데 그렇지 못한 것이 있는가?

13. 스토리에서 당신이 전에 알지 못한 어떤 것을 알게 되었는가?

14. 만약 그렇다면, 그것은 어떤 방식으로 당신에게 유익한가?

15. 스토리가 당신을 난처하게, 또는 짜증나게 했는가?

16. 위의 질문 15에 대한 답변이 당신 자신에 관해 어떤 것을 드러내는가?

17. 스토리를 읽는 동안 당신은 다음 중 어떤 것을 느꼈는가(순간적인 것이어도 상관없다)? 표시해보라.

☐ 공감   ☐ 환희

☐ 기대감   ☐ 슬픔

☐ 권태　　　　☐ 분노

☐ 성적 흥분　☐ 좌절

☐ 평온함　　　☐ 공포

☐ 위안　　　　☐ 불안

☐ 희망　　　　☐ 향수

☐ 혐오　　　　☐ 애정

☐ 당황감/수치　☐ 동정

☐ 놀람　　　　☐ 호기심

☐ 우울함　　　☐ 유머/기쁨

18. 스토리 속의 어떤 부분이 이런 느낌을 유발했는가? 위의 질문 17에서 표시한 느낌 중 세 가지를 골라내어 그 느낌과 스토리에서 그것에 해당하는 부분을 서로 연결시켜보라.

19. 당신 자신의 인생에서 어떤 인물, 어떤 사건이 위와 같은 느낌을 일으키는가?

20. 스토리를 좀더 행복하게 만들기 위해서 스토리의 어떤 부분을 고치고 싶은가?

21. 위의 질문 20에 대한 답변이 당신이 가장 소중하게 여기는 무엇을 드러내는가?

22. 이 스토리는 당신의 인생에서 다음의 경험 중 어느 것을 그리고 있는가?

<table>
<tr><td>☐ 배우자 관계</td><td>☐ 슬픔</td></tr>
<tr><td>☐ 부모 노릇</td><td>☐ 자녀양육</td></tr>
<tr><td>☐ 성장</td><td>☐ 폐경</td></tr>
<tr><td>☐ 성적 경험</td><td>☐ 친구의 상실</td></tr>
<tr><td>☐ 학교</td><td>☐ 성공</td></tr>
<tr><td>☐ 커리어</td><td>☐ 생존</td></tr>
<tr><td>☐ 별거나 이혼</td><td>☐ 주택 구입</td></tr>
<tr><td>☐ 슬픔</td><td>☐ 사랑에 빠지기</td></tr>
<tr><td>☐ 이사</td><td>☐ 외로움</td></tr>
<tr><td>☐ 실직</td><td>☐ 은퇴</td></tr>
<tr><td>☐ 재정적 어려움</td><td>☐ 좌절된 야망</td></tr>
<tr><td>☐ 당신의 용모</td><td>☐ 당신의 다음 휴가</td></tr>
<tr><td>☐ 노화</td><td>☐ 질병</td></tr>
<tr><td>☐ 집 떠나기</td><td>☐ 낭만적인 사랑</td></tr>
</table>

23. 위의 질문 22 중 스토리는 어느 사항에 대한 당신의 반응을 설명해주는가?

24. 위의 질문 22에 대한 당신의 반응은 만족스러운 것이었나, 아니면 불만족스러웠나?

25. 이 스토리가 당신으로 하여금 까다로운 사건이나 상황을 통제하게 해줄 수 있겠는가?

26. 이 스토리를 읽고 난 후에 당신이 더 읽고 싶어진 스토리는 무

엇인가?

27. 이 스토리는 당신이 다른 사람들과 비슷한 점이 많다고 느끼게
해주는가?

28. 이 스토리를 읽고 당신은 다른 사람들의 좋은 점과 싫은 점을
뚜렷하게 구분하게 되었는가?

29. 이 스토리는 당신이 당신 자신에 대해 알고 싶어하는 것을 분명
하게 밝혀주었는가?

30. 이 질문서에서 다루지 않은 당신의 생각이나 느낌이 있는가?

질문지 2: 책을 고르기 위한 자기지침

이 질문서는 현재 이 시점에서 당신의 흥미와 필요에 알맞은 책을 고르는 데 도움이 될 목적으로 작성했다. 지금 이 순간 당신에게 개인적으로나 사회적으로나 중요하다고 생각되는 책을 고를 수 있게 도움을 주려는 것이다. 당신은 현재의 관심사에 집중함으로써 현재 벌어지고 있는 일을 더 잘 이해하게 해주는 책을 고를 수 있다.

당신의 목표는 당신의 생활을 잘 통제하여 당신이 하고 싶고 느끼고 싶은 것을 실천하는 것이다. 이런 목표를 달성하기까지는 많은 장애물이 가로놓여 있다. 어떤 장애는 금전 부족, 돌봐야 할 친척, 신체 장애 등 외부적인 것이고 또 어떤 장애는 당신의 내부에서 나오는 것이다. 가령 당신에게 선택의 자유를 가로막거나 당신이 하고 싶은 것을 못하게 하는 태도나 신념이 그런 내부적인 것이다. 그런 신념 중 일부는 과거의 사건, 경험, 종교, 가족의 영향에서 온다. 또 어떤 것은 유

전적 기질에서 오기도 한다. 가령 음악이나 운동에 소질이 있다, 모든
것을 천천히 배운다 등이 그런 것이다.

1. 지금 현재 당신의 가장 큰 관심사 세 가지는 무엇인가? 중요한
   순서대로 기재하라.
2. 당신에게는 그대로 영위해야겠다고 확신하는 종류의 삶이 있는
   가?
3. 위의 질문 1의 세 사항을 해결한다면 바라는 삶을 살 수 있을 것
   같은가?
4. 당신의 독서기호에 표시를 하라.

나는 다음 같은 내용을 지닌 스토리를 좋아한다

☐ 여자주인공	☐ 전쟁
☐ 남자주인공	☐ 우주와 공상과학
☐ 외국의 도시와 여행	☐ 첩보
☐ 낯익은 장소	☐ 승리를 거두는 강력한 영웅
☐ 모험과 폭력	☐ 보통 사람
☐ 에로틱한 내용	☐ 시골에서의 생활
☐ 범죄추적	☐ 도시생활
☐ 결혼탐구	☐ 소수인종 그룹
☐ 부모자녀간의 관계	☐ 공포, 무서운 내용

☐ 경력 추구	☐ 장편소설 · 단편소설
☐ 연애	☐ 법률
☐ 판타지	☐ 의약/간호
☐ 가난한 사람	☐ 고액의 재정
☐ 부유한 사람	☐ 정치
☐ 행복한 결말	☐ 미스터리
☐ 현실적 결말	☐ 인물전기
☐ 고난과 씨름하는 사람	☐ 개척
☐ 생존의 용기	☐ 학교
☐ 역사적 내용	☐ 연극
☐ 노인	☐ 황무지와 자연
☐ 어린아이	☐ 죽음과 죽어가는 것
☐ 청소년	☐ 종교
☐ 내적 반성과 느낌	☐ 유머
☐ 동물	☐ 고대
☐ 스포츠	☐ 가족생활
☐ 바다와 보트	☐ 민담

5. 위의 질문 4에서 체크한 것 중 네 가지를 골라 중요한 순서대로 배열하라.

6. 당신의 사고방식, 당신의 습관, 당신의 행동 중에서 지금 당장 가장 바꾸고 싶은 것은 무엇인가?

7. 당신이 이미 한 것 중에서 다시 할 수 있다면 다르게 해보고 싶
   은 것은 무엇인가?

8. 할 수 있다면 당신의 현재 삶의 스타일 중 가장 바꾸고 싶은 것
   은 무엇인가?

9. 당신은 어디에 살고 싶은가?

10. 당신이 평생 가장 재미있게 읽은 스토리 세 개를 들어보라.

이 질문서의 모든 항목에 정직하게 답변했으면, 당신이 지금 당장
읽고 싶은 책의 다섯 가지 요소를 다음의 주제 아래 묘사해보라.

1. 무드
2. 무대
3. 행동의 종류
4. 인물의 종류
5. 다루어야 할 문제들

감사의 글

이 책을 헌정한 내 아내 브렌다는 내 아이디어를 토론하고 격려하는 과정에서 단 한 번도 싫어하는 내색을 비치는 일없이 기꺼이 도움을 주었다. 나는 브렌다에게서 내가 다 수용할 수 없을 만큼 많은 정보를 얻었다. 그녀는 그 누구보다도 비타협적이고 총명한 비평가였다.

많은 사람이 집필에 직접적으로 도움을 주었다. 나는 우선 헬렌 헬러에게 감사하고 싶다. 그녀는 내 작업에 신뢰를 보내주었고, 조금만 집필된 앞부분의 초고만 보고서도 빨리 나머지를 써서 출판하라고 독려해주었다. 테레사 그리핀은 끈기 있고도 든든한 편집자였다. 책을 써본 사람은 그 같은 편집자가 얼마나 큰 힘이 되는지 잘 안다. 완성된 원고를 처음으로 읽어본 사람이 그녀이기에 나는 그녀의 평가를 초조하게 기다렸다. 테레사가 호의적인 마음을 담아 책의 출판을 승인한 순간은 이 프로젝트를 진행하는 과정에서 가장 멋진 순간 중 하나였다.

이제 앞으로 나아가기 전에 마지막으로 한마디 더 하고 싶다. 지금껏 내 인생을 풍성하게 가꾸어온 모든 소설가와 시인에게 나는 큰 빚을 졌다. 이들은 온갖 정치적·재정적·사회적 어려움을 물리치고 자신들이 직접 본 진실을 아주 흥미로운 방식으로 이야기해왔다. 나는 인간의 역사에서 가장 좋은 부분은 모두 이들 작가의 상상력과 용기에 크게 힘입었다고 생각한다. 작가들이 지닌 것보다 더 가치 있는 재능과 고귀한 소명도 없을 것이다.

이 책이 어떤 의미를 지닌다면 그것은 전적으로, 여기에 쓴 모든 이와 쓰지 못한 헤아릴 수 없는 많은 사람이 도와준 덕분이다.

옮긴이의 글

도리스 레싱의 《19호실로 가다》라는 단편은 이 책에서도 여러 번 언급되어 있다. 이 소설은 훌륭한 남편, 좋은 저택, 착한 아이 등 남부러울 것 없는 40대의 가정주부가 자기만의 방을 가지고 싶다는 욕망에 사로잡히면서 벌어지는 비극을 다루고 있다.

대학 시절 이 소설을 읽었을 때, 나는 솔직히 이 40대 여자 주인공의 심리를 잘 이해하지 못했다. 단지 자기 집 정원 앞에 서면 자꾸 악마를 보게 된다는 여주인공의 독백이 인상적이었다는 느낌밖에 없었다. 그러나 이 책을 번역하면서 《19호실로 가다》를 다시 읽은 지금, 이 소설이 스무 살의 대학생은 도저히 이해할 수 없는 존재의 심연을 다룬 이야기임을 발견했다. 그러면서 독서는 역시 나이에 따라 느낌이 달라진다는 것을 알게 되었다.

린유탕(林語堂)은 주역을 평생 즐겨 읽어왔다고 말하면서, 그것을 달을 쳐다보는 경험에 빗댄다. "20대에 주역을 읽는 것은 방안에 엎드려서 창호지 문에 동전만한 크기의 구멍을 뚫고서 간신히 달을 쳐다보는 것과 같고, 40대에 주역을 읽는 것은 문 밖 툇마루에 앉아서 달의 커다란 모습과 그 주변을 찬찬히 감상하는 것과 같고, 60대에 주역을 읽는 것은 정원의 한가운데 서서 달을 쳐다보면서 실은 달이 아닌 다른 어떤 것을 쳐다보는 것과 같다."

내가 이처럼 나이에 따라 달라지는 책의 느낌을 말하는 것은, 그것이 여기에 번역한 이 책의 주제 중 하나이기 때문이다. 이 책의 저자 조셉 골드는 먼저 어릴 적부터 다양하게 독서를 하고 그 다음에 나이가 들어 적당한 시간적, 공간적 거리를 확보하여 어릴 적의 독서를 회상하면 그것이 독자에게 큰 힘이 되어주리라고 말한다.

독서량을 많이 쌓아온 독자는 기존의 독서경험을 바탕으로 하여 일상생활 속의 이런저런 사건이나 기억에서 자신의 모습을 보게 된다는 것이다. 그러니까 남의 일에서 자기의 일을 볼 수 있는 것, 이것이 곧 상상력의 본령인데 책을 많이 읽은 사람은 이 상상력이 당연히 아주 활발해진다는 것이다. 그런 상상력을 바탕으로 "아, 이런 고통을 당하고 있는 사람이 나만이 아니구나!"라는 인식을 얻게 되면, 그것이 정신적 치유작용을 일으켜 인생의 활력으로 이어진다.

　이 책의 가장 큰 매력은 그런 상상력이 발휘되는 구체적 사례와 에피소드를 자세히 열거하고 있다는 것이다. 이 책은 독서가 인간경험의 맺힌 바는 풀어주고, 느슨해진 바는 당겨주면서 구체적 치료의 효과를 갖고 있음을 많은 사례를 인용하여 설명한다. 조셉 골드가 이런 깊이 있는 글을 쓸 수 있었던 것은, 그 자신이 대학의 영문과 교수 겸 심리치료사로서 많은 심리장애자를 치료한 경험이 큰 바탕이 되었기 때문이었을 것으로 보인다. 또한 유태계 영국인으로서 박해받으면서 자란 유·소년기의 경험도 남의 고통을 이해하는 데 밑거름이 되었을 것 같다.

　그외에 영미권의 영문학과와 그 교수들을 통렬하게 비판하는 저자의 주장도 읽을 만하다. 오늘날 북아메리카의 많은 사람이 독서와 담을 쌓게 된 이유는 영문과 교수들(한국으로 따지면 국문과 교수들)의 책임이 크다는 것이다. 그들은 자기들만의 학문적 게임을 이끌고 나가기 위해서 몇몇 고전 텍스트를 일방적으로 정전이라고 정해놓고, 게다가 그것에 딱 하나의 '진정한' 의미만 정해놓고 그것을 가르치며 마치 그것만이 문학인양 행세시킨다는 것이다. 대학의 그런 교수 밑에서 그런 텍스트를 배운 제자들이 다시 중·고교의 문학 선생이 되어 똑같은 방식으로 문학을 가르치기 때문에, 오늘날 독서가 진작되지 못하는 개탄스러운 결과가 나왔다고 신랄하게 비판한다.

　이 책의 궁극적인 관심사는 넓게는 문학의 효용성이고 좁게는 문학의 치료 가능성이다. 복잡한 현대사회에서는 신체의 질병 못지않게 정신의 장애로 고생하는 사람도 많은데, 저자의 주장에 따르면 문학처럼 정신적 장애를 잘 고쳐주는 수단이 따로 없다는 것이다. 그러면서 저자는 자신이 심리치료사로서 많은 정신적 장애자를 도와준 사례를 열거하고 있다. 이 사례연구는 간결하면서도 정곡을 찌른 것이어서 저자의 주장을 이해하는 데 큰 도움이 된다.

글을 읽을 줄 알면서부터 책읽기를 좋아해온 나는 늘 "문학은 과연 실용적 효과가 있는가?" 하는 질문을 수도 없이 해왔는데, 마침 이 책에서 구체적인 증거를 발견할 수 있어서 정말 즐거웠다. 문학의 효용을 얘기하고 있자니 여러 해 전 문학의 도움을 받았던 일이 생각난다.

나는 당시 주식투자를 잘못하여 그나마 없는 돈도 날렸다. 그때 나는 잃은 돈 때문에도 가슴 아팠지만 그것을 슬퍼하는 아내의 모습을 보는 것이 더 가슴 아팠다. 아무리 슬퍼해봐야 잃어버린 돈이 다시 돌아오는 것도 아닌데, 아내는 그 돈을 벌기까지의 과정을 자꾸 상기하면서 때로는 분노하고 때로는 낙담하는 것이었다. 이때 나는 우연히 김원용의 〈아내〉라는 수필을 읽게 되었다. 그것은 아내가 남편 몰래 계주 노릇을 하다가 계가 파탄 나서 살던 집을 팔고 아주 형편없는 집으로 이사 가서 고생하게 되었지만, 그래도 여전히 아내를 사랑한다는 내용의 글이었다. 그 수필에는 부부가 채권자들을 찾아다니면서 채무 상환의 연장을 사정하는 내용이 나오는데, 그 부분은 이러하다.

12월 추운 날에 매일처럼 아내와 함께 채권자들의 집을 찾아다녔다.
그 멀고 꼬불거리는 골목길들을 아내는 얼마나 애태우며 나 몰래 왔
다갔다했을까. 분노가 머리끝까지 올라오다가도 아내가 혼자서 치

른 정신적 곤욕을 생각하면 측은하기 짝이 없었다.

나는 이 인용문의 마지막 문장에 밑줄을 긋고서 아내에게 한번 읽어보라고 슬쩍 들이밀었다. 아내는 다 읽고 나더니 뭔가 골똘히 생각하는 것 같았다. 그후 아내의 마음에 쌓인 분노와 낙담은 많이 사그라지는 것 같았다. 여기에 번역한 이 책에는 〈아내〉 같은 감동적인 글과 그 치료효과가 많이 소개되어 있다. 독서를 좋아하는 분들이 한번 읽어볼 만한 책이라고 생각한다.